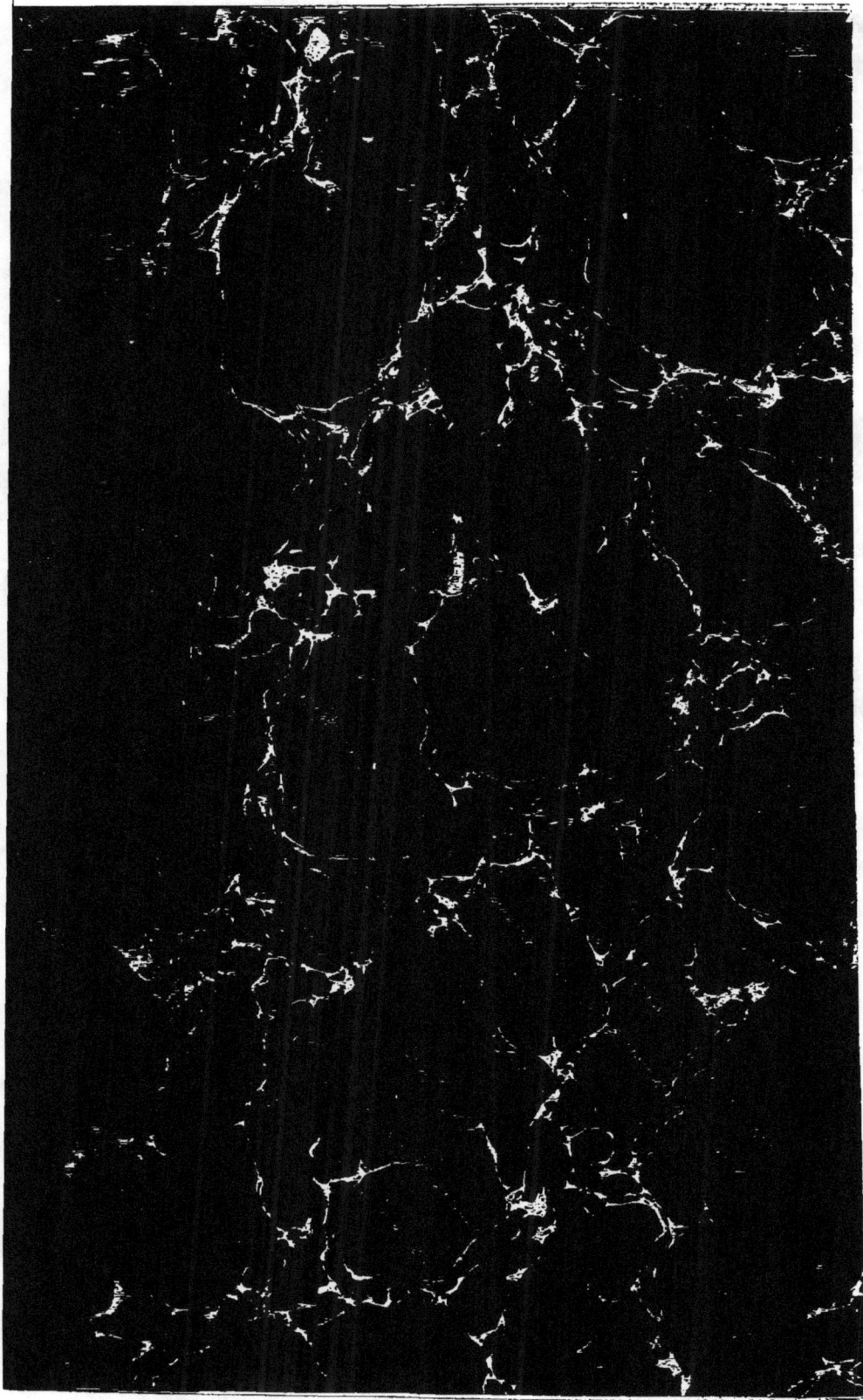

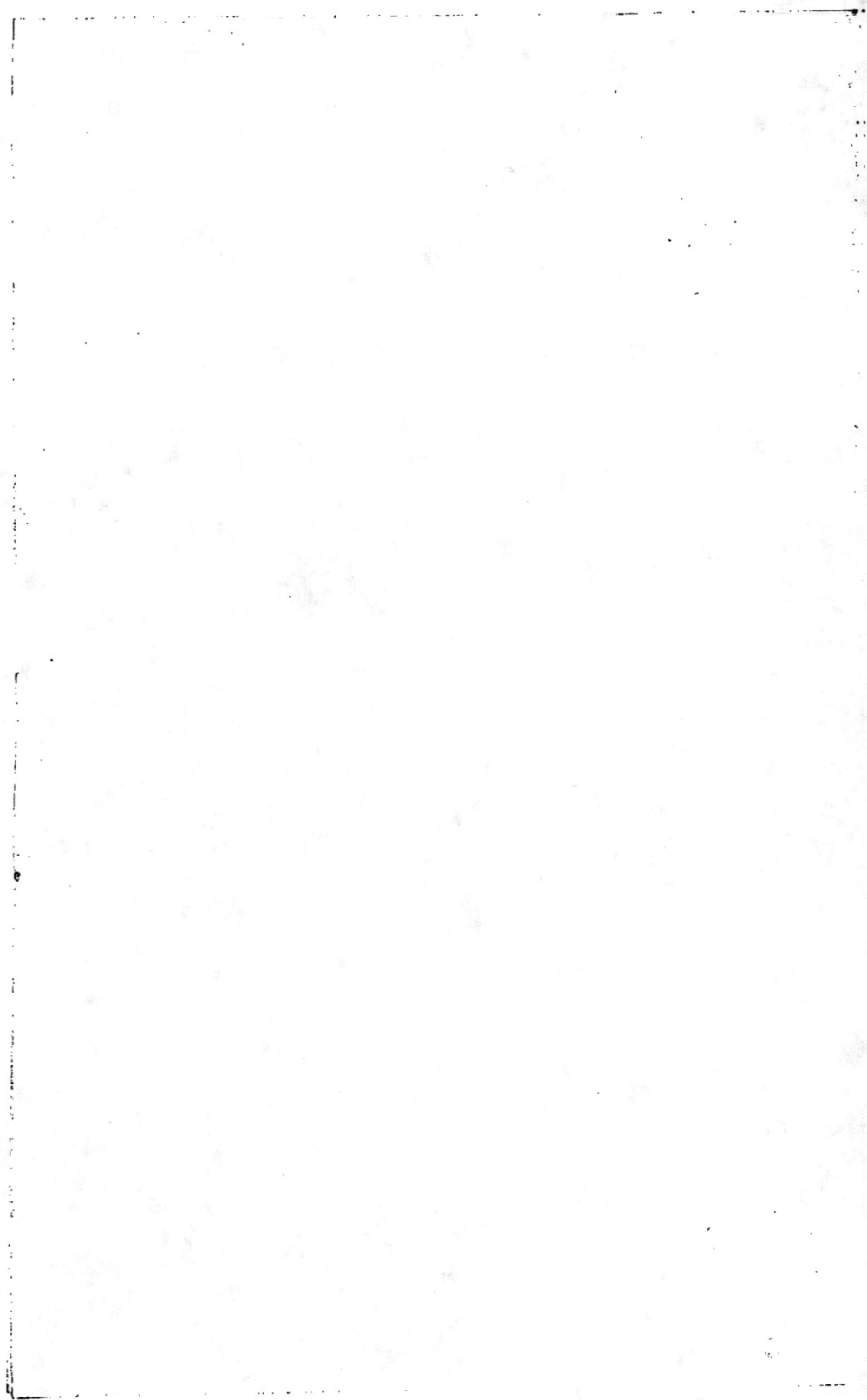

LA

DÉFENSE DE BELFORT

IMPRIMERIE EUGÈNE HEUTTE ET Cᵉ, A SAINT-GERMAIN.

LA
DÉFENSE DE BELFORT

ÉCRITE

SOUS LE CONTROLE DE M. LE COLONEL

DENFERT-ROCHEREAU

PAR MM.

ÉDOUARD THIERS || **S. DE LA LAURENCIE**

CAPITAINE DU GÉNIE || CAPITAINE D'ARTILLERIE

Anciens élèves de l'École polytechnique, de la garnison de Belfort.

AVEC CARTES ET PLANS

QUATRIÈME ÉDITION

PARIS
L. LE CHEVALIER, ÉDITEUR
61, RUE DE RICHELIEU, 61

—

1874

A MONSIEUR

LÉON GAMBETTA

MEMBRE DU GOUVERNEMENT |DE LA DÉFENSE NATIONALE.

MONSIEUR,

Au moment où Belfort allait être appelé à lutter contre l'ennemi, vous m'avez promu Colonel le 17 octobre 1870 avec mission de diriger comme commandant supérieur la défense de cette importante forteresse.

Trois causes ont surtout contribué à la longueur de notre résistance. Les deux premières tout à fait techniques, *défense des positions extérieures soumises au canon et de la forteresse même et de ses ouvrages avancés, applications de nouvelles méthodes à la mise en action de l'artillerie,* ressortent clairement de la relation de cette défense. La troisième cause, en quelque sorte d'ordre moral, demande quelques explications.

La discipline, telle qu'on la comprend généralement, semble devoir consister dans une obéissance absolue et aveugle aux ordres du chef. Le grade et les fonctions de ce dernier lui confèrent ainsi une sorte d'infaillibilité qui n'admet de la part des inférieurs ni représentations, ni explications, ni commentaires.

Cet esprit d'obéissance aveugle s'est de plus en plus exagéré sous le dernier empire, et, joint à l'influence que la loi de 1832 et l'ordonnance de 1838 donnent aux chefs sur la carrière de leurs subordonnés, il a fini par empêcher presque complétement entre l'inférieur et le supérieur tous rapports verbaux et toute

1

2 DÉDICACE.

discussion technique suffisamment libres pour qu'ils pussent s'éclairer mutuellement.

Ces mœurs essentiellement prétoriennes permettaient du reste aux chefs de plus en plus nombreux qui n'arrivaient aux premiers rangs que par le favoritisme du régime impérial de masquer sans trop de peine leur incapacité et leur ignorance.

Le passé du génie militaire français m'avait offert, Monsieur, d'autres traditions. A mon entrée au service des relations faciles existaient encore entre les officiers des divers grades de cette arme. Nos chefs les plus capables, loin de rechercher l'exécution muette de leurs ordres, provoquaient assez souvent des discussions techniques qui offraient le double avantage d'accroître l'autorité morale du chef et d'amener une solution généralement avantageuse de la question mise en discussion.

Sous l'influence délétère de l'empire ces mœurs républicaines avaient de plus en plus fait place, dans l'arme même du génie, aux mœurs prétoriennes ; mais certains officiers, et j'étais du nombre, les avaient conservées et n'avaient eu qu'à s'en applaudir.

Promu au commandement supérieur de la place de Belfort, j'ai, continuant cette tradition, admis à venir discuter avec moi non-seulement les officiers auxquels je voulais confier le commandement des positions ou des opérations militaires, mais encore tous ceux qui croyaient pouvoir donner un avis utile à la défense.

Les lumières que m'ont fournies sur des points très-divers bon nombre d'officiers de la garnison ont beaucoup assuré et facilité ma tâche. Ces mêmes militaires ont ensuite apporté dans l'exécution des ordres d'autant plus d'énergie et de résolution qu'ils avaient pris une certaine part au conseil et qu'ils étaient plus pénétrés du but à atteindre.

Non-seulement j'ai pu profiter ainsi des études et des réflexions des officiers les plus intelligents, mais encore apprécier la valeur de chacun d'eux, et, sans violer la hiérarchie, je me suis attaché à assigner aux plus capables, quel que fût leur grade, les postes les plus importants, et j'ai débarrassé leur action de toute entrave en les gardant sous mon contrôle direct et immédiat.

Cette règle de conduite m'a permis, Monsieur, d'obtenir de ces militaires non plus seulement un concours apparent et plus ou moins inconscient résultant de l'obéissance passive, mais, ce qui est bien supérieur, un concours libre, intelligent et actif à l'exécution d'ordres précis, qu'ils savaient avoir été précédés d'une étude consciencieuse.

Grâce à cette même règle de conduite, imitée du reste par certains militaires sous mes ordres, plusieurs officiers ont pu acquérir dans leur rayon d'action une grande autorité morale profitable à la défense, et quelques-uns étaient universellement connus et de la population et de la garnison.

J'ai tenu, Monsieur, à ce que ces faits fussent mis en lumière dans la relation de la *Défense de Belfort* dont j'ai chargé deux des officiers qui ont pris à cette défense une part des plus actives. La France sera, je n'en doute pas, heureuse de trouver dans cette relation, en même temps que le récit sincère des faits, les noms et les services des militaires qui m'ont le plus secondé.

C'est grâce à vous, Monsieur, qu'il m'a été donné de présider à la défense de Belfort et d'y faire application de ces principes techniques et moraux qui nous ont permis d'opposer à l'ennemi une résistance qu'il n'a pu vaincre. La loyauté me commande donc de vous faire hommage de ce succès, et c'est à ce titre que je vous prie d'accepter la dédicace de cette relation écrite sous mon contrôle.

Veuillez également, Monsieur, agréer l'expression de ma vive gratitude.

DENFERT-ROCHEREAU,

Colonel du génie, ex-commandant supérieur de Belfort.

Versailles, le 5 septembre 1871.

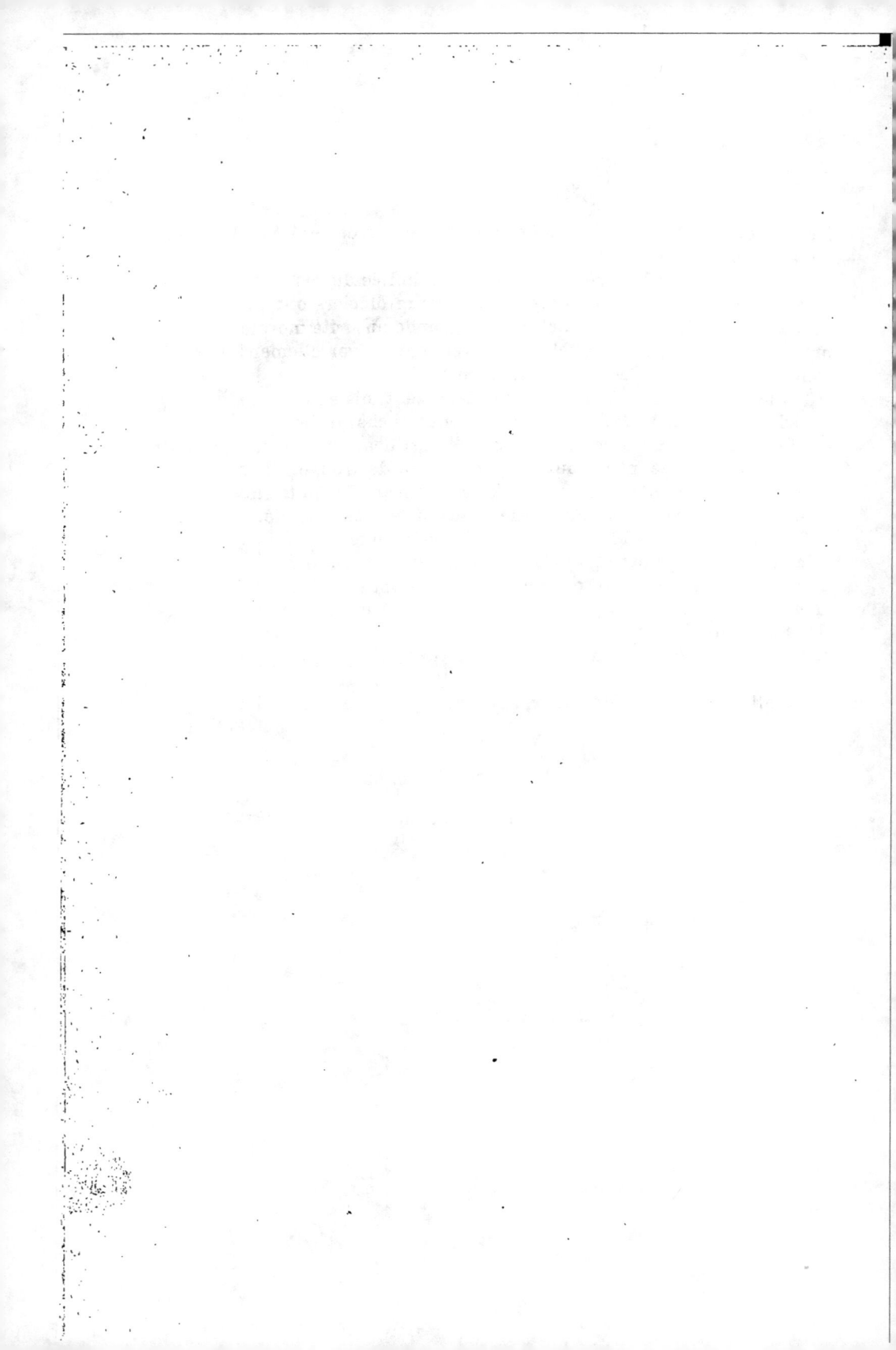

PRÉFACE

———

La résistance souvent courte et inefficace de nos places fortes, dans la guerre que nous venons de soutenir contre les Allemands, a dû nécessairement frapper l'opinion publique, et il est à craindre que l'on ne soit tenté d'en conclure à l'impuissance et à l'inutilité de la fortification. Cependant la cause de ces faits se trouve bien plutôt dans le manque des éléments nécessaires pour utiliser convenablement nos forteresses que dans la nature même de leur rôle et des services qu'elles peuvent rendre.

Pour qu'une place paralyse un grand nombre d'ennemis et résiste longtemps, il lui faut, en plus de ses remparts, des approvisionnements et une garnison suffisante. Il faut, en un mot, qu'on veuille, qu'on sache et qu'on puisse la défendre.

L'exemple de Belfort, qui a fait une longue et profitable résistance, peut servir à montrer que les places fortes sont susceptibles de jouer un rôle utile et de premier ordre, dans la défense d'un pays, et qu'elles eussent pu nous rendre de grands services si, au lieu d'entreprendre une guerre hasardeuse, nous l'eussions préparée par toutes les mesures nécessaires de prévoyance.

C'est en vue d'atteindre ce but que cette relation de la défense de Belfort a été écrite. Elle n'est qu'un résumé du journal de défense du commandant supérieur, tenu au jour le jour, et relatant tout au long les mesures préparatoires et les péripéties diverses de la lutte.

On y a évité, autant que possible, tous les détails techniques de nature à n'intéresser guère que les officiers. Mais la vérité n'y a été nulle part altérée, et ceux qui désireront s'en convaincre ou entrer dans les détails d'exécution, pourront consulter le journal de défense, pièce officielle qui a pour contrôle tous les ordres et

dépêches émanant du commandant supérieur,
ainsi que tous les rapports qui lui ont été
adressés chaque jour par les chefs de corps commandants de position ou d'opérations extérieures,
et dont le recueil complet a été déposé au ministère de la guerre, en même temps que le
journal lui-même.

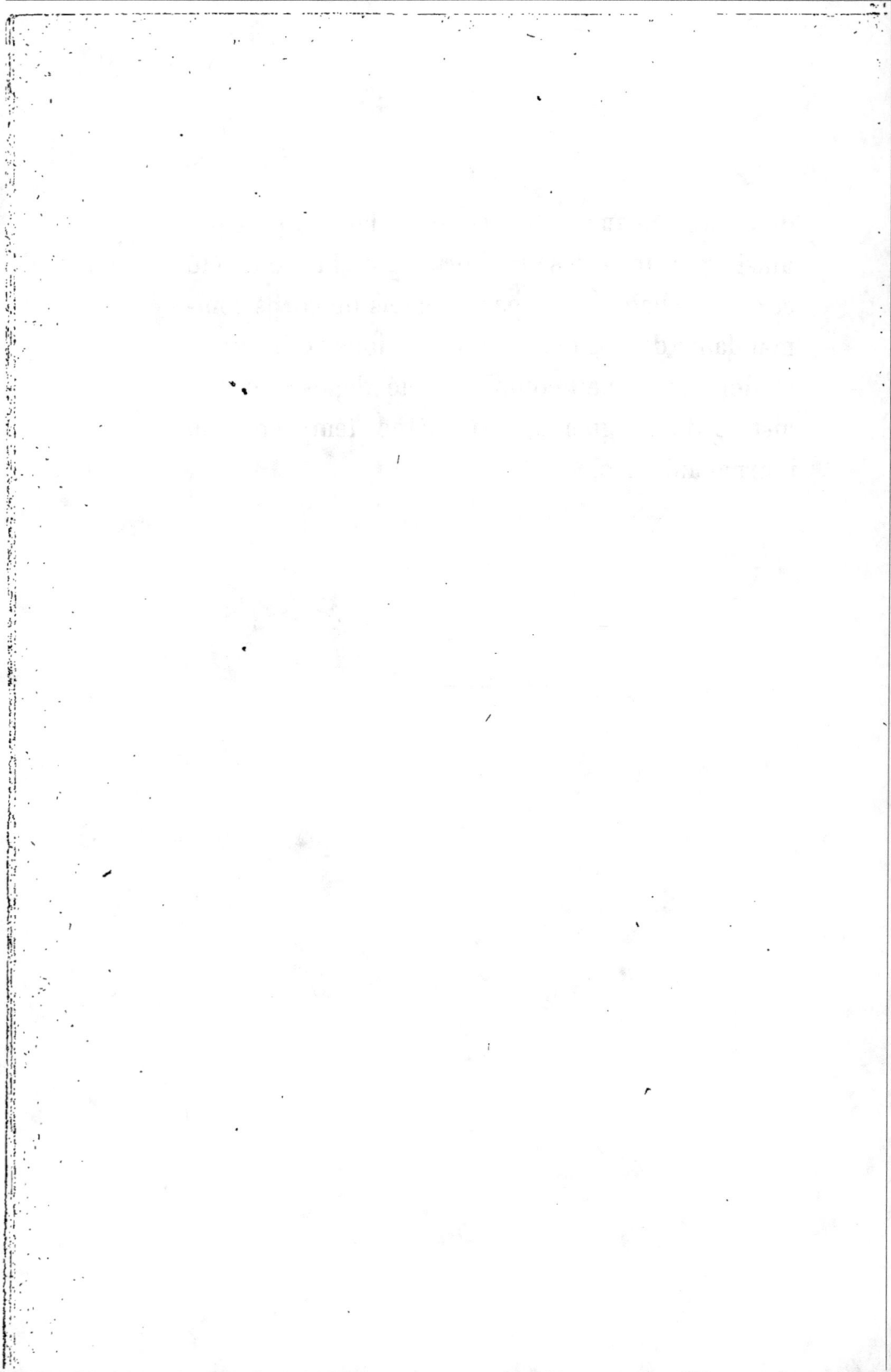

LA
DÉFENSE DE BELFORT

CHAPITRE PREMIER

RÔLE MILITAIRE DE LA PLACE DE BELFORT

Notre frontière de l'est, avant la guerre malheureuse que nous venons de faire, était constituée du côté de l'Allemagne par le Rhin. Mais ce n'était pas le fleuve qui, au point de vue militaire, formait de ce côté le principal obstacle à une invasion allemande : c'était en réalité la chaîne des Vosges.

Une armée qui fût passée du duché de Bade en Alsace en traversant le Rhin, malgré l'obstacle qu'il présente et les quelques petites places françaises qui en défendent les principaux passages, se serait trouvée enserrée en Alsace, ayant devant elle les Vosges, infranchissables pour peu qu'elles fussent défendues, et elle eût été obligée pour s'avancer en France, soit de descendre le long du Rhin pour gagner le nord des Vosges, soit de remonter pour en gagner le sud.

Le premier de ces partis est inadmissible, car, pour envahir la France par le nord des Vosges, les Allemands n'ont, comme ils l'ont fait du reste, qu'à franchir le Rhin chez eux.

Reste le second parti, qui mène à passer par la trouée existant entre le sud des Vosges et le nord du Jura. Ce parti est admissible, mais il conduit à franchir le Rhin en une région bien déterminée, au sud de l'Alsace, vers Huningue, près de la Suisse, pour se trouver en regard de la trouée et éviter une marche en Alsace, ayant les Vosges dans son flanc, et soumis au danger d'être pris à droite et en arrière par des forces françaises descendant des Vosges pendant le mouvement de l'armée envahissante, tandis qu'une autre armée viendrait de front lui barrer le chemin.

Quand on a franchi le Rhin en ce point, les voies de communication menant vers l'intérieur et le midi de la France se présentent en deux faisceaux.

Le premier, le plus important, qui comprend la ligne du chemin de fer de Paris à Mulhouse, vient par Altkirch et Dannemarie, passer à Belfort même où se trouve la jonction de la ligne de Paris à Mulhouse et d'une des lignes du réseau de Lyon passant à Besançon. C'est sur les routes de ce faisceau que Lecourbe a lutté contre l'invasion, lors de sa belle défense de Belfort.

L'autre, plus au sud, vient aboutir à Montbéliard où il rencontre le chemin de fer et la route de Belfort à Besançon, qui, sans la présence de cette place, pourraient conduire vers Dôle et Châlon-sur-Saône. — De

Montbéliard on peut marcher dans la direction de Paris pour se rendre maître des vallées du Doubs et de la Saône, soit par Héricourt et Lure où on rejoint la route de Vesoul et le chemin de fer, soit par Villersexel et Vesoul.

Montbéliard n'est pas fortifié, mais possède un ancien château dont on peut tirer parti en le combinant avec des ouvrages de fortification passagère, pour rendre la position assez solide, et une armée de défense qui s'appuierait sur cette position et sur Belfort, se trouvant maîtresse de toutes les routes qui passent entre les Vosges et le Jura, depuis le ballon d'Alsace jusqu'à la Suisse, pourrait efficacement faire tête à une tentative d'invasion de ce côté.

En supposant même qu'une pareille armée n'existât pas et que la place de Belfort en fût réduite à une simple garnison, elle rendrait à la défense l'immense service de forcer l'invasion à passer par Montbéliard, perdant ainsi jusqu'à Lure l'avantage d'user du chemin de fer.

De plus, si la garnison était un peu considérable, l'ennemi devrait, pour assurer ses convois contre les entreprises de cette garnison, laisser un corps suffisant à Montbéliard, ce qui l'affaiblirait d'autant.

Néanmoins dans ces conditions, et à moins d'être complétée par la position de Montbéliard, la place de Belfort ne peut pas être une garantie absolue contre l'invasion par la trouée dite de Belfort, et dirigée soit sur Paris, soit sur le midi, vers lequel c'est le chemin le plus court et le plus direct pour les Allemands.

Tel est le rôle que pourrait jouer la place de Belfort dans la défense de notre frontière de l'est.

Ce rôle, elle n'a pas été appelée à le jouer dans cette campagne, l'invasion s'étant produite exclusivement par la frontière du nord-est, et les Allemands s'étant rendus maîtres de bonne heure de tout le pays situé sur le versant français des Vosges.

Mais les conditions qui assignent à cette place son rôle défensif lui donnent aussi des propriétés offensives.

Elle se trouve à la jonction des voies ferrées et des routes qui, par Vesoul et Besançon, peuvent servir à amener les forces du centre et du midi de la France, et des vallées du Doubs, de la Saône et du Rhône, pour envahir l'Alsace ou le duché de Bade dans le but, soit de s'emparer de ces provinces, soit de se jeter sur les derrières d'une armée allemande entrée en France par le nord-est.

L'armée qui tenterait cette opération trouverait dans le camp retranché de Belfort un lieu de rassemblement et d'instruction, en même temps qu'un lieu de dépôt pour ses approvisionnements de toute sorte et un point d'appui solide pour sa retraite en cas de revers.

Belfort eût pu peut-être jouer ce rôle aux débuts de la guerre, entre les mains du 7e corps de l'armée du Rhin, et il l'eût certainement joué si l'armée de l'Est eût réussi.

C'est pour empêcher ces diverses actions de la place contre eux dans l'avenir, et son action offensive durant la guerre même, que les Allemands ont entrepris de s'en rendre maîtres, car ils n'en avaient pas un besoin absolu pour effectuer leur invasion, malheureusement déjà trop complète quand ils commencèrent le siége.

Pour ce qui était du présent ils ont réussi, puisqu'ils ont séparé de Belfort l'armée du général Bourbaki ; mais pour l'avenir ils ont échoué, puisque la place reste à la France.

CHAPITRE II

DESCRIPTION DE LA PLACE DE BELFORT ET DE SES ENVIRONS

Position de la ville de Belfort. — Routes et faubourgs.

La ville de Belfort est située sur la rive gauche de la Savoureuse, petite rivière qui prend sa source dans les Vosges au ballon d'Alsace, et qui court sensiblement du nord au sud pour se jeter à Sochaux, un peu à l'est de Montbéliard, dans l'Allaine, autre rivière qui vient du Jura suisse et tombe dans le Doubs, peu après avoir passé à Montbéliard.

Sur la rive droite se réunissent les routes : de Remiremont, qui longe la Savoureuse en amont de la place, et le long de laquelle se trouvent les constructions du faubourg des Ancêtres ; de Paris et de Lyon qui se rejoignent un peu avant leur croisement avec la précédente, et dont la jonction forme le faubourg de France, le plus important de ceux de la place ; enfin la route de Montbéliard, qui n'est pour ainsi dire que le prolongement de celle de Remiremont, en aval de la Savoureuse, et qui forme le faubourg de Montbéliard.

Ces quatre routes réunies entrent dans la ville par la porte de France, après avoir traversé la Savoureuse sur un pont de pierre.

Le chemin de fer de Paris à Mulhouse suit la vallée de la Savoureuse, laissant la route de Remiremont entre lui et la rivière, et traverse les routes de Paris et de Lyon par un passage à niveau, à l'entrée du faubourg de France, à la jonction de ces deux routes.

La ligne se bifurque, à environ quatre cents mètres au delà de ce passage à niveau, en deux branches, dont l'une traversant la route de Montbéliard et la Savoureuse se dirige sur Mulhouse, et l'autre, laissant la route et la rivière à sa gauche, marche sur Besançon.

L'espace entre le passage à niveau et cette bifurcation est occupé par la gare et ses dépendances.

Enceinte de la Ville. — Hauteur des Perches.

La ville est enserrée dans une enceinte fortifiée, présentant la forme d'un pentagone sensiblement régulier, dont les côtés ont de cent quatre-vingts à deux cent cinquante mètres de longueur. Cette fortification, créée par Vauban, se compose de longues courtines en ligne droite, le long des côtés du pentagone, avec bastionnets ou tours en maçonnerie à chaque angle, pour flanquer les fossés, et bastions terrassés enveloppant en avant ces bastionnets.

Le côté dans lequel se trouve percée la porte de

France est orienté à peu près dans la direction du nord au sud. La Savoureuse baigne le pied de ses glacis, et une demi-lune placée en avant protége la porte de France. Ce front occupe le côté ouest de la ville.

Le front nord de la ville est dirigé sensiblement de l'ouest à l'est. Deux autres fronts, dirigés à peu près du nord-ouest au sud-ouest, rejoignent ces deux premiers au cinquième.

Ce cinquième n'est autre chose que le pied d'un escarpement de roc à pic, courant dans la direction du nord-est, et dominant de cinquante à soixante mètres la ville construite à son pied. Du sommet de cet escarpement, le terrain redescend vers la campagne, suivant une pente relativement douce, jusqu'au fond d'un petit vallon qui débouche dans la vallée de la Savoureuse.

Il se relève de l'autre côté de ce vallon, pour former une colline composée de deux sommets séparés par un col élevé. Le sommet le plus au sud, qui est le moins élevé, porte le nom de Basses-Perches; l'autre celui de Hautes-Perches. Le flanc de ce dernier est couvert par le bois de la Perche.

Le Château.

Le faîte de l'escarpement qui vient d'être décrit est occupé à son extrémité sud, directement au-dessus de la ville, par le Château, ouvrage le plus important de la place. Il se compose de trois enceintes concentriques, formées de deux fronts bastionnés chacune, et d'un cavalier en terre très-élevé à l'intérieur de la troisième enceinte. Cela constitue cinq étages de feux regardant les Perches et l'est de la ville, car le cavalier comporte un étage de feux supérieur, à ciel ouvert, et un étage inférieur formé par une série de casemates à canons, qui ouvrent, du côté de la ville, dans la cour intérieure de ce cavalier.

Du côté de la ville cette cour est fermée par une caserne qui couronne l'escarpement. Cette caserne, construite en une excellente et forte maçonnerie de grès, voûtée à l'épreuve de la bombe, et recouverte de terre, forme masque pour cacher la cour du cavalier aux vues des terrains à l'ouest et au nord de la place.

Le cavalier du Château, distant d'environ onze à douze cents mètres des sommets des Perches, domine les Basses-Perches à peu près de dix mètres, et est dominé d'autant par les Hautes. Quant aux trois enceintes, elles sont dominées largement par les deux Perches qui constituent des positions très-dangereuses pour elles.

Hauteur du Bosmont.

En s'éloignant de Belfort, au delà des Perches, sur la rive gauche de la Savoureuse, on trouve en face des Perches la hauteur du Bosmont, qui les regarde comme elles-mêmes regardent le Château, si ce n'est que son point le plus élevé atteint seulement la hauteur du sommet des Basses-Perches.

Cette succession de collines se retrouve du reste tout le long de la vallée de la Savoureuse, au sud de Belfort.

La colline du Bosmont est couverte d'un bois qui

2

porte le nom de bois du Bosmont ou bois de la Brosse.

C'est entre cette hauteur et celle des Perches que s'engage la ligne du chemin de fer de Mulhouse, qui, formant un coude assez brusque vers l'est, traverse la Savoureuse sur un remblai élevé que soutient une voûte, puis entre en tranchée au pied des Perches jusqu'au village de Chèvremont qui est une station.

Cette portion de la ligne est complétement cachée aux vues de la place, jusque vers Chèvremont, par la hauteur des Perches.

A l'entrée du vallon qui sépare les Perches et le Bosmont, au sud du remblai du chemin de fer, se trouve le village de Danjoutin, situé presque entièrement sur la rive gauche de la Savoureuse.

Plus au sud encore, le long de la rivière, on trouve les villages d'Andelnans, puis de Sévenans.

Ouvrages au pied du Château.

Les extrémités des branches droites des enceintes du Château, viennent s'appuyer à l'escarpement qui s'abaisse en dépassant la ville au sud et forment ainsi une grande saillie en avant du front sud.

Au pied de cette saillie se trouvent des batteries en terre d'un grand relief, voyant les terrains à l'ouest de la ville, par-dessus le faubourg de Montbéliard.

En avant de ces batteries et du front sud, existe un ouvrage à cornes d'un moindre relief, destiné à battre la Savoureuse en aval et les terrains situés vers la bifurcation des voies ferrées. Mais cet ouvrage a presque toutes ses vues masquées par le faubourg du Fourneau, situé sur un chemin qui relie Belfort à Danjoutin, Andelnans et Sévenans, par la rive gauche de la Savoureuse.

Entre cet ouvrage à cornes et le front sud de la ville sont situés les bâtiments de l'Arsenal d'artillerie.

La Justice.

L'escarpement du Château se prolonge au nord-est au delà de la ville, en s'abaissant d'abord un peu, puis s'élevant ensuite doucement. Mais le terrain à son pied s'élève plus vite, en sorte que la partie à pic se réduit vers l'extrémité nord-est à une quinzaine de mètres. Vers cette extrémité se trouve assis le fort de la Justice, qui fait une saillie assez considérable en avant de la ligne de l'escarpement, et bat bien les pentes qui, de cet escarpement, descendent vers la campagne. Ce fort domine d'environ vingt-deux mètres le Château, dont il peut couvrir les abords de feux, ainsi que les Perches et tous les terrains à l'est de la place.

La Justice et le Château se prêtent un mutuel appui, qui rend l'attaque de la Justice à peu près impossible sans faire en même temps celle du Château.

Au nord le terrain descend de la Justice en pentes de roc excessivement raides et inabordables.

Ce fort contient une caserne voûtée à l'épreuve de la bombe.

La Miotte.

Parallèlement à ce premier escarpement qui sert d'assiette au Château et à la Justice, et un peu plus au nord, règne un autre escarpement tout entier situé au nord de la ville. Cet escarpement, également en roc,

n'est pas à pic comme le premier, du côté de la Savoureuse ; .mais il y descend par des pentes si raides,
qu'elles sont impraticables.

A son extrémité nord se trouve le fort de la Miotte,
qui domine d'environ dix mètres celui de la Justice et
qui, de tous les côtés vers la campagne, possède d'immenses glacis extrêmement raides. Cet ouvrage peut
être considéré comme inattaquable. Il renferme une
caserne voûtée à l'épreuve de la bombe.

L'escarpement de la Miotte se prolonge au delà du
fort jusqu'à environ deux kilomètres en une arête
mince de terrain à pentes raides, couverte par le bois
de la Miotte. La Justice bat les pentes sud de cette
arête, la Miotte bat ses pentes nord.

Le camp retranché permanent. — L'Espérance.

La Miotte et la Justice sont reliées par une série d'ouvrages dont l'ensemble forme le front du vallon.

Entre la Miotte et la ville, on a taillé un fossé dans
le roc de l'escarpement et disposé le long de ce fossé,
du côté de la Miotte, un mur d'appui, par-dessus
lequel on peut battre, par la mousqueterie, les pentes
qui sont au pied et qui ne sont vues de nulle part par
la place. Cela constitue, vu leur raideur, une défense
plus que suffisante.

Plus bas, vers la ville, ce mur est remplacé par des
ouvrages en terre, pouvant porter du canon, et désignés sous le nom d'Ouvrages de la limite gauche du
camp retranché.

Entre ces ouvrages et la ville se trouve l'ouvrage à

cornes de l'Espérance, situé en avant du front nord et créé par Vauban pour battre le sud du pied des pentes de la limite gauche du camp retranché et le vallon compris entre la ville, la Miotte et la Justice, ces deux derniers forts n'existant pas encore. Sous ce rapport leur construction a rendu l'Espérance à peu près inutile, en assurant la possession de ce vallon à la place ; mais cet ouvrage a encore des vues précieuses sur la vallée de la Savoureuse en amont.

Entre l'Espérance et le front nord de la ville, se trouvent la manutention et une caserne destinée, en cas de siége, à servir d'hôpital. Ces divers bâtiments sont voûtés à l'épreuve de la bombe.

Entre la Justice et le Château la seule défense est l'escarpement à pic, en avant duquel se trouve un simple chemin couvert. Les pentes qui montent de la campagne à cet escarpement étant très-bien battues, il suffit à constituer un obstacle infranchissable.

La jonction de cette défense et du Château s'effectue par une solide lunette, portant le nom de lunette 18, faite jadis dans le but de concourir avec l'Espérance à battre le vallon situé entre les deux escarpements, et par celui du bastion 20, qui forme l'extrémité d'un des côtés de la ville, et contient une vieille tour en maçonnerie très-épaisse, nommée tour des Bourgeois, propre à servir de magasin ou d'abri.

Cet ensemble constitue donc au nord-est de la place un espace d'environ un kilomètre de long et cinq à six cents mètres de large, complétement fermé, dont la possession est assurée à la garnison. Cet espace porte le nom assez impropre aujourd'hui de camp retranché permanent, ou mieux de Vallon.

Routes du Vallon et de l'est de la place.

Les routes d'Altkirch et de Strasbourg sortent de la place par la porte de Brisach percée dans le front de la ville, qui regarde le Vallon.

La route d'Altkirch, obliquant de suite à l'est, vient passer dans les fossés de la lunette 18, qui enfile son prolongement, et se dirige à l'est, en traversant les villages de Pérouse et de Bessoncourt. Les terrains, que parcourt cette route, ne présentent pas de reliefs bien considérables et sont convenablement battus par le canon de la place, à l'exception des abords du village de Pérouse, situé à environ douze à quatorze cents mètres de la place, au fond d'une dépression de terrain en partie cachée par des pentes relativement raides, et comprise entre le bois de la Perche au sud, et un bois appelé bois des Fourches, ou sur Merveaux au nord.

La route de Strasbourg se dirige au nord-est au pied de l'escarpement de la Justice, traverse le front du Vallon par la porte du Vallon, longe le pied du bois de la Miotte et passe au village de Roppe, traversant ainsi des terrains également bien battus.

Au sud de Roppe, entre ce village et Bessoncourt, se trouvent les villages de Denney et de Pfaffans.

Le long de la route de Strasbourg, à l'intérieur du Vallon, existent des constructions qui constituent le faubourg de Brisach.

Un chemin qui vient de la route de Remiremont et traverse la Savoureuse, au pied de l'Espérance, sur un petit pont de bois, passe dans les fossés de l'Espérance et va rejoindre les routes de Strasbourg et d'Altkirch en avant de la porte de Brisach. Le long de ce chemin, sur la rive droite de la Savoureuse, se trouve le faubourg du Magasin.

Un autre chemin longeant les glacis de la place, et qui constitue, au point de vue du classement officiel, une partie commune aux routes nationales de Strasbourg et d'Altkirch, relie le pont de la porte de France à ce premier chemin.

Par cette disposition, les routes de la rive droite passent sur la rive gauche sans traverser la ville, quoiqu'on puisse également communiquer des unes aux autres par les rues de Belfort.

Montagnes de l'Arsot.

Au nord du Vallon, en face de l'escarpement de la Miotte, et se prolongeant assez loin à l'est, se trouve un massif considérable de montagnes boisées portant le nom de mont et forêt d'Arsot.

Les sommets de ce massif, qui dominent la Miotte de quarante à quarante-cinq mètres, en sont distants de deux mille cinq cents à trois mille mètres.

Le pied de l'Arsot à l'est vient jusqu'à la rive de la Savoureuse.

Au sud, entre ce pied et la Miotte, se trouve un assez grand étang, appelé étang de la Forge, sur la rive duquel, à l'ouest, se trouve le hameau de la Forge, assis sur un petit plateau formant un léger relief entre l'étang et la Savoureuse.

Un chemin, suivant le pied de l'Arsot, mène du hameau de la Forge aux villages d'Offemont, de Vétrigne et de Roppe.

Tous ces terrains, jusqu'au sommet de l'Arsot, sont bien battus par la Miotte.

Massif du Salbert et du Mont.

En regard de l'Arsot, sur la rive droite de la Savoureuse et un peu plus au sud, se trouve un autre massif de montagnes boisées, composé de quatre sommets.

Celui qui occupe le nord porte le nom de Salbert ou Grand-Salbert. C'est le point culminant de toute la contrée. Il domine la plaine d'environ deux cent quatre-vingts mètres, et de près de cent cinquante mètres les points les plus élevés d'alentour.

A son sud se trouvent le Pètit-Salbert et le Coudrai, et, entre ces deux derniers et la place, le Mont.

Le Mont, qui n'est guère situé qu'à deux mille ou deux mille cinq cents mètres de la ville et la commande de plus de cent mètres, constitue pour la place un point des plus dangereux.

Au pied du Mont, du côté de la place, se trouve la ferme Georges, composée de bâtiments assez importants.

Entre le Salbert et l'Arsot la vallée de la Savoureuse est resserrée, et c'est par cet étranglement que passent, au village du Valdoie, la route de Remiremont et la ligne du chemin de fer de Paris, qui, se dirigeant à l'ouest, contourne le Salbert.

A l'entrée de la gorge qui sépare le Salbert du Mont

est construit le village de Cravanche, battu par la Miotte, la limite gauche du camp retranché et par l'Espérance.

Hauteur de la Côte. — La Douce.

En face, et au sud du Coudrai, se trouve un sommet appelé la Côte, un peu moins élevé que le Mont.

Le fond de la vallée, qui sépare la Côte du massif du Coudrai et du Mont, est occupé par la Douce, petite rivière qui, courant du nord-ouest au sud-est, se jette dans la Savoureuse, un peu au sud de Sévenans.

La route de Paris, venant de Chalonvillars, traverse, à Essert, cette petite vallée.

Plateaux des Barres et de Bellevue.

Sur la rive gauche de la Douce, entre cette rivière et la Savoureuse, le terrain est peu mouvementé. Il forme au pied du Mont comme un plateau qui s'étend jusque vers les faubourgs de Belfort, et domine la Savoureuse d'une vingtaine de mètres.

La pente douce qui descend de cette sorte de plateau vers la Savoureuse, donne passage, dans le prolongement du faubourg de France, à un petit vallonnement peu profond par lequel vient la route de Paris, et qui sépare le plateau en deux parties distinctes : l'une au nord, occupée en partie par le hameau des Barres, et que parcourt la route, l'autre au sud, appelée plateau de Bellevue.

Le chemin de fer traverse le bord du plateau des Barres en tranchée profonde.

Au sud du plateau de Bellevue, la pente générale s'éloigne de la Savoureuse vers l'ouest, et est découpée par deux ravins escarpés qui comprennent entre eux le plateau de Bellevue, et lui donnent l'aspect·d'une sorte de promontoire regardant le village de Danjoutin.

Sur les flancs de ces ravins se trouvent des bâtiments appelés maison Juster, pour le plus proche de la place, maison Sibre pour l'autre.

Ravin de Bavilliers.

Du plateau de Bellevue et en s'éloignant de la place perpendiculairement à la direction de la Douce, descend un ravin assez profond, caché aux vues de la place, et à l'embouchure duquel, sur la Douce, se trouve le village de Bavilliers. C'est par ce ravin que vient la route de Lyon, qui passe par le plateau même de Bellevue, et va rejoindre celle de Paris dans le vallon qui sépare Bellevue des Barres.

Cette route, avant d'arriver à Bavilliers, suit le pied d'un plateau occupant le bas de la Côte et le long duquel, un peu plus bas, passe également le chemin de fer de Besançon avant de traverser la Douce.

Sur ce parcours se trouve le village d'Argiésans.

Ces terrains sont en partie boisés, jusque sur le flanc de la Côte.

Le Grand-Bois.

Le chemin de fer de Besançon, après avoir traversé la Douce, gagne la vallée de la Savoureuse, par un col bas qui sépare les deux vallées, puis il remonte ensuite au nord vers Belfort. Ce col sépare aussi le prolongement du plateau de Bellevue, le long du ravin de Bavilliers, d'un sommet plus au sud, un peu plus élevé que Bellevue, boisé ainsi que le col et appelé le Grand-Bois.

Ce sommet, ainsi que les plateaux dont font partie Bellevue et les Barres, constituent le faîte qui sépare la Douce de la Savoureuse, et ils dérobent complétement la vallée de la Douce à toutes les vues de la place.

Point d'attaque de Belfort.

Il résulte de ces dispositions des ouvrages et de ces formes du terrain que la place est à l'abri de toute attaque entre la Justice et la Miotte, entre la Miotte et la ville.

Il est également très-difficile, sinon impossible, d'y entrer par les fronts qui regardent la Savoureuse, car il faudrait pour cela s'approcher en cheminant dans des terrains bas et extrêmement dominés, de plus la Savoureuse, battue de très-près, constituerait un obstacle sérieux et donnerait de l'eau dans les tranchées pour peu qu'on les approfondît, principalement dans les saisons où des pluies abondantes ou bien le dégel sont à craindre, car elle devient alors assez grosse pour inonder la vallée, surtout en aval.

Par l'est l'attaque peut se porter sur la Justice ou le Château.

Sur la Justice elle est encore des plus difficiles, car, d'après les pentes du terrain, les travaux d'approche

ne peuvent pas s'étendre sur leur droite, et pour les
étendre sur la gauche et envelopper un peu le saillant,
il faut les montrer à revers aux feux redoutables du
Château. De plus la prise de ce fort pourrait ne pas
anéantir encore la défense, puisqu'il resterait l'enceinte de la ville.

La prise du Château au contraire entraîne celle de
la ville du même coup, et est la plus pratique en se
servant de la hauteur des Perches pour le battre, et en
cheminant sur la droite des fronts pour se refuser autant que possible aux feux de la Justice. On faciliterait
beaucoup cette opération en établissant des batteries
sur le plateau de Bellevue, pour prendre en enfilade
tous les fronts de droite du Château.

Cette attaque ne laisse pas que d'être encore une
grosse affaire, vu l'armement considérable du Château
et la nécessité de descendre en cheminant les pentes
des Perches pour remonter le long des glacis du fort,
glacis en roc pelé sur lesquels on ne pourrait faire de
tranchées qu'avec des terres rapportées.

Néanmoins c'est nettement là le point d'attaque.

Le génie s'était dès longtemps rendu compte de
l'avantage qu'il y aurait, pour retarder cette attaque,
à disputer à l'assiégeant la possession des Perches en
les occupant par deux ouvrages, ce qu'avait fait Lecourbe au moyen de deux petites redoutes en terre.

Le projet des forts à adopter était à l'étude.

Mais cette occupation pour porter tous ses fruits
nécessitait celle du plateau de Bellevue, d'où, sans
cela, les ouvrages des Perches seraient pris à dos par
le canon et verraient devenir très-périlleuses leurs
communications avec la place.

L'ouvrage de Bellevue était difficile à rendre très-solide par suite de la vallée de la Douce et du ravin de Bavilliers, qui permettent de l'approcher de très-près sans être vu de nulle part. Il était également à l'étude.

Fort des Barres.

Enfin, comme complément de cette organisation en projet, on avait décidé la construction d'un fort sur le plateau des Barres, battant de près les terrains à la droite de Bellevue, sur lesquels la place avait peu de vues.

Ce fort des Barres et celui de Bellevue étaient encore rendus nécessaires parce que, des plateaux qu'ils occupent, on voit à revers tout le Vallon, que l'on peut le rendre presque intenable et inquiéter sérieusement les communications de la ville et à la Miotte et à la Justice.

Le fort des Barres était à peu de chose près terminé au moment de la guerre. Il est situé sur le plateau des Barres, en avant de la tranchée du chemin de fer, et se compose de deux fronts bastionnés battant tous les plateaux qui s'étendent au pied du Mont, jusqu'à Essert et à la vallée de la Douce.

Deux longues branches, dirigées vers la place, le terminent au nord et au sud et voient la vallée de la Savoureuse en amont et en aval. Il est fermé, le long de la tranchée du chemin de fer, par un mur crénelé.

Ce fort possède un grand relief et d'immenses traverses en terre, destinées à cacher son intérieur aux vues dangereuses du Mont. Il est pourvu de casemates

spacieuses servant de caserne, et de voûtes en décharge dans ses escarpes.

Front des Faubourgs.

Un grand front en terre, séparé du fort des Barres
par la tranchée du chemin de fer et élevé avec les déblais de cette tranchée, était également en construction
sous le nom de front des Faubourgs.

Ces deux ouvrages déjà existants sont soumis, de la
part des Perches, à des vues de revers qui, en supposant ces hauteurs inoccupées par nous, leur enlèvent
presque toute valeur.

On communique de la place au fort des Barres par
une poterne percée sous le front des Faubourgs et un
pont jeté sur la tranchée du chemin de fer.

Casernes et abris.

La garnison de Belfort était logée, en temps de paix,
dans des casernes occupant le pourtour de la ville à
l'intérieur de l'enceinte, et dans des bâtiments situés
entre le front des Faubourgs et le faubourg des Ancêtres, destinés à la cavalerie et portant le nom de
Quartier-Neuf.

Un hôpital militaire existait au faubourg de Montbéliard.

Aucun de ces bâtiments n'est à l'épreuve des projectiles et ne peut être habité en cas de bombardement. Il
existe heureusement de bons et nombreux abris case-

matés, en plus des casernes voûtées des forts. Ils sont constitués par les tours et par des casemates dans l'enceinte, notamment sous les ouvrages qui rejoignent la porte de Brisach au Château.

Le Château surtout est bien pourvu d'abris et contient, dans la troisième enceinte, l'un des plus vastes, creusé dans le roc et connu sous le nom de Grand-Souterrain.

De bons magasins à poudre et des abris à munitions existent à peu près partout où ils sont nécessaires.

Conduites d'eau.

Enfin la ville est approvisionnée d'eau par des conduites qui la puisent dans la Savoureuse, vers le village du Valdoie.

Elle contient, en plus, des puits nombreux, devenus à peu près sans usage depuis la création des conduites, mais intéressants, au point de vue du siége, en ce sens qu'ils fourniraient l'eau, au cas où l'ennemi couperait les conduites de la Savoureuse.

CHAPITRE III

PÉRIODE ENTRE LA DÉCLARATION DE GUERRE ET L'INVESTISSEMENT

———

Travaux à entreprendre.

Tel était l'état de la place au moment où la guerre se déclara.

On travaillait au fort des Barres presque achevé, au front du Faubourg déjà avancé et à des améliorations dans les divers fronts, notamment aux traverses et aux abris de combat des remparts.

L'armement de sûreté était à peu près entièrement préparé ; mais, malheureusement, il avait été établi, comme partout, davantage en vue de l'inspection générale que du combat, si bien qu'embrasures et plates-formes étaient plutôt propres et bien alignées que solides.

Il y avait donc à s'occuper immédiatement de réformer cet armement, de préparer celui de défense et d'achever, au plus vite, l'organisation des parties principales des travaux en cours d'exécution.

Il fallait encore se préoccuper de couvrir mieux de terre les divers magasins à poudre qui ne l'étaient pas tous suffisamment, et de protéger par des blindages les murs des casernes voûtées à l'épreuve de la bombe. Ces murs étaient plus ou moins construits en vue de recevoir ces blindages au moment du besoin, mais ne pouvaient aucunement, dans leur état actuel, résister aux obus.

Tout cela constituait une série de travaux demandant plus de temps que ne le ferait supposer l'habitude à peu près systématique de les réserver, dans nos places, pour le moment du péril, et on conçoit qu'il ait pu résulter, de cette habitude, une certaine cause de faiblesse pour celles de nos forteresses qui furent attaquées un peu subitement.

Ces travaux n'étaient pas les seuls urgents. Il fallait occuper par des ouvrages de fortification passagère, d'une construction suffisamment rapide, les deux Perches et Bellevue. Enfin, le front des Faubourgs, complétement ouvert à la gorge, ne constituait qu'un assez mauvais ouvrage, susceptible d'être enlevé à la rigueur par un coup de main énergique et hardi, ce qui eût fait perdre à la place la possession des faubourgs et du fort des Barres, dont cet ouvrage voit et commande tout l'intérieur. Il créait ainsi pour les Barres, dont il est chargé de flanquer les grandes branches, plutôt un danger qu'une protection.

Il fallait donc travailler à en rendre l'escalade impossible et à préserver les faubourgs contre une surprise, en les enveloppant par une ligne de fortification rapidement construite.

Le 7ᵉ corps de l'armée du Rhin, à Belfort.

Belfort, au moment de la déclaration de guerre, était à peu près sans garnison, les troupes en ayant été détachées pour aller à Mulhouse réprimer les désordres causés par une grève d'ouvriers. Mais le 7ᵉ corps de l'armée du Rhin, désigné pour se former à Belfort, y arriva bientôt.

Le général de division Félix Douai, qui le commandait, donna un coup d'œil aux positions à occuper par des ouvrages neufs, et le général Doutrelaine, chef d'état-major du génie du corps, prit la haute main sur les travaux du génie auxquels concoururent les officiers de l'arme du corps.

Le général Doutrelaine donna des indications sommaires et rapides sur le tracé à adopter pour les forts des Perches, de Bellevue et les lignes des faubourgs. Les tracés furent faits et on se mit à l'œuvre à la fois par la voie de l'entreprise civile et du travail des troupes.

Cela ne dura pas longtemps; le général Douai quitta Belfort pour se porter sur Mulhouse, avec un nombreux matériel d'artillerie, malgré l'absence de son parc et de l'une de ses divisions, encore en arrière.

Les travaux se trouvèrent réduits aux seules ressources de l'entreprise civile.

Le 7ᵉ corps ne fut pas long du reste à revenir. Nos premiers désastres étaient déjà connus et une des divisions du général Douai avait été dirigée sur le nord-est. Il lui restait une division et sa réserve, et il ne put obtenir l'arrivée de sa troisième. Dans ces circonstances, le sous-préfet de Schlestadt ayant envoyé par télégramme, au général Douai, l'annonce que 100,000 Prussiens passaient le Rhin, pour venir à lui, il leva rapidement le camp et fit sur Belfort une retraite immédiate, qui ne l'y ramena pas sans désordre.

Cette retraite jeta dans tout le pays une panique profonde. La population déserta en hâte les villages, emportant ses hardes, pour se garer de l'invasion, et ne se remit pas par la suite de la démoralisation qui en résulta. Ce fut fâcheux pour les intérêts de la place ; car on eut depuis la plus grande peine à se procurer un nombre suffisant d'ouvriers, malgré l'énorme augmentation donnée à leur salaire.

La nouvelle qui causa tous ces dégâts était fausse. Pas un soldat ennemi ne se trouvait en Alsace, au sud de Strasbourg, ni dans le duché de Bade, où l'approche du 7e corps avait même causé dans la population une panique analogue à celle que la nôtre subissait.

Les travaux entrepris retrouvèrent, par suite de ce fait, la main-d'œuvre militaire, mais ces contre-temps y mettaient un décousu fâcheux. Il était du reste visible que le général Douai ne chercherait pas à rester à Belfort, mais désirerait au contraire aller prendre part aux opérations du nord-est.

C'est ce qui arriva ; il fut appelé vers le général de Mac-Mahon, et enveloppé dans le désastre de Sedan.

Peut-être cependant y aurait-il eu pour ce corps un beau rôle à jouer, s'il eût été considéré comme le noyau d'une armée qu'on eût pu rassembler et instruire à Belfort, pour s'assurer des Vosges et sauver Strasbourg,

en produisant sur les derrières de l'invasion une diversion puissante.

Ce départ mit la place dans une position des plus
fâcheuses, elle resta avec 4 à 5,000 hommes environ
de mobiles, principalement du Haut-Rhin, armés des
anciens fusils, sans aucun élément pour les instruire
et enfin, pour les travaux de l'armement, avec une
seule demi-batterie d'artilleurs à pied, sous les ordres
de M. de la Laurencie.

Continuation des travaux.

Le commandant Denfert, chef du génie de la place,
avait tenu à ce que les principaux travaux restassent
constamment entre les mains des trois capitaines du
génie attachés à Belfort, ce qui empêcha que le départ de ceux du 7e corps ne jetât dans ces travaux
une désorganisation trop profonde. Néanmoins, des
réformes notables devaient y être apportées pour qu'ils
fussent exécutables avec les faibles ressources restées
dans la place, et pour que les positions à défendre
n'eussent pas une étendue hors de proportion avec
l'effectif de la garnison, au cas possible où le siége sur-
viendrait avant qu'on eût reçu des renforts suffisants.

C'est ainsi que les lignes des faubourgs, déjà en
grande partie exécutées, durent être abandonnées
comme trop étendues, d'un profil trop léger, et en
prise du reste, en certains points, à des vues de
revers dangereuses du terrain extérieur. Ces lignes
avaient été tracées avec un aussi grand développement
pour entourer la totalité des faubourgs, et éviter la

cruelle nécessité de démolir une partie de leurs constructions.

Il fallut les combler, adopter un tracé plus simple et
plus solide, passant au travers des faubourgs, et se
résigner à la démolition des maisons laissées en avant,
qui eussent permis d'arriver jusqu'au fossé sans essuyer
le feu du parapet, et de dominer le retranchement à
quelques mètres, du haut des étages. Une grande partie de ces riches faubourgs fut ainsi condamnée à être
détruite et ravagée, mais c'était indispensable.

Le commandant du génie décida que les lignes se
composeraient d'un retranchement, précédé d'un fossé
de quatre mètres de largeur, de deux mètres à deux
mètres cinquante de profondeur, dont les terres fourniraient le parapet en arrière.

On devait faire un petit revêtement en maçonnerie,
contre les talus du fossé, dans les endroits où ils ne
paraîtraient pas assez solides pour tenir seuls.

Dans la partie nord, le retranchement était tracé
suivant une ligne droite, fichant d'un bout dans le
front des faubourgs, de l'autre dans la Savoureuse,
et dont le prolongement rencontrait l'ouvrage de l'Espérance.

Il était ainsi flanqué et protégé sur ses abords par
le canon du front des faubourgs et celui de l'Espérance.

Dans la partie sud, il se composait de deux lignes
droites, formant un angle saillant sur le faubourg de
Montbéliard, et allant du front des faubourgs à la Savoureuse, flanquées, l'une par le canon de la gauche
du front des faubourgs, l'autre par celui des ouvrages
au pied du Château. Pour éviter d'interrompre la cir-

culation, le fossé seul devait traverser les routes, le parapet étant reporté en arrière pour former une barricade enfilant la route, et armée d'un canon. On contournait la barricade pour traverser ensuite le fossé sur un pont volant, facile à replier quand on voulait interrompre la communication.

Enfin le front des faubourgs devait être étendu sur sa gauche pour fournir les batteries flanquant les lignes du sud, et un escarpement à pic, de quatre mètres de hauteur, devait y être pratiqué sur tout le pourtour de la gorge, pour le mettre à l'abri de l'escalade, au cas où l'ennemi aurait forcé l'une des lignes.

Ces travaux furent entrepris sans délai, en réservant les démolitions pour le moment où ils seraient suffisamment avancés.

On poussa aussi avec la plus grande activité possible les blindages des casernes des forts, surtout ceux de la manutention et de la caserne de l'Espérance destinée à servir d'hôpital de siége, et on entreprit divers travaux d'aménagement dans les abris, notamment la construction d'un plancher, pour créer un étage dans le grand souterrain du Château.

Il fallut, pour se procurer les bras nécessaires à cette organisation de la place elle-même, abandonner les redoutes de Bellevue et des Basses-Perches, et ralentir le travail à celle des Hautes-Perches, la plus importante des trois.

MM. Châtel et Renault, ingénieurs des ponts et chaussées de Mulhouse et de Belfort, dirigèrent, en qualité de capitaines du génie auxiliaire, les travaux des lignes nord des faubourgs, de la Miotte et de la Justice. MM. Bruneto et Thiers, capitaines du génie, chargés jusqu'alors, le premier des Basses-Perches, le second de Bellevue, dirigèrent les travaux de la ville et ceux des Barres, du front et des lignes sud des faubourgs. M. Degombert, capitaine du génie, resta chargé du Château et des Hautes-Perches.

Quelque temps après, les lignes des faubourgs étant déjà avancées, et des troupes de garde nationale mobile destinées à rester dans la garnison étant arrivées, on put disposer de quelques centaines de travailleurs militaires de plus, et commencer les démolitions ainsi que des travaux de défense au faubourg du Fourneau; ces travaux, sous la direction de M. Choulette, ingénieur des mines de Vesoul, faisant fonctions de capitaine du génie, étaient composés à l'ouest de petites embuscades en terre, le long de la Savoureuse, et au sud d'un retranchement analogue à ceux des lignes des faubourgs.

L'arrivée de quatre nouvelles demi-batteries d'artilleurs à pied permit bientôt de donner plus d'activité aux réformes et au complétement de l'armement, en y faisant concourir plus tard les batteries de garde nationale mobile du Haut-Rhin et de la Haute-Garonne.

On entreprit également, pour pourvoir au logement des troupes qui passaient en grand nombre à Belfort et y séjournaient plus ou moins, la construction de baraques situées dans les parties du Vallon les mieux abritées contre les vues du dehors.

Formation du corps des Vosges.

L'arrivée et le passage de la plupart de ces troupes étaient causés par la formation d'un corps qui, sous les ordres du général de division Cambriels, investi depuis le milieu de septembre du commandement de Belfort, et peu après de celui de toute la région de l'est, était destiné à disputer à l'ennemi la possession des Vosges, et à remplir ainsi une partie du rôle qui aurait pu dès le début incomber, avec bien plus de chances de succès, au 7e corps de l'armée du Rhin.

Le rassemblement se faisait tant dans le département des Vosges qu'à Langres et à Belfort.

La formation de ce corps était remplie de difficultés ; les troupes arrivaient par groupes, sans cohésion, mal équipées, mal armées et pour la plupart sans instruction. On choisissait les moins dépourvues du nécessaire pour les verser dans le corps, et on les équipait à la hâte, le mieux possible, en usant de toutes les ressources du pays et des alentours.

Les autres étaient désignées pour rester dans la place ; c'est ainsi qu'y restèrent, par exemple, quatre bataillons de mobiles du Rhône, arrivés en pantalons de civils, en blouses bleues, avec des fusils à piston, sans trace d'équipement, et qui ne furent habillés que plus tard et équipés par les soins de leurs conseils d'administration.

Le corps tira, au moins en grande partie, son artillerie de l'arsenal de Belfort, où il prit des pièces de campagne et de montagne, pour lesquelles il dut se procurer les attelages et le harnachement, qui furent achetés ou confectionnés presque entièrement à Mulhouse.

Pendant tout ce temps des armes et des munitions arrivaient peu à peu à Belfort et permettaient d'armer mieux et successivement les troupes. Des vivres s'y transportaient aussi en abondance et venaient remplir les magasins de la ville, du Château et l'Église.

De nombreuses voitures de réquisition étaient sans cesse en mouvement entre la gare et les divers lieux de dépôt.

A la fin de septembre le corps des Vosges, encore en formation, commençait à agir et occupait les principaux cols du sud des Vosges, par 4 à 5,000 hommes de mobiles et de corps francs sous les ordres d'un homme énergique, le capitaine d'artillerie Perrin.

L'ennemi dans le Haut-Rhin.

Cette époque fut remarquable par les fausses et alarmantes nouvelles qui arrivaient à la fois de Mulhouse, de Colmar, de Neuf-Brisach, de Schlestadt et de Bâle.

La physionomie générale de ces bruits était l'annonce d'une armée ennemie qui, par le duché de Bade, remontait le Rhin, pour se porter tantôt sur Belfort, disait-on, tantôt sur Lyon. On variait singulièrement sur l'effectif de cette armée, mais son existence successivement démentie, puis réannoncée, s'affirmait avec une grande opiniâtreté.

Tout se borna en réalité, pour le moment, à l'installation d'un petit poste ennemi à Chalampé, sur la rive française du Rhin, un peu au nord de Mulhouse et en face de la petite ville badoise de Neuebourg. Ce poste se reliait à l'autre rive par un simple bac.

Ces nouvelles, quoique d'une fausseté notoire, eurent de déplorables effets.

Elles rendirent timides aussi bien Belfort que Neuf-

Brisach, qui auraient pu faire chasser le poste de Chalampé, et qui se contentèrent de le faire attaquer par
quelques francs-tireurs, dans des engagements à peu
près nuls en résultats.

De plus, chaque fois qu'elles se produisaient, et que
le passage du Rhin, par l'ennemi en forces, était signalé
comme imminent, les francs-tireurs et même les troupes
éloignées en avant de Belfort, parfois jusque vers Mulhouse, faisaient retraite, achevant ainsi au milieu des
populations l'œuvre de démoralisation commencée par
le 7ᵉ corps.

Les trains de chemin de fer furent aussi plusieurs
fois arrêtés par le retrait intempestif du matériel de
Mulhouse, ce qui causa des dommages graves et inutiles aux intérêts civils.

Enfin, et ce fut peut-être le fait le plus fâcheux, le comité de défense organisé à Dijon, préoccupé du passage qui était ouvert à cette armée menaçante, par les
routes aboutissant à Montbéliard, et d'accord en cela
avec Besançon, décida la destruction de ces routes et la
fit en grande partie effectuer, pensant par ce moyen
achever de fermer la trouée de Belfort.

Ce fut très-malheureux; car les obstacles ainsi créés
ne pouvaient guère arrêter l'ennemi d'une manière
sérieuse, sans la présence d'une armée pour lui en disputer le passage, et, même en supposant l'existence
d'une pareille armée, il eût fallu se contenter de préparer les moyens de destruction pour qu'elle pût en
user au dernier moment seulement, et au fur et à mesure de sa retraite défensive.

Ces dégâts prématurés furent une vexation peu utile
imposée à la population, et se trouvèrent plus tard un

obstacle à notre propre marche, quand les Allemands en profitèrent pour se défendre sur ces mêmes routes contre l'armée du général Bourbaki.

Toutes ces actions démoralisatrices prirent encore un accroissement de puissance sur les populations au début du mois d'octobre, quand l'ennemi, laissé définitivement possesseur tranquille de Chalampé, y eut établi un pont par lequel entrèrent dans le Haut-Rhin quelques milliers d'hommes qui commencèrent à rançonner le pays d'alentour et notamment Mulhouse.

La retraite des francs-tireurs à l'approche des patrouilles réquisitionnaires, auxquelles ils livrèrent tout au plus quelques combats peu sérieux, développa, dans les villes et villages, une peur si exagérée des représailles de l'ennemi que bientôt l'arrivée des corps francs y fut plus redoutée que celle des Prussiens.

Des armes et des munitions, en nombre assez considérable, avaient été envoyées de Belfort à ces populations, dans le but d'obtenir une résistance locale aux entreprises des coureurs ennemis. Il n'en fut fait aucun usage. Dès qu'un uhlan apparaissait, à plusieurs kilomètres à la ronde, on s'empressait de renvoyer toutes les armes à Belfort, où elles arrivaient par charrettes. Heureux encore quand, au lieu de les renvoyer, on ne les livrait pas par centaines à trois ou quatre cavaliers.

On n'était, du reste, jamais fixé sur l'importance à attribuer à ces incursions audacieuses de l'ennemi, qui s'enhardit jusqu'à venir à Altkirch, presque à mi-chemin de Mulhouse et de Belfort. Le général Thornton, qui occupait avec de la cavalerie et de l'infanterie les abords de Belfort jusqu'à Dannemarie, fit retraite de ses positions le 6 octobre, et peu s'en fallut que le grand viaduc du chemin de fer, à Dannemarie, ne fût prématurément détruit, ce qui n'eût fait que mettre l'ennemi encore plus à l'aise en enlevant à Belfort le moyen de porter rapidement des troupes vers Mulhouse.

Heureusement les mèches des fourneaux de mines se trouvèrent humides et le feu ne put leur être donné, ce qui sauva l'ouvrage.

Travaux à Belfort.

Pendant que ces faits se passaient à l'extérieur, le travail continuait activement dans la place.

Vers le milieu de septembre, les travaux des lignes des faubourgs s'étant trouvés très-avancés et la redoute des Hautes-Perches pouvant se passer d'une partie de ses ouvriers, on avait repris, sous la direction du capitaine du génie Brunetot, le travail des Basses-Perches. Bellevue avait été laissé pour le dernier, comme nécessitant, pour être tenable longtemps, l'occupation des Basses-Perches, et comme du reste plus facile à pousser rapidement plus tard, car ses fossés étaient creusés dans la terre, tandis que céux des deux Perches l'étaient en partie dans le roc.

On avait aussi travaillé avec activité au déboisement du bois de la Perche, qui venait jusque sur l'ouvrage des Hautes-Perches, et lui créait un trop grand danger. Il fut rasé jusqu'à environ 600 mètres du fort. On y trouva du bois pour le chauffage, pour la confection des fascinages, et quelques pièces de blindages.

Les souches ne furent pas coupées à ras de terre,

mais à une soixantaine de centimètres au-dessus du sol. Elles furent taillées en pointes et on tendit entre elles un réseau de fils de fer, opposant à la marche un obstacle inextricable et au sein duquel les chutes, à peu près inévitables, étaient fort dangereuses, grâce aux souches pointues.

Ce mode de défense accessoire fut aussi employé, quoique sur une moindre échelle, et conjointement avec des abatis d'arbres, en avant des lignes sud du faubourg, et plus tard autour de l'ouvrage de Belle-vue.

Les travaux de ce dernier ouvrage furent repris, sous la direction du capitaine du génie Thiers, dans les premiers jours d'octobre.

M. Paraf, élève ingénieur, dirigea l'achèvement des lignes des faubourgs.

Pendant ce temps le colonel d'artillerie Crouzat, envoyé vers la fin d'août dans la place, avait imprimé aux travaux d'armement plus d'énergie, et organisé ce service dont étaient chargés les capitaines de la Laurencie pour les enceintes supérieures du Château, Laborie et Vallet, ce dernier de la mobile du Haut-Rhin, pour les enceintes basses, Jourdanet, pour la Justice, Sailly, pour la Miotte, Deffayet, de la mobile du Haut-Rhin, pour les Barres, Roussel pour la ville, et Pallangier, de la mobile du Haut-Rhin, pour le camp retranché.

Capitulation de Strasbourg.

On avait été, durant tout ce temps, à Belfort comme partout, ballotté entre les nouvelles, presque toujours apocryphes, de succès, et l'annonce plus véridique des catastrophes.

On avait su les prétendues victoires si brillantes de Paris, ainsi que les soi-disant sorties meurtrières de Strasbourg, et les assauts furieux qui y auraient été repoussés.

On croyait si bien à ces mensongères nouvelles que, tout comme après Sedan, on refusa d'abord d'ajouter foi à celle trop vraie de la reddition de la forteresse alsacienne, qui libéra des troupes allemandes pour agir contre notre armée des Vosges.

Opérations du corps des Vosges.

Le général Cambriels avait quitté Belfort dans les premiers jours d'octobre, pour se porter dans les montagnes, et été remplacé, dans le commandement de la place, par le général de Chargère qui l'avait déjà exercé avant lui. Sa présence dans les Vosges était nécessaire, car les Prussiens y commençaient leur attaque, et, le 6 octobre, ils battirent le général Dupré, à la Bourgonce, entre Raon-l'Étape et Bruyères, dans un combat où le général fut blessé.

A la suite de ce combat, le général Thornton fut appelé de Belfort à Remiremont, avec ce qui restait de troupes destinées au corps du général Cambriels, et toute l'artillerie de montagne en état de marcher.

Peu après, le général Cambriels, attaqué dans presque toutes ses positions, et craignant d'autant plus de se voir enfermer dans les montagnes que ses troupes se comportaient mal au feu, fit une retraite rapide sur Besançon, pour achever de s'y former et couvrir ses communications avec Lyon, abandonnant définitivement tout le versant français des Vosges aux Allemands. Il rappela ensuite successivement à lui les divers corps qui gardaient le faisceau des routes traversant la trouée de Belfort par Montbéliard, pour éviter que l'ennemi ne vînt les séparer de Besançon, ce qui les eût annexés forcément à Belfort. La place perdit ainsi la dernière batterie de campagne qui lui restât.

Ces événements mirent momentanément les communications de Belfort avec la France à peu près à la merci des Prussiens. Mais comme peu après ils attaquèrent sans succès le corps du général Cambriels, retiré sous Besançon, et durent se mettre en retraite dans la direction de Gray et Rioz, le corps du colonel Perrin put se reporter plus au nord, en remontant la vallée de l'Oignon, petite rivière qui descend des Vosges pour se jeter dans la Saône, passant ainsi en travers du débouché de la trouée de Belfort vers la France. Les relations entre Belfort et Besançon se trouvèrent par là de nouveau assurées, mais malheureusement à la veille de l'investissement.

Siége de Schlestadt et de Neuf-Brisach.

Pendant le cours de ces événements du côté de la France, l'ennemi avait grossi en nombre dans le Haut-Rhin, réquisitionnant partout sans trouver la moindre résistance, même à Mulhouse où le conseil municipal avait redouté de laisser armer la nombreuse population ouvrière qui, sans cela, se fût plus ou moins bien défendue. On mettait même partout à préparer les réquisitions en argent, vivres ou effets d'habillement, une sorte d'empressement craintif que n'avaient, du reste, que trop justifié les hésitations du commandement militaire.

Enfin, l'ennemi devenu assez fort avait entrepris le siége de Neuf-Brisach, puis celui de Schlestadt, qui, tous les deux, capitulèrent après de courtes et incomplètes résistances.

Combats dans la haute Alsace.

Dans l'intérieur de Belfort, le colonel d'artillerie Crouzat, nommé, le 7 octobre, général et commandant supérieur en remplacement de M. de Chargère, voulut conserver néanmoins le commandement spécial de l'artillerie, ayant sous ses ordres le chef d'escadron Bouquet, son prédécesseur dans cette fonction.

Le commandant Denfert-Rochereau, chef du génie, était également passé lieutenant-colonel à son rang de proposition sur le tableau d'avancement.

Le général Crouzat dut se préoccuper de la situation qui était faite à la place par la retraite complète du général Cambriels sur Besançon.

Il fit occuper les routes menant de la France vers Belfort, et notamment Héricourt et Montbéliard, par des détachements, sinon capables d'arrêter l'ennemi, au moins en état de prévenir à temps la place de son arrivée.

En même temps les corps de francs-tireurs, réunis sous les ordres de M. Keller, ex-député du Haut-Rhin, gardaient le débouché des vallées descendant des Vosges en Alsace, immédiatement au nord de Belfort, et occupaient par de petits détachements les cols du sud des Vosges. Ces petits détachements s'y retranchèrent de leur mieux, de manière à pouvoir en disputer le passage aux forces allemandes qui viendraient soit du versant français, soit du versant allemand des Vosges.

On était ainsi en mesure d'éclairer les routes qui mènent de Colmar à Belfort, en suivant le pied des montagnes, et de disputer aux Prussiens leur jonction, au travers des Vosges, par les cols.

M. Keller fut aidé dans sa mission par M. Renault, qui connaissait bien le pays, et qui fut remplacé dans ses travaux à Belfort par M. Krafft, ingénieur des ponts et chaussées de Haguenau.

Un détachement de mobiles à Saint-Maurice, à la jonction de la route stratégique qui, par la vallée de la Savoureuse et le ballon d'Alsace, va de Belfort à Remiremont, et de celle qui, remontant la vallée de Thann et Saint-Amarin, franchit la ligne de faîte des Vosges au col de Bussang, pour se confondre avec la première, concourait à garder, du côté de la France, le col de Bussang et la route du Ballon.

Enfin, un détachement de trois compagnies de mobiles et de deux compagnies de francs-tireurs d'Altkirch, en tout environ 500 hommes, sous la direction du capitaine Thiers, gardait la route de Mulhouse à Belfort par Altkirch et Dannemarie, avec mission d'assurer la destruction du viaduc du chemin de fer à Dannemarie, mais seulement au dernier moment, en présence d'un corps sérieux marchant sur Belfort, et de

4

faire, en attendant, aux coureurs ennemis une guerre
d'embuscade aussi ardente que possible.

M. Thiers laissa la direction des travaux de Bellevue au capitaine du génie Quinivet, commandant une
compagnie du 2e régiment du génie, présente à Belfort et faisant partie de la garnison.

Le détachement de Dannemarie ayant fait réarmer
les gardes nationales sédentaires du pays, et leur
ayant, par sa présence, remonté le moral, les décida à
faire quelques exercices et les fit concourir efficacement
à la garde des routes, en même temps qu'il les organisait pour la défense locale, au moyen de l'appel par
le tocsin ou bien des ordres du chef de détachement.

Cette organisation faisait de sensibles progrès, notamment à Altkirch, et eût certainement donné des
résultats, si l'investissement de Belfort eût tardé davantage.

Deux cents hommes du détachement restèrent à
Dannemarie pour assurer la destruction du viaduc, le
cas échéant, et trois cents furent portés en avant,
tantôt à Mulhouse, tantôt aux environs, et eurent,
avec les patrouilles de uhlans, divers petits engagements avantageux, dans la haute Alsace, jusqu'à mi-
chemin de Mulhouse et Colmar.

Les francs-tireurs de M. Keller, réunis en nombre à
Thann, à l'entrée de la vallée de Saint-Amarin, qui
mène au col de Bussang, eurent de leur côté des engagements analogues.

Les réquisitions de l'ennemi s'en trouvèrent gênées,
et c'est probablement pour cela, sinon pour s'emparer
ensuite du col de Bussang, qu'il attaqua, le 14 octobre, la petite ville de Soultz, défendue énergique-

ment par les francs-tireurs avec un certain concours de
la population.

L'ennemi avait du canon et l'affaire fut assez chaude.

Vers le soir, renonçant à entrer dans Soultz avec
les forces dont il disposait, il appela à lui des renforts;
mais l'arrivée du détachement de 300 hommes dépen-
dant de Dannemarie, qui fut porté de Mulhouse vers le
lieu du combat, avec une centaine de gardes nationaux
de Mulhouse, et qui manœuvra pour se placer sur les
derrières de l'assaillant, le décida à une retraite immédiate.

Cette affaire, où la victoire nous resta, fut le plus
sérieux de tous les engagements de ce côté.

Le colonel Denfert-Rochereau. — Ses principes.

Le 19 octobre, le général Crouzat fut appelé sous les
ordres du général Cambriels, et le commandement de
Belfort fut donné à M. Denfert-Rochereau, qui fut en
même temps nommé colonel.

Ce changement produisit un revirement complet
dans les principes qui devaient présider à la défense,
dont il changea totalement la nature.

Le colonel Denfert était d'avis, qu'avec une garnison
d'un peu plus de 16,000 hommes, comme celle de Belfort, on devait occuper et disputer pied à pied toutes
les positions extérieures à la place, situées sous le feu
des canons des forts ou des redoutes. Il considérait la
forteresse plutôt comme un point d'appui assuré pour
les troupes de l'extérieur, et une immense batterie de
position leur permettant, sous sa protection, une

résistance efficace, que comme une ligne de défense à laquelle il fallût se restreindre dès le début.

Il pensait qu'il serait toujours temps de s'enfermer dans les remparts, quand la prise pénible et successive des positions du dehors y aurait forcé nécessairement la défense; mais qu'on aurait obtenu jusque-là l'immense avantage de tenir le cordon d'investissement très-éloigné, et d'obliger l'ennemi à une série d'attaques de vive force. Ces attaques sur des villages ou des positions armées de tranchées défensives, et protégées par les feux des forts ou des redoutes, seraient très-coûteuses pour l'ennemi, et retarderaie nt de beaucoup le moment où il pourrait approcher assez pour installer ses batteries et bombarder la place.

Pour compléter ce système de défense et lui donner toute sa valeur, le colonel décida que les positions occupées seraient non-seulement retranchées et barricadées, mais aussi pourvues d'abris pour les hommes, de manière à les soustraire aux effets de la canonnade de l'ennemi, et à permettre d'y tenir, malgré cette canonnade, jusqu'à ce qu'on vînt directement attaquer les retranchements, pour y échouer, ou tout au moins y payer chèrement le succès.

Enfin, pour forcer l'ennemi à se départir de son audace habituelle, et à ne commencer d'actions sérieuses qu'avec beaucoup de circonspection, et quand il aurait déjà des forces réellement considérables, il avait l'intention de porter l'action de la place au delà de cette zone des positions occupées, jusque dans les lignes d'investissement, au moyen de sorties fréquentes, y bouleversant les travaux et les postes de l'ennemi, si c'était possible, le forçant à des concentrations de troupes sur les points attaqués, le plaçant, en un mot, partout en crainte dans ses propres positions, et l'obligeant à la plus grande prudence et à la plus grande lenteur avant de s'avancer davantage, en même temps qu'elles le fatigueraient par ces alertes continuelles, mettant ses hommes sur pied et les forçant à des marches incessantes.

Ces sorties, du reste, ne devaient jamais avoir pour but de percer définitivement les lignes ennemies, pour se maintenir au delà, la garnison trop peu nombreuse ne pouvant que périr si elle perdait la protection des canons de la place ; mais seulement d'interdire aux Allemands la possibilité de commencer le siége actif, tant qu'ils n'auraient pas un effectif plusieurs fois supérieur au nôtre.

Cette ligne de conduite fut si nettement arrêtée dans l'esprit du commandant supérieur, qu'il résolut dès ce moment, en principe, qu'il ne convoquerait pas le conseil de défense en dehors du seul cas où la loi l'ordonne, c'est-à-dire à la dernière heure, quand le corps de la place, ouvert par l'ennemi, serait à la veille d'être emporté d'assaut. Résolu, quoi qu'il arrive, à ne pas capituler avant d'avoir repoussé au moins une fois cet assaut, et à ne pas changer son plan de défense, il n'avait pas besoin du conseil, qui ne pouvait que faciliter la divulgation de nos projets, et qui ne fut, en effet, jamais convoqué.

Le colonel Denfert avait plaidé, auprès de ses prédécesseurs dans le commandement, la cause de ce programme, dont la défense ne fut plus tard que le déroulement ; mais il n'avait pas pu le faire adopter.

Il était considéré, par les commandants supérieurs

et le conseil de défense, comme une témérité exposant la garnison à périr en détail hors des remparts. On préférait céder de suite l'extérieur et s'en tenir à la forteresse, à l'abri des coups de mains et des chances des combats.

C'est ainsi qu'on avait toujours refusé l'occupation du village de Pérouse, à laquelle le colonel Denfert tenait particulièrement comme annexe des Perches, et à cause des points cachés et dangereux d'alentour, qu'elle eût permis d'éclairer et d'interdire à l'ennemi.

On ne voulut même pas, dans le principe, occuper les redoutes des Perches incomplétement achevées et ouvertes à la gorge. Le génie poussa avec la plus grande hâte la fermeture de ces gorges, au moyen de palissades et de petits épaulements, afin d'obtenir qu'on occupât les ouvrages. Il avait été enfin décidé par le conseil de défense, et accepté par le général Crouzat, qu'on les tiendrait par des troupes d'infanterie et qu'on y placerait des canons. Quant à la redoute de Bellevue, elle était jugée décidément trop peu avancée dans sa construction pour être défendue par de l'infanterie, même sans y risquer de canons. Elle était donc à peu près abandonnée en principe, quoique le génie y fît travailler avec activité pour tâcher de changer cette décision.

Dès sa nomination, le colonel Denfert fit compléter l'armement des redoutes des Perches. Il décida aussi qu'on occuperait Bellevue ainsi que les villages de Pérouse, de Danjoutin, de Cravanche, le hameau de la Forge, le Mont, le bois de la Miotte, avec des grand'gardes en avant de ces positions, aussi loin que possible, et qu'on organiserait la gare défensivement, comme complément de Bellevue, et pour surveiller de

près les terrains qui avoisinent la bifurcation des chemins de fer.

Préparation du tir à longue portée.

Le Château prenait, d'après ces dispositions, une
importance nouvelle. Il formait un point central et
dominant, admirablement situé pour seconder de sa
puissante artillerie tous les ouvrages et toutes les positions, devenant ainsi comme la cheville ouvrière de
toute la défense.

L'armement y fut poussé avec une recrudescence
d'activité, et reçut des améliorations qui en augmentèrent beaucoup la valeur.

Ces améliorations furent faites par le capitaine d'artillerie de la Laurencie, chargé du travail dans l'enceinte intérieure et le cavalier.

Le colonel Denfert s'était préoccupé de pouvoir tirer
avec les pièces jusqu'à l'extrême limite de leur portée
possible, ce que ne permettent pas les affûts de place.
On avait donc décidé de mettre certaines pièces de
préférence sur affût de siége, en enterrant leur crosse
pour pouvoir incliner davantage la pièce. M. de la Laurencie installa pour les pièces de 24 rayées, notamment, placées ainsi sur affûts de siége, des plates-
formes en rails qui firent un excellent usage et qui
rendirent possible, en laissant la crosse de ces affûts
s'enfoncer dans une fosse [1], de tirer jusqu'à sept mille

---

1 Quand on adopte cette disposition pour la crosse des affûts
avec des plates-formes en madriers, on ne peut pas enfoncer
suffisamment la crosse, de peur de voir les parois de la fosse

mètres, c'est-à-dire plusieurs kilomètres plus loin qu'on avait pu le faire, avec les mêmes pièces, dans les autres places, par exemple à Strasbourg, Schlestadt ou Neuf-Brisach. Il fallut même faire des hausses plus longues que les hausses réglementaires, qui ne comportent pas un tir aussi long.

On fit aussi de solides blindages de rails et de bois pour protéger la tête des casemates à canon du cavalier, et on prépara pour d'autres pièces, jusque-là à ciel ouvert, des blindages qui rendirent d'excellents services.

Dans le cours de la défense, on inaugura d'autres perfectionnements encore, qui firent du Château un ouvrage véritablement des plus redoutables.

Des améliorations plus ou moins comparables furent également entreprises dans les autres forts, notamment à la Justice et à la Miotte, par les capitaines Jourdanet et Sailly.

Enfin, le colonel commandant supérieur, ne jugeant pas suffisant l'approvisionnement de projectiles rayés demandés par ses prédécesseurs, écrivit au ministre et à Besançon pour tâcher d'en obtenir un surcroît,

s'ébouler sous le poids des roues, et aussi parce que la crosse formant peu à peu dans le bois une légère dépression, par suite du choc qu'elle y transmet dans le tir, la flèche se trouve bientôt gênée dans son recul par un frottement trop dur, et sa position très-oblique sur la direction du choc qu'elle reçoit, la fait souvent casser.

Les plates-formes en rails ne donnèrent lieu à aucun de ces inconvénients et résistèrent toutes jusqu'au bout. Certaines servirent, sans la moindre réparation, à des milliers de coups et cela sans briser d'affûts. Un affût entre autres supporta sur ces plates-formes plus de cinq mille coups sans céder.

mais l'investissement survint au milieu de ces préoccupations et de ces travaux, sans qu'on ait eu les moyens de lui rien envoyer, et, malheureusement, le général Crouzat avait refusé l'offre du directeur des forges d'Audincourt, d'en approvisionner la place, et même d'y installer une large fabrication.

Capitulation de Metz.

Nous apprîmes, le 30 octobre, la capitulation de Metz, à laquelle personne ne voulut croire dès le début, mais qui fut bientôt officiellement annoncée. Les Allemands portèrent dans le Haut-Rhin une partie des forces que Metz avait occupées, et en y adjoignant le corps qui venait de prendre Schlestadt, ils se trouvèrent en état de se présenter sous Belfort.

CHAPITRE IV

INVESTISSEMENT

Gardes des routes menant à Belfort.

Dans les derniers jours du mois d'octobre, la place de Belfort était gardée, sur les diverses routes qui y aboutissent, par des détachements de la garnison répartis de la manière suivante :

1° Du côté de l'Alsace :

Les francs-tireurs de M. Keller et une compagnie de mobiles de Saône-et-Loire défendaient, à Thann, l'entrée de la vallée de Saint-Amarin, et éclairaient la route de Strasbourg à Belfort.

Deux compagnies de francs-tireurs d'Altkirch, deux compagnies de mobiles de la Haute-Saône et une de mobiles du Rhône, sous les ordres du capitaine du génie Thiers, gardaient, à Dannemarie, le viaduc sur la Largue, qu'ils étaient chargés de détruire, et éclairaient, jusqu'à Mulhouse, la voie ferrée et la route qui la longe. Aux portes de cette ville se trouvaient les mobiles du Rhône et les francs-tireurs.

Avec le concours des gardes nationaux sédentaires, de ceux d'Altkirch en particulier, ce détachement surveillait les chemins qui relient la route de Strasbourg à celle d'Altkirch et Mulhouse, entre Altkirch et Dannemarie, pour éviter de laisser couper par derrière la retraite aux compagnies avancées.

D'après ces dispositions, les forces ennemies réparties en Alsace, notamment vers Colmar, ne pouvaient marcher sur Belfort par aucun chemin sans qu'on y fût prévenu de leur mouvement.

2° Du côté de la France :

Deux compagnies de mobiles des Vosges, occupant Saint-Maurice, gardaient le col de Bussang et la route du ballon d'Alsace. Un bataillon de mobiles de la Haute-Saône était à Giromagny, détachant des compagnies à Auxelles-Bas et Plancher-Bas, sur la route de Lure à Giromagny, et à Chalonvillars sur celle de Lure à Belfort. Ces routes étaient, du reste, couvertes par le corps du colonel Perrin qui, à cette époque, avait effectué son mouvement le long de la vallée de l'Oignon, et se trouvait à Mélisey, au nord de la route de Lure.

Un bataillon de mobiles du Haut-Rhin défendait la vallée du Doubs et les gares, entre l'Isle-sur-le-Doubs et Montbéliard. Le colonel Denfert avait l'intention de laisser ce bataillon se replier sur Besançon quand on investirait Belfort.

Enfin un bataillon de la Haute-Saône, à Héricourt, couvrait les routes de l'Isle-sur-le-Doubs et de Lure à Montbéliard, qui s'y croisent.

Toutes les routes pouvant conduire vers Belfort d'un

point quelconque de l'horizon se trouvaient donc éclai-
rées, moins celle qu'aurait suivie un corps ennemi
ayant passé le Rhin vers Huningue et marchant sur
Belfort par Delle. Mais ce passage n'avait aucune probabilité, l'ennemi ayant pour investir Belfort des forces
disponibles dans la Haute-Saône et surtout le Haut-
Rhin, et il ne pouvait s'effectuer sans qu'on en fût averti
d'avance par Huningue ou Saint-Louis. Rien, au reste,
ne faisait prévoir ce passage.

Il était donc absolument certain qu'aucun corps ennemi ne pourrait s'approcher de la place, sans qu'elle
en fût prévenue à temps, pour prendre ses mesures en
conséquence, et n'être pas étonnée par son apparition
inattendue et brusque.

Marche de l'ennemi sur Belfort.

Le 29 octobre les Prussiens, au nombre d'environ
1,000 hommes d'infanterie, 150 cavaliers et 4 canons,
vinrent jusqu'aux portes de Mulhouse, sans toutefois y
entrer. Les 300 hommes détachés de Dannemarie, ne
pouvant pas affronter de pareilles forces, furent dirigés
sur Landser pour observer l'ennemi et pouvoir se mettre en retraite en cas d'urgence, sans abandonner prématurément leur position et renouveler ainsi une faute
déjà si souvent commise.

Ce mouvement des Allemands ne menaçait pas encore Belfort.

Mais, le 31 octobre, M. Keller fit savoir au commandant supérieur qu'il craignait une attaque sur Thann.
En conséquence, la compagnie de mobiles de Saône-et

Loire, qui s'y trouvait et devait être relevée ce jour-là par une compagnie du même bataillon, reçut un ordre de rester, même après l'arrivée de la nouvelle compagnie.

Le 1er novembre au matin l'ennemi commença à déboucher en forces sur la route de Strasbourg dans la direction de Cernay à Belfort, et canonna nos postes.

Pensant d'abord que ce pouvait être une attaque sur le col de Bussang par Thann, le colonel Denfert donna ordre au bataillon cantonné à Giromagny de se porter sur Saint-Maurice, pour s'y adjoindre aux deux compagnies des Vosges qui y étaient déjà, et aux troupes de M. Keller, à mesure qu'elles s'y replieraient.

Mais bientôt l'ennemi dépassant l'entrée de la vallée de Thann, et M. Keller, débordé, l'annonçant au nombre de plus de 20,000 hommes, il devint évident que c'était une armée marchant sur Belfort, et le bataillon de Giromagny reçut contre-ordre.

Le capitaine Thiers, à Dannemarie, fut prévenu de cette marche de l'ennemi qui se portait vers Pont d'Aspach et menaçait Dannemarie par le nord. Il reçut ordre de rappeler à lui les troupes qui étaient à Landser ; un train spécial fut mis à leur disposition.

Les deux compagnies de mobiles de Saône-et-Loire, à Thann, furent prévenues d'avoir à se replier, par la vallée, sur le col de Bussang, en disputant le terrain pied à pied, s'il y avait lieu, pour de là se mettre à la disposition du colonel Perrin, alors à Mélisey au pied des Vosges.

Le soir de ce jour, l'ennemi avait dépassé complétement la vallée de Thann, et occupait une ligne s'étendant de Sentheim à Soppe et Diefmatten, à cheval sur la route de Strasbourg, qui formait sa voie principale.

Des reconnaissances parties de Dannemarie, ayant signalé à ce poste la présence de l'ennemi à Diefmatten, et le soir même une patrouille de uhlans étant venue jusqu'à Balschwiller, où se trouvait une grand'garde de Dannemarie qui la chassa à coups de fusils, les derniers travaux nécessaires pour la destruction du viaduc furent entrepris activement et poussés toute la nuit, pour que la mise du feu fût prête dès la matinée du lendemain.

Dans la journée, le colonel Denfert prévint, par une dépêche, le ministre de ce qui se passait, lui renouvelant ses demandes de munitions et lui exposant que, si la chose était possible, un mouvement de l'armée de la Loire vers l'est, sur les Allemands occupant la vallée de la Saône, combiné avec un effort du corps des Vosges sur les troupes d'investissement de Belfort, pourrait arriver à dégager complétement ces parages et à préparer notre retour sur les communications de l'ennemi par le nord-est.

Il prévint également Besançon et le colonel Perrin.

Dispositions pour arrêter l'ennemi.

En même temps le colonel Denfert prit ses dispositions pour pouvoir, le lendemain, disputer les abords de la place à l'ennemi, et retarder la marche de l'investissement.

Cette action rentrait dans le programme général de la défense et était d'autant plus nécessaire que le détachement de Dannemarie, ayant à détruire le viaduc, ne pouvait pas revenir avant la journée du 2, en sorte que le retour lui eût été impossible si l'investissement se fût terminé sans coup férir.

La route suivie par l'ennemi devait évidemment l'amener, par la Chapelle-sous-Rougemont, jusqu'aux Errues, embranchement de la route de Strasbourg et d'un chemin qui remonte au nord par Anjoutey jusqu'à Etueffont-Haut, pour se diriger, en longeant le pied des Vosges, vers Giromagny, par Petit-Magny et Gros-Magny.

Arrivé en ce point, il était plus que probable que, le corps d'investissement, pour mener avec toute la rapidité possible son opération, se diviserait en deux colonnes destinées à envelopper Belfort à la fois par le nord et par le sud, s'il n'était déjà divisé de la sorte, suivant à la fois la route de Strasbourg et la route au pied des Vosges.

La première colonne serait donc obligée de contourner le massif de la forêt d'Arsot par le nord, ses pentes au sud s'approchant trop près du canon de la place pour qu'elle pût s'y risquer, et on pouvait s'attendre à la voir prendre le chemin d'Etueffont, passer à Petit-Magny et Gros-Magny pour se rapprocher ensuite de la place en gagnant le village d'Eloie, au pied des pentes nord de l'Arsot, ou en rejoignant à Chaux la route de Giromagny à Belfort.

La seconde, au contraire, n'étant pas gênée par les accidents du terrain, viendrait probablement faire son mouvement aussi près que possible de la place, et on devait s'attendre à la voir occuper le village de Roppe, situé à quatre kilomètres de la Miotte et de la Justice, pour de là envelopper la place par un cercle décrit à environ quatre kilomètres de distance, en occupant successivement les villages de Pfaffans, Bessoncourt, Chévremont, Vezelois, Meroux, Moval et Sevenans.

On était donc à peu près certain d'arrêter les deux colonnes, en s'établissant à la fois à Roppe et à Gros-Magny. C'est à ce parti que se décida le commandant supérieur.

En conséquence, le bataillon de la Haute-Saône, à Giromagny, reçut l'ordre de rappeler à lui, sans délai, toutes ses compagnies détachées, et de se porter à Gros-Magny, en s'éclairant avec soin en avant, surtout vers Etueffont, de se masquer à l'ennemi et de défendre énergiquement le village. Il devait, en cas de nécessité, faire sa retraite sur Eloie pour gagner de là Valdoie et le massif du Salbert, en se servant des bois et de tous les obstacles de la route.

M. Krafft fut aussi envoyé à Gros-Magny pour faire sauter, le cas échéant, les fourneaux de mines préparés sous la route, entre Gros-Magny et Petit-Magny.

Dans la nuit, le 1er bataillon du 16e régiment provisoire (mobiles du Rhône), sous les ordres du commandant Duringe, se porta à Roppe, avec ordre d'établir une compagnie de grand'garde aux Errues, et des sections à Menoncourt, à Pfaffans et vers la forêt d'Arsot, pour éviter tout mouvement d'enveloppe.

Sa ligne de retraite, en cas de besoin, était sur Vétrigne et la forêt d'Arsot, dont il devait occuper les crêtes.

Dans la journée du 1er, M. Keller fut invité à se mettre sans délai en marche, en longeant le pied des montagnes, par les bois, autant que possible, pour gagner la vallée de Giromigny, se tenant ainsi sur le flanc droit de l'ennemi qu'il devait harceler et retarder de toutes ses forces, ce qui eût singulièrement augmenté les chances de la résistance à Roppe et Gros-Magny.

Enfin le bataillon du Haut-Rhin, gardant les gares jusqu'à l'Isle-sur-le-Doubs, fut prévenu de la marche de l'ennemi, et averti qu'en cas de nécessité il devait se replier sur Besançon. Le bataillon de la Haute-Saône, à Héricourt, reçut l'ordre de partir le 2, dès le matin, pour rentrer à Belfort et venir occuper l'ouvrage de Bellevue, et les deux compagnies de mobiles des Vosges à Saint-Maurice furent rappelées à Giromagny pour y attendre des ordres; elles devaient cependant se diriger sur Valdoie ou le Salbert si, en arrivant, elles entendaient un combat sur leur gauche.

Le 2 novembre, dès l'aube, ces dispositions avaient reçu leur exécution, et les prévisions qui les avaient dictées se réalisèrent.

Toutefois M. Keller, au lieu de suivre la marche qui lui était indiquée, avait fait retraite sur le col de Bussang, pour regagner l'armée des Vosges, et on n'eut plus dès lors aucune nouvelle de lui dans la place.

Combats de Roppe et de Gros-Magny.

Le 2, dès le matin, les Prussiens se présentèrent à Roppe et à Gros-Magny.

A Roppe le combat fut vif et dura plusieurs heures. L'ennemi, malgré sa supériorité numérique, ne put venir à bout de nous déloger du village. Deux compagnies, celles des capitaines Poupart et Carrey, se distinguèrent particulièrement par leur solidité.

Plusieurs centaines de uhlans tentèrent d'envelopper le village par sa droite ; mais ils rencontrèrent la section de grand'garde, commandée par le lieutenant de Billy, qui tint ferme, et les força à abandonner l'entreprise.

En somme, nos troupes qui usèrent avec intelligence des obstacles et des ressources que leur présentaient le village et ses abords, restèrent maîtresses de la situation sans grandes pertes, tandis que l'ennemi, très-éprouvé, dut renoncer pour ce jour à s'ouvrir le passage et à poursuivre l'investissement.

Plusieurs traits de courage firent dans cette journée honneur à la mobile du Rhône.

Le bataillon de la Haute-Saône à Gros-Magny ne fit pas, à beaucoup près, une aussi bonne contenance, et, malgré les avantages du terrain accidenté qu'il occupait, se mit de bonne heure en retraite. Il perdit naturellement en agissant de la sorte plus de monde que le bataillon du Rhône resté victorieux.

Il allait recevoir, au moment où il fit sa retraite, un renfort précieux ; car les deux compagnies des Vosges, venues de Saint-Maurice à Giromagny, avaient demandé et obtenu la permission de se porter au combat. Ces compagnies rencontrèrent le bataillon qui retournait et qui les emmena avec lui, non pas au Valdoie et au Salbert, selon l'ordre, mais à Belfort même.

Le chemin entre Gros-Magny et Petit-Magny n'avait pas pu être détruit. Les mèches étaient mouillées.

Après sa victoire à Gros-Magny l'ennemi s'avança jusqu'à Chaux et Sermamagny, sur la route de Belfort à Giromagny.

Rupture du Viaduc de Dannemarie.

En somme, ces deux combats eurent par leur ensemble le résultat attendu. L'ennemi ne fut pas en mesure de continuer son investissement séance tenante, perdit sa journée et eut beaucoup de monde hors de combat. Le chemin resta ouvert au détachement de Dannemarie, qui rentra en chemin de fer le soir, avec tout son effectif, après avoir détruit le viaduc de la Largue. L'ennemi ne put pas par la suite et durant tout le siége réparer cet ouvrage, ce qui causa une grande gêne à ses approvisionnements en lui enlevant le chemin de fer au delà de Dannemarie et le forçant en ce point à décharger et recharger toutes ses munitions.

Combat d'Éloie.

Le Valdoie et le Salbert n'ayant pas été occupés après l'affaire de Gros-Magny, comme il était prescrit, et le commandant supérieur tenant à y avoir des troupes, au moins momentanément, pour forcer le cordon d'investissement à s'allonger, il porta au Valdoie un bataillon du 45e de ligne présent dans la place, pour surveiller les routes de Giromagny, d'Éloie, la forêt d'Arsot et le Salbert.

Il fit aussi abandonner Roppe par le bataillon de mobiles du 16e (Rhône), cette position étant dangereuse à tenir longtemps comme trop éloignée du canon de la place, circonstance d'autant plus grave qu'il ne restait pas à Belfort un seul canon de campagne en état d'être attelé pour aller agir au dehors, tandis que l'ennemi avait avec lui une nombreuse artillerie.

Le bataillon alla passer la nuit à Offemont, et le lendemain, dès l'aube, se mit en route au travers des sentiers difficiles de la forêt d'Arsot, guidé par le capitaine du génie Degombert qui connaissait bien le pays. Il s'établit entre Éloie et le Valdoie, dans la partie occidentale de la forêt d'Arsot qui commande les routes de Giromagny et de Gros-Magny, sur lesquelles se trouvait l'ennemi.

Les deux compagnies de mobiles des Vosges, revenues de Saint-Maurice, furent portées au Valdoie pour y rester, à moins d'être appelées, par le commandant Duringe, dans l'Arsot, pour le renforcer.

Vers dix heures du matin, le 3, le bataillon du Rhône fut attaqué par une colonne venant de Gros-Magny. Il tenait tête à l'ennemi, quand une deuxième colonne que l'instituteur de Vétrigne, intimidé, guida dans l'Arsot, vint de Roppe attaquer sa droite. Il fallut abandonner le terrain; mais on le fit lentement, et le bataillon se replia en combattant sur le hameau de la Forge.

Nous avions perdu dans les trois affaires de Gros-Magny, Roppe et Éloie, 165 hommes tués, blessés ou disparus, dont la presque totalité (151 hommes) appartenait au bataillon de la Haute-Saône, engagé à Gros-Magny.

Le bataillon du 16ᵉ (Rhône), revenu à la Forge, y trouva des vivres et des cartouches et se fût reporté en avant pour reprendre l'offensive, si un mouvement de l'ennemi à la fois de Roppe sur Vétrigne et d'Éloie

sur le Valdoie, n'eût décidé le commandant supérieur
à maintenir ces troupes à la Forge pour observer le
pied de la forêt d'Arsot, entre le Valdoie et Offemont.

Fermeture de l'investissement.

Pendant son attaque à Éloie, l'ennemi continuait son
mouvement d'investissement sur la rive gauche de la
Savoureuse, en occupant successivement les villages
dans l'ordre prévu, et sur la rive droite par Sermamagny, Bas-Evette, Chalonvillars, Buc, Banvillars pour
venir rejoindre l'autre colonne à Sévenans.

Pendant ce mouvement, le bataillon du 45e s'était
établi sur la crête du Salbert, et indiqua au commandant supérieur le chemin que suivait l'ennemi sur la
rive droite.

Il passait assez loin et le but de l'occupation du Salbert, qui était de le tenir éloigné, étant par là même
atteint, le bataillon reçut ordre d'abandonner, par
compagnies successives, le Salbert, position trop éloignée pour être occupée définitivement, et de venir
s'établir au Mont, ce qui fut fait dans la soirée.

A deux heures de l'après-midi, l'investissement
était fermé. Le dernier train pour Besançon ne put pas
partir.

L'ennemi ne perdit pas de temps et dès le jour même
il commença à retrancher les villages qu'il occupait et
à y préparer des épaulements, pour pièces de campagne destinées à en défendre les approches contre les
tentatives de la garnison. Elle venait en effet de lui
prouver sa résolution de ne pas se borner à une défense passive dans la place.

De notre côté les forts commencèrent à gêner à coups de canon ces travaux, ainsi que les mouvements des colonnes ennemies qui se laissaient voir.

Les Prussiens essayèrent de répondre avec leurs pièces de campagne; mais ils étaient trop loin et leurs obus d'un trop petit calibre n'atteignirent pas la fortification. Ils cessèrent cette tentative inutile.

Nous ignorions, à Belfort, l'effectif du corps qui venait de nous investir ainsi; mais l'inaction complète à laquelle il fut forcé dans les jours suivants, nous indiqua qu'il ne devait pas être très-considérable.

Il ne dépassait pas 20,000 hommes, et on est en droit de supposer qu'on l'eût forcé à se retirer, si, pendant le mouvement de l'investissement, M. Keller et le colonel Perrin fussent venus joindre leur action à celle de la garnison. Mais le 2, M. Keller avait fait retraite sur le col de Bussang, tandis que le colonel Perrin se retirait de Mélisey à Montbéliard, pour assurer contre les troupes qui arrivaient à Belfort ses communications avec Besançon.

Quant à la garnison, elle ne put pas mieux faire avec des troupes à peine organisées et surtout en l'absence totale d'artillerie de campagne, ce qui lui interdisait de porter plus de forces à l'extérieur et d'engager une action étendue dans la campagne, en dehors des villages où l'on pouvait s'abriter contre les effets du canon ennemi.

Ressources et approvisionnements de la place.

Belfort n'avait donc plus, dès le 3 novembre au soir,

rien à attendre de l'extérieur et était livré à ses propres ressources.

La garnison se composait des troupes suivantes :

Armée permanente.

Un bataillon du 84e de ligne.
Un bataillon du 45e de ligne, de récente formation.
Le dépôt du 45e, d'un faible effectif.
Une demi-batterie à pied, du 7e d'artillerie.
Quatre demi-batteries à pied, du 12e d'artillerie.
Une demi-compagnie du 2e du génie.

Garde nationale mobile.

Une compagnie du génie formée dans la mobile du Haut-Rhin.
Trois batteries mobiles du Haut-Rhin.
Deux batteries mobiles de la Haute-Garonne.
Trois compagnies du Haut-Rhin.
Le 57e régiment (de la Haute-Saône), 3 bataillons.
Le 4e bataillon de la Haute-Saône (isolé).
Le 16e régiment (du Rhône), 2 bataillons.
Le 65e régiment (du Rhône), 2 bataillons.
Cinq compagnies de Saône-et-Loire.
Deux compagnies des Vosges.

Garde nationale mobilisée, sédentaire, etc.

Trois compagnies de mobilisés du Haut-Rhin.
Environ 390 hommes de garde nationale sédentaire de Belfort.

Environ 100 douaniers.

Deux compagnies de francs-tireurs.

Quelques gendarmes à cheval et cavaliers isolés, restés à Belfort.

Le tout, formant un effectif total compris entre 16,000 et 17,000 hommes, composé en grande majorité de garde nationale mobile.

L'infanterie, le génie et les cinq compagnies de Saône-et-Loire étaient armés de fusils Chassepot.

Le reste de la mobile, de fusils à tabatière ou de fusils Snyders.

La garde sédentaire, d'anciens fusils.

L'approvisionnement de cartouches était assez considérable :

```
1,100,000 cartouches chassepot,
4,400,000    id.    tabatière,
  750,000    id.    Snyder,
2,000,000    id,    ancien fusil ;
```

soit environ 400 cartouches par homme armé d'un fusil à tir rapide, et une énorme abondance pour les autres fusils.

L'armement de la place comprenait, en nombre rond, 300 bouches à feu, dont plus de la moitié était constituée par des mortiers ou des canons lisses des divers calibres propres seulement à la défense rapprochée et au tir de la mitraille dans les fossés, en cas d'attaque de vive force.

Les pièces du plus fort calibre étaient des pièces rayées de 24 long. Ces pièces et celles de 12 rayées étaient approvisionnées à environ 500 coups par pièce, soit en nombres ronds :

24,000 obus oblongs de 24,
40,000 — — 12.

Les pièces de 4 rayées étaient, vu leur petit nombre, plus largement fournies. Nous avions 13,000 obus oblongs de 4, et seulement 20 pièces environ de ce calibre.

Tous ces projectiles étaient des obus ordinaires. Il n'existait que quelques centaines d'obus à balles pour 4 et 12 rayés.

Les obus sphériques de 16 et de 15 étaient au nombre de plus de 20,000, c'est-à-dire en quantité plus que suffisante. Ceux de 12 étaient moins abondants, vu le nombre de pièces lisses de ce calibre.

Les mortiers étaient largement approvisionnés en bombes.

Enfin, il existait une quantité très-considérable de boulets sphériques pleins, projectiles malheureusement fort peu efficaces.

Ces projectiles, bombes et boulets, provenaient en grande partie des approvisionnements accumulés dans la place, sous Louis XIV, par Vauban. Aussi beaucoup de bombes se brisèrent prématurément au sortir du mortier, car cette vieille fonte ne pouvait résister aux charges que nous employâmes.

L'approvisionnement de poudre était d'environ 400,000 kilogrammes, quantité suffisante pour tirer à peu près tous les projectiles.

On manquait complétement d'artifices éclairants ou incendiaires.

Les chevaux manquaient. Il n'y en avait pas plus de 200 dans toute la place en y comprenant ceux des

gendarmes et des cavaliers, et il fallut atteler des
bœufs, pour les transports.

Les vivres abondaient. On avait pour plus de
80 jours de farine, biscuit, riz et légumes secs ; des
iandes salées et un troupeau d'environ 1,000 bêtes à
cornes, pouvant durer plus de 150 jours, en alternant
convenablement la consommation de la viande fraîche
avec celle des viandes salées ; une grande quantité de
afé ; du vin et de l'eau-de-vie pour 150 jours. De plus,
la population avait été avertie depuis longtemps d'avoir
à se munir de 91 jours de vivres. Elle l'avait fait, et
même au delà, grâce aux soins de la municipalité, et
on n'eut à éloigner que peu de bouches inutiles.

On avait de 100 à 150 jours de fourrages pour les
bêtes, mais comprenant peu de foin.

Enfin nous devions, comme on le verra par la suite,
conserver jusqu'au bout la possession d'une partie au
moins des villages d'alentour, ce qui permit d'en tirer
des ressources, en légumes, pommes de terre, viande
fraîche et fourrages.

État des ouvrages.

Les forts étaient en bon état, leur armement était
satisfaisant, surtout celui du Château, qui, malgré les
perfectionnements qu'il reçut encore par la suite, pouvait déjà passer pour un modèle.

Ils étaient reliés entre eux et à la ville par des
lignes télégraphiques.

Les blindages des casernes, encore incomplets,
avaient cependant déjà reçu une première couche de

terre, de manière à ne pas laisser à nu des bois qui eussent indiqué leur faiblesse à l'ennemi.

La caserne du Château n'était pas préservée, mais reçut plus tard comme blindage des sacs de farine, remplissant les salles adossées à la façade qui regarde la ville et est directement exposée aux coups. On pensait, par cette disposition, garantir cette solide façade de la destruction, et conserver par là même les farines du blindage.

Cette prévision se réalisa très-bien par la suite.

L'accomplissement de l'investissement ne fit que pousser tous ces travaux, en cours d'exécution, avec une recrudescence d'activité.

La redoute des Hautes-Perches était à peu près achevée et armée de 6 pièces de 12 rayées et de 2 de 4. Les Basses-Perches avaient 4 pièces rayées de 12 et 2 de 4, mais il y restait à faire aux abris. Chacun de ces ouvrages constitue une redoute, enveloppant un espace d'environ 150 mètres de long et 80 mètres de large. Ils sont environnés d'un fossé de 6 mètres de largeur et de $2^m,50$ à 3 mètres de profondeur, creusé en partie dans le roc et flanqué, aussi bien que possible, par des saillies de parapet en forme de redan ou de petits bastions. Les débris de roc sorti du fossé avaient servi à former le parapet, recouvert d'une couche de terre pour éviter les éclats de pierre sous le choc des projectiles.

Les abris de ces ouvrages, situés dans le fossé de la gorge, y donnent des feux par des créneaux.

L'ouvrage des Basses-Perches, ne s'avançant pas assez sur la pente des Perches vers le Bosmont, ne voyait pas ses abords bien au loin. Le général Doutrelaine l'avait ainsi fait tracer dans l'idée de mieux main-

tenir son intérieur sous les feux du Château, et d'utiliser les restes d'une redoute construite en 1815, par
Lecourbe, sur cette position.

L'ouvrage de Bellevue, tout à fait analogue aux deux
précédents, quoique ses fossés ne soient pas en roc,
était bien peu avancé. Les fossés incomplets ne traver-
saient pas encore la route de Lyon, et étaient à peine
commencés à la gorge. Ils ne purent même jamais y
être faits, et elle resta ouverte durant tout le siége. Les
traverses étaient encore très-basses. Il n'y existait pas
un seul abri ; les hommes logeaient dans des maisons
situées à son intérieur. Enfin il n'était pas encore en
état de recevoir d'armement.

Cet ouvrage découvre bien le terrain en aval de la
Savoureuse, et sur les plateaux jusqu'à Essert. Mais il
ne voit pas du tout le ravin de Bavilliers qui s'en approche très-près. Les faces tournées de ce côté ont peu
de développement. C'est le point faible de la redoute.

Enfin les ravins Sibre et Juster étaient couverts
d'arbres touffus qu'il fallait abattre, pour dégager les
vues de l'ouvrage et celles du Château sur les abords
de la position.

Aucun des villages ou des positions extérieures à
occuper n'était retranché.

Cette situation de la place nécessitait, pour l'application du mode de défense adopté, un travail des plus
actifs et des mesures énergiques, de nature à tenir
longtemps l'ennemi éloigné.

CHAPITRE V

PREMIÈRE PÉRIODE DU SIÉGE. DEPUIS L'INVESTISSEMENT JUSQU'AU BOMBARDEMENT. .

Occupation des abords de la place par la garnison. Reconnaissances offensives.

Dès le 3 novembre, et pendant la marche de l'investissement, le commandant supérieur prit ses dispositions pour l'occupation des positions extérieures par nos troupes, ce qui fut immédiatement commencé.

Une compagnie et demie du 84ᵉ de ligne fut envoyée dans le bois de la Miotte, qui couvre l'arête de terrain prolongeant l'escarpement de la Miotte, avec ordre de jeter aussi en avant que possible, vers Vétrigne, Roppe et Denney, des tirailleurs habiles, pour tourmenter l'ennemi.

Quatre compagnies de mobiles du Rhône, des 16ᵉ et 65ᵉ régiments provisoires, et une de mobiles de Saône-et-Loire, occupèrent Pérouse et les bois voisins en s'éclairant, par des sentinelles et des petits postes, sur

tout le pourtour de la lisière des bois, et se relièrent
sur la droite avec la redoute des Hautes-Perches.

Deux compagnies de Saône-et-Loire et les deux de
francs-tireurs d'Altkirch, furent détachées à Danjoutin et durent s'éclairer soigneusement du côté du bois
du Bosmont, surtout vers un petit pli de terrain situé
entre les hauteurs du Bosmont et des Perches, caché
aux vues de la place, et qui pouvait aider une colonne
venant du bois à tenter une surprise sur le village.

Cette petite garnison détacha une grand'garde à la
ferme de Froideval, située dans une éclaircie du
Grand-Bois, sur la rive gauche de la Douce, dans une
boucle de la rivière qui protége cette position. Cette
grand'garde éclairait les chemins qui traversent la
partie sud du Grand-Bois, et le cours inférieur de la
Douce. La garnison de Danjoutin se reliait par des sentinelles à l'ouvrage des Basses-Perches et au faubourg
du Fourneau, occupé par les deux autres compagnies
de Saône-et-Loire.

En cas d'attaque du village et de retraite forcée, les
troupes de Danjoutin devaient se replier derrière le
remblai du chemin de fer de Mulhouse, pour y opiniâ-
trer la défense et favoriser un retour offensif des troupes de la place.

Deux compagnies de la Haute-Saône, détachées du
bataillon de l'ouvrage de Bellevue, furent placées dans
le Grand-Bois, au-dessus du chemin de fer de Besançon, pour en éclairer la lisière vers la Douce, et se relier à Froideval. Elles avaient une grand'garde dans
le village de Bavilliers, surveillant ses abords, et
étaient en relation par des sentinelles avec l'ouvrage
de Bellevue.

Une série de petits postes, suivant le sommet des entes qui bordent la Douce, reliaient Bavilliers au Mont près du village d'Essert et devaient, en cas d'attaque, se replier entre les Barres et Bellevue, pour y prendre position et tirer sur les colonnes qui chercheraient à se diriger sur Bellevue.

Le 3e bataillon de marche (45e) et deux compagnies des Vosges continuèrent à occuper le Mont, en éclairant tous les bois en avant, depuis Cravanche jusqu'à Essert.

Quatre compagnies du 16e (Rhône), sous les ordres du commandant Duringe, restèrent au hameau de la Forge, éclairant le pied de la forêt d'Arsot.

Cet ensemble formait autour de la place, à environ deux mille cinq cents mètres, en moyenne, un cordon continu de troupes, surveillant tous les abords, et découvrant les parties du terrain cachées à la fortification. Cette ceinture pouvait, par les cordons de sentinelles qui la reliaient aux ouvrages, prévenir rapidement de toutes les tentatives de l'ennemi, et permettre ainsi de prendre les dispositions convenables pour les combattre efficacement.

Néanmoins, cette organisation ne put pas, dès les premiers jours, avoir toute son efficacité, parce que les villages qui lui servaient de point d'appui, n'étant pas encore retranchés, ne pouvaient faire qu'une défense précaire contre une attaque en forces, ce qui interdisait d'y placer des garnisons un peu nombreuses qui, nécessitant un certain temps pour effectuer leur retraite, auraient pu s'y faire enlever en partie.

Les garnisons des villages eurent ordre de faire appel au concours des gardes nationaux sédentaires de la localité, tant pour le service de surveillance militaire que pour les corvées de travailleurs aux retranchements, et de pousser chaque jour de nombreuses reconnaissances sur tous les points en avant, pour aller surveiller les travaux et les dispositions de l'ennemi, lui tendre des embuscades dans le but de tuer ses postes et sentinelles, et lui causer d'incessantes alertes.

Pour fermer la vallée de la Savoureuse, en arrière de nos postes avancés, la gare fut occupée par deux compagnies du 65e (Rhône), ayant un poste à la bifurcation des voies ferrées, et se reliant avec Danjoutin, Bellevue et la tête du faubourg de Montbéliard, en dehors des lignes des faubourgs. Cette dernière position était occupée par une section détachant sur sa gauche des sentinelles, aussi loin que le permettait l'inondation de la Savoureuse, alors débordée.

Deux compagnies de la Haute-Saône occupèrent de même le faubourg des Vosges, prolongement, en dehors des lignes, du faubourg des Ancêtres.

La position de toutes les sentinelles avancées fut reconnue et choisie avec soin par les officiers du génie.

Enfin, pour tenir plus complétement l'ennemi en haleine, un service de reconnaissances, de la force d'une compagnie et partant de la place, fut réglé pour se diriger chaque jour vers Roppe, dans la forêt d'Arsot, dans le Bosmont, en avant de Bavilliers et du Grand-Bois, enfin vers le Salbert et le Valdoie, devant, comme les reconnaissances parties des villages, aller tourmenter les assiégeants jusque dans leurs lignes et leur faire une guerre d'embuscade à la fois hardie et prudente.

Toutes ces dispositions reçurent dès les premiers

jours, une rapide exécution, et l'ennemi ne connut plus, ni de jour ni de nuit, le repos dans ses avant-postes, dont nos troupes s'approchaient à tout instant, à la faveur des bois, des plis de terrain ou de l'obscurité, fusillant les sentinelles et simulant des attaques, pour faire une retraite rapide, quand les Prussiens avaient pris les armes dans les lignes d'investissement et que des troupes nombreuses commençaient à arriver au combat. Ces petites actions ne nous coûtaient la plupart du temps aucune perte.

En même temps on commença à couvrir, par des tranchées, des murs et des maisons crénelées, les villages de Pérouse et de Danjoutin, ainsi que le hameau de la Forge.

Le village de Bavilliers ne reçut aucun travail. Situé sur la Douce et entouré d'une étendue considérable où le canon de la place ne pouvait le soutenir, il ne constituait pas une position possible à défendre vigoureusement. Il ne pouvait servir qu'à une grand'garde de surveillance, destinée à faire retraite dès l'arrivée de forces ennemies un peu considérables.

Les travaux de Pérouse furent conduits par M. Thibaudet, lieutenant de Saône-et-Loire, sous la direction de M. Degombert, capitaine du génie; ceux de Danjoutin par M. Houbre, élève ingénieur des ponts et chaussées, sous la direction de M. Thiers, capitaine du génie, et ceux de la Forge, par M. Lang, capitaine de la mobile du Rhône et ancien capitaine du génie.

Peu après l'investissement, M. Quinivet, capitaine commandant la compagnie du génie, fut chargé d'organiser définitivement la gare, comme c'était depuis longtemps le projet du colonel Denfert.

6

Enfin toute l'activité possible fut dépensée pour pousser rapidement les travaux de l'ouvrage de Bellevue, si incomplet encore.

Mesures diverses.

Dans la journée du 3, le commandant supérieur prit sans retard toutes les mesures nécessaires de précaution et de police. Les positions des postes, piquets et sentinelles de la fortification, furent vérifiées; les troupes et la garde nationale sédentaire furent menées à leur poste de combat pour faire connaissance avec la partie du rempart qu'elles devaient défendre; le personnel du chemin de fer fut armé et organisé en garde nationale pour concourir à la défense de la gare. Les heures de fermeture et d'ouverture des portes et barrières furent réglées de manière à ce qu'elles ne restassent ouvertes que pendant les heures du jour.

Il fut ordonné à tous les postes avancés et grand'-gardes de ne faire aucun feu de nuit, pour ne pas préciser leur position au tir de l'ennemi; enfin le mode et les époques de relèvement de ces postes et grand'-gardes furent fixés.

En un mot, toutes les précautions accessoires furent prises sans délai.

Le 4, au matin, le commandant supérieur porta l'investissement de la place à la connaissance de la population, par une proclamation, qui faisait, au nom de la république et des malheurs de la patrie, appel au dévouement et au concours de tous. Il ne lui cachait pas que la ville allait avoir à traverser une période grosse de périls et de souffrances ; qu'il ferait tout le possible pour éloigner l'époque du bombardement, mais que, quand ses efforts seraient devenus impuissants, il comptait sur la patience et la résignation des habitants pour concourir, s'il se pouvait, au salut de la France.

Sommation de rendre la place. Réponse.

Dans la journée du 4, un parlementaire se présenta à la porte du Vallon, porteur d'une lettre du général ennemi, dont voici la traduction.

|4 novembre 1870.

« Très-honoré et honorable commandant,

« Je me fais un honneur de porter très-respectueusement à votre connaissance la déclaration suivante :

« Je n'ai pas l'intention de vous prier de me rendre la place de Belfort ; mais je vous laisse le soin de juger s'il ne conviendrait pas d'éviter à la ville toutes les horreurs d'un siége, et si votre conscience, votre devoir ne vous permettraient pas de me livrer la forteresse dont vous avez le commandement.

« Je n'ai d'autre intention, en vous envoyant cet écrit, que de préserver autant que possible la population du pays des horreurs de la guerre. C'est pourquoi je me permets de vous prier, dans la limite de vos pouvoirs, de faire connaître aux habitants que celui qui s'approchera de la ligne d'investissement à portée de mes canons mettra sa vie en danger.

« Les propriétaires des maisons situées entre la place et notre ligne d'investissement doivent se hâter de mettre tout leur mobilier en lieu sûr, car d'un instant à l'autre je puis être obligé de réduire les maisons en cendres.

« Je saisis cette occasion de vous assurer de mon estime toute particulière, et j'ai l'honneur d'être

« Votre très-dévoué serviteur,

« Général royal prussien, commandant les forces prussiennes concentrées devant Belfort,

« *Signé :*
« Général DE TRESKOW. »

Il lui fut immédiatement répondu la lettre suivante que remporta son parlementaire :

« Général,

« J'ai lu avec toute l'attention qu'elle mérite la lettre que vous m'avez fait l'honneur de m'écrire avant de commencer les hostilités.

« En pesant dans ma conscience les raisons que vous me développez, je ne puis m'empêcher de trouver que la retraite de l'armée prussienne est le seul moyen que conseillent à la fois l'honneur et l'humanité, pour éviter à la population de Belfort les horreurs d'un siége.

« Nous savons tous quelle sanction vous donnerez à vos menaces, et nous nous attendons, général, à toutes les violences que vous jugerez nécessaires, pour arriver à votre but, mais nous connaissons aussi l'étendue de nos devoirs envers la France et envers la république, et nous sommes décidés à les remplir.

« Veuillez agréer, général, l'assurance de ma considération très-distinguée.

« *Signé :*

« DENFERT-ROCHEREAU. »

La lettre et la réponse furent portées à la connaissance de la garnison et des habitants.

Les premiers engagements de nos reconnaissances se produisirent dès cette journée. Elles indiquèrent les emplacements des travailleurs ennemis aux forts qui y lancèrent quelques obus.

C'était le prélude de l'allure offensive incessante et de plus en plus vive que devait prendre la garnison, au lieu de se rendre.

Création d'une fonderie de projectiles.

Le ministre de la guerre et le général commandant à Besançon, n'ayant pas pu accueillir favorablement les demandes de projectiles du colonel Denfert, il se préoccupa de parer autant que possible à l'insuffisance de l'approvisionnement, sans réduire son artillerie à ne faire que répondre à celle de l'ennemi quand elle parlerait, son intention étant, au contraire, de tirer dès le début et de loin sur les lignes des Allemands, pour les gêner et les tenir en respect, malgré la modération de tir nécessaire pour ne pas consommer trop vite les munitions.

Dans ce but, il décida qu'on installerait, en employant toutes les ressources de la place, une fonderie de projectiles sous la direction de M. Bornèque, capitaine commandant la compagnie du génie de la mobile du Haut-Rhin, officier intelligent, sorti de l'École centrale, et bien au courant des travaux de fonderie.

Le 5 novembre, M. Bornèque fut mis en mesure de commencer les travaux nécessaires, et muni d'ordres de réquisitions pour les matières premières, fonte neuve ou vieille, houille et coke, existant en ville et à la gare, ainsi que pour les éléments du matériel, cubilots, ventilateurs, machine à vapeur, etc., chez un fondeur de Belfort.

On assigna pour emplacement de la fonderie la petite place à l'entrée de la porte de France, au pied des bâtiments militaires, dont la masse la couvrait bien contre les coups du dehors, et on commença de suite à y élever les hangars nécessaires, ainsi qu'à faire les premiers moules et outils indispensables.

M. Choulette fut adjoint aux travaux de la fonderie pour la construction des fours à coke ; car ce combustible, dont on manquait, était seul convenable à la fabrication, et il fallait en faire avec de la houille, qu'on avait en quantité suffisante.

M. Choulette était de plus chargé d'installer au Château un appareil d'éclairage électrique, de fabriquer des ballons pour emporter nos dépêches, et enfin de faire disposer une pièce de canon sur une locomotive pour agir le long de la voie.

Malheureusement ce dernier engin, très-avancé, devint inutile, une impérieuse nécessité de rails et de traverses pour les blindages ayant forcé, par la suite, à détruire la voie.

Création d'une batterie de campagne.

Les forts, malgré le manque d'obus incendiaires pour
la fabrication desquels on n'avait pas les matières premières (autres que celles de la roche à feu ordinaire
qu'on ne put pas réussir très-bien), avaient déjà mis le
feu dans plusieurs des villages occupés par l'ennemi.
Tandis que leur canon gênait ainsi les convois, les travaux et les établissements de l'ennemi, les reconnaissances, devenues plus audacieuses, interrompaient les
travailleurs, tuaient les sentinelles, donnaient des
alertes partout et provoquaient des déploiements de
forces et d'artillerie hors de proportion avec leur propre effectif. Elles allaient jusqu'au quartier général
ennemi; qui paraissait être à Séveuans, le tourmenter
à coups de fusil, tandis que le Château y dirigeait des
obus.

Mais il fallait éviter que les Allemands ne s'habituas-
sent à rester tranquilles, malgré ces petites actions, et
à prendre le parti de ne plus leur opposer que les
troupes des postes, sans s'en inquiéter davantage.
Pour cela il était nécessaire de leur créer de temps en
temps un véritable danger au moyen de réelles sorties,
avec des forces capables d'enlever leurs positions, de
façon qu'à chaque alarme de leurs sentinelles ils fussent obligés d'agir comme si une attaque sérieuse les
menaçait.

Dans ce but il était indispensable de pouvoir emmener dehors quelques canons. Aussi le commandant
supérieur décida-t-il, le 6 novembre, la création d'une

batterie de campagne composée de trois pièces rayées de 4 et de une rayée de 12, sous les ordres du capitaine d'artillerie Verchère, qui fut chargé de l'organiser. On acheta en ville les chevaux nécessaires, et on créa les harnachements.

Troupes de soutien pour Bellevue.

Ce même jour, 6 novembre, le colonel Denfert ayant visité la position de Bellevue fut frappé du retard de cet ouvrage, qui rendait ce point le plus faible de toute la place.

Néanmoins, ne voulant pas à tout prix laisser l'ennemi s'en emparer de vive force et commencer ensuite d'emblée, contre la place, une attaque rapprochée et dangereuse, qui lui eût été d'autant plus facile que le ravin de Bavilliers lui faisait, par la vallée cachée de la Douce, une communication tout abritée et spacieuse, le colonel résolut de masser en ce point des troupes nombreuses et d'y faire placer quatre canons lisses de 12, propres au tir de la mitraille contre les colonnes d'attaque.

En conséquence, le soir même six compagnies du 65e (Rhône), trois du 57e (Haute-Saône) et quatre du 16e (Rhône) furent portées en soutien derrière l'ouvrage, et se cantonnèrent dans la maison et le ravin Juster, dans la ferme Klopstein qui lui fait face sur la route, à la gare et dans les maisons entre la gare et le fort des Barres.

Des renseignements ayant semblé indiquer que l'ennemi se massait sur Chalonvillars, cinq nouvelles com-

pagnies leur furent encore adjointes le lendemain, en
même temps qu'on renouvelait avec soin toutes les
instructions sur la marche à suivre en cas d'attaque.

Toutes ces troupes, à la moindre alerte, devaient
prendre les armes et se préparer à agir rapidement sur
les abords de la redoute, tandis que les garnisons de la
gare, des lignes des faubourgs et du fort des Barres se
porteraient à leur poste de combat.

L'artillerie de tous les forts fut invitée à se tenir
constamment prête à appuyer cette défense de son feu,
et pour cela à rechercher et à désigner d'avance toutes
les pièces qui s'y prêtaient et à en augmenter le nombre autant que possible. Le gouverneur visita lui-même
les ouvrages dans ce but, et indiqua les modifications
principales à y faire dans la direction de certaines
pièces.

Les quatre canons furent amenés à Bellevue, mais
l'ouvrage n'était pas en état de les recevoir et ce ne
fut qu'avec bien du travail qu'on put parvenir à les
placer les jours suivants.

Enfin, comme l'attaque pouvait se produire simulta-
nément sur Bellevue, le Mont et la gare, des précautions furent prises et des recommandations faites en ce
sens ; notamment deux pièces de 4 rayées de campagne
furent placées sous la poterne du front des faubourgs
pour se mettre, le cas échéant, en batterie sur le pont
de la tranchée du chemin de fer, et balayer de leur feu
la voie et ses abords, à droite ou à gauche, si l'ennemi
menaçait de s'avancer trop en poursuivant nos troupes.

Nouveaux parlementaires de l'ennemi.

Dans cette journée du 6, l'ennemi envoya un nouveau parlementaire chargé d'une mission insignifiante. La population s'inquiéta de l'arrivée de ce deuxième parlementaire, et des bruits d'armistice circulèrent.

Le gouverneur, décidé à éviter dans la place tous les faux bruits, causes, d'alternatives décourageantes d'espoir et de craintes, et voulant qu'en toutes choses les habitants et la garnison sussent la vérité, s'émut des inconvénients de ces envois fréquents de parlementaires, et en même temps qu'il faisait afficher dans la ville la nature de la mission dont celui-ci était chargé, il résolut d'y couper court à la première occasion.

C'était tout à fait nécessaire, car un troisième parlementaire se présenta encore le 7, arrivant cette fois par les Perches et pour une affaire également insignifiante. Cela ressemblait fort à une reconnaissance déguisée, et le colonel eût réagi de suite si l'officier allemand ne fût reparti sans attendre de réponse.

Il ne voulut pas envoyer lui-même un parlementaire et patienta encore.

Mesures et événements divers.

Les journées du 6 au 10 ne furent marquées par aucun fait bien saillant. On continua avec activité les travaux de défense, et les petits combats journaliers

prirent de l'accroissement. Bon nombre de sentinelles
et vedettes de l'ennemi étaient tuées chaque jour, les
postes souvent mis en fuite, et l'alarme donnée à toutes
les troupes des villages occupés par l'ennemi.

C'étaient surtout les reconnaissances de Danjoutin,
vers Sévenans, et celles du hameau de la Forge, dans
l'Arsot, qui réussissaient bien. Les soldats allemands
commençaient à redouter le service des gardes, et se
plaignaient amèrement aux paysans de cette guerre,
sauvage à leur avis, qui leur était faite.

Différentes mesures furent prises durant ce temps.

Ainsi, la population fut prévenue que, dans le but de
ménager ses provisions, les débitants et marchands
étaient autorisés à refuser à tout membre de la garnison la vente des vivres de première nécessité. Cette
disposition avait été accompagnée d'un ordre à tous les
soldats et officiers de toucher les vivres réglementaires
à l'intendance.

Le réseau télégraphique fut augmenté de nouveaux
postes aux deux Perches, à Bellevue, au faubourg de
France et au camp retranché permanent.

On essaya, mais en vain, d'incendier divers bois
dangereux, notamment celui du Bosmont. Les arbres
humides ne voulurent pas brûler, et, faute de bras
pour les abattre, il fallut se résigner à les laisser
exister.

On fit divers relèvements des troupes extérieures fatiguées, entre autres au Mont.

De nombreux signaux faits par l'ennemi la nuit, au
moyen de feux de couleurs, furent observés ; mais,
quoiqu'ils se répétassent souvent, on ne put jamais
en déchiffrer exactement le sens, dans le cours du siége.

On transporta aux Basses-Perches une pièce de 24 rayée, pour augmenter la portée de notre feu dans la direction de Sévenans.

Sur la proposition du commandant Montrond, on adopta pour le cas d'attaque sur les redoutes, qui pouvaient à la grande rigueur être soumises à un assaut de vive force, un système de signaux lumineux au moyen de lanternes à verres de diverses couleurs, pour pouvoir, de ces ouvrages, diriger le tir des forts en arrière.

Enfin, deux petites expéditions furent tentées.

L'une, dans la nuit du 6 au 7, par le capitaine Bornèque, pour aller chercher de la fonte et du coke à l'usine Page, à l'extrémité du village de Valdoie. L'ennemi avait dans le village des petits postes qui s'enfuirent, et on put ramener deux wagons chargés.

L'autre, par le capitaine d'artillerie mobile du Haut-Rhin Deffayet, officier des plus braves, qui alla dans la nuit du 8 au 9, avec un petit peloton, mettre le feu à la ferme Lang, située également à l'extrémité du Valdoie opposée à Belfort, où l'ennemi venait se ravitailler en fourrages et qu'on n'avait pu parvenir à incendier à coups de canon.

Sortie sur Chalonvillars.

Dans le cours de ces derniers jours, des renseignements vagues firent présumer que des prisonniers français étaient à Chalonvillars, et que l'ennemi avait abandonné ce poste, pour marcher vers Héricourt, ne laissant à la garde de ses lignes que très-peu de monde.

Le colonel Denfert résolut, le 10, de profiter de ces circonstances pour faire une sortie qui, en outre des avantages généraux propres à toutes ces opérations, le fixerait sur la véracité de ces mouvéments de l'ennemi, et qui, au cas où ils seraient vrais et où l'ennemi serait surpris en petit nombre, pourrait amener la délivrance de nos prisonniers.

Dès le matin, une reconnaissance de gendarmes à cheval fut envoyée du côté de Chalonvillars, et son rapport ne fit que donner plus de force à l'idée de la sortie.

En conséquence, le 1er bataillon du 65e (Rhône) reçut l'ordre de quitter son cantonnement à onze heures un quart, pour se porter, accompagné de deux pièces d'artillerie de campagne, à la gorge du fort des Barres, et gagner de là le Mont par la route de Paris. Il devait entrer dans le bois et s'y masquer ainsi que ses canons, aux vues de l'ennemi, pour marcher sous bois vers Chalonvillars en s'éclairant en avant, à droite sur le petit et le grand Salbert, et à gauche jusqu'à Essert, par de petits détachements.

Comme il était impossible de cacher ce mouvement à l'ennemi, entre le fort des Barres et le Mont, le bataillon campé au Mont devait, une demi-heure après l'arrivée sous bois des troupes de la sortie, faire descendre deux compagnies en armes pour regagner le fort des Barres, afin que le mouvement semblât un simple relèvement de troupes.

Le lieutenant-colonel Desgarets, chef de la colonne, avait l'ordre de ne s'engager dans Chalonvillars qu'à bon escient, sûr de la supériorité du nombre, et d'éviter avant tout de s'exposer à un échec coûteux pour la garnison.

Malheureusement, l'ennemi, contre son habitude, occupait ce jour-là le village d'Essert avec une centaine d'hommes, cavaliers et fantassins et deux canons. Ces troupes devaient y être arrivées depuis le matin seulement, et peut-être était-ce de leur part une tentative d'établissement définitif dans le village.

Quoi qu'il en soit, elles aperçurent notre marche à temps, et se replièrent précipitamment sur Chalonvillars, poursuivies par le feu de nos deux pièces installées sur les pentes du Mont.

L'alarme était donnée à Chalonvillars, et M. Desgarets, renonçant à toute idée de surprise, s'avança avec quatre compagnies protégées par des tirailleurs pour sonder le terrain. Arrivés à la lisière des bois et en vue du village à attaquer, les tirailleurs ouvrirent le feu sur les postes ennemis, qui se replièrent derrière leurs retranchements, garnis d'hommes ainsi que les maisons crénelées, et une fusillade assez intense, mais sans résultat, fut échangée.

L'ennemi avait quatre pièces en batterie, dont deux enfilaient un ravin qu'il fallait traverser pour aller au village, et une de nos compagnies, ayant tenté ce passage, fut accueillie à coups de canon et dut retourner.

Le mauvais tir de l'infanterie ennemie se fit remarquer dans cette affaire, comme du reste dans tous nos autres engagements. Les hommes, tirant sans épauler le plus souvent, envoient toutes leurs balles trop haut. Aussi ne.touchèrent-ils aucun des nôtres, tandis qu'on vit tomber une quinzaine des leurs sous notre feu mieux ajusté.

Le bataillon se mit en retraite, n'ayant obtenu d'autre résultat que de débusquer les troupes d'Essert et de constater à Chalonvillars la présence d'un millier d'hommes, d'au moins six pièces de canon, et de montrer à l'ennemi qu'il ne pourrait se dégarnir sans danger.

Le mauvais état du terrain, défoncé par les pluies, avait empêché nos deux pièces de suivre jusqu'au bout le mouvement de la colonne.

L'ennemi ne fit nullement mine de profiter de notre retraite pour revenir en avant.

Lettre pour arrêter l'abus des parlementaires.

Pendant cette action sur Chalonvillars, un quatrième parlementaire s'était présenté, demandant si un certain nombre de soldats allemands désignés n'étaient pas prisonniers dans la place.

Cette fois, il fut purement et simplement répondu au général de Treskow qu'on était décidé à ne lui donner aucun renseignement, et que ses parlementaires devraient à l'avenir se présenter toujours par la porte du Vallon, faute de quoi ils seraient traités comme ennemis.

L'abus des parlementaires cessa dès l'envoi de cette lettre.

Reconnaissance offensive sur Sévenans.

Le lendemain, et pour continuer l'émoi qu'avait dû produire chez l'ennemi notre tentative de Chalonvillars, une petite reconnaissance fut conduite par le capitaine Thiers et le lieutenant d'artillerie Spielmann au

travers du Grand-Bois, traînant avec elle, à bras, un
canon de 4 rayé de montagne.

Ce canon fut mis en batterie en face du moulin de
Botans, et canonna, à quinze cents ou dix-huit cents
mètres de distance, le château de Sévenans. Il tombait
une neige épaisse qui empêchait l'ennemi, aussi bien
que nous, de voir un mouvement de troupes à cette
distance. Aussi crut-il probablement, en entendant
notre canon si proche, à une attaque considérable, car
les cloches de Sévenans se mirent en branle, et il leur
fut répondu au loin dans les villages de la ligne d'investissement ; du reste le jour tombait, et la reconnaissance fit retraite.

Situation misérable de nos troupes au Mont.

Le temps fut, pendant toute la période qui avoisine
ces événements, affreusement mauvais. Il tombait al-
ternativement de la neige et de la pluie, et les terrains
marneux, qui forment les abords de la place, étaient
horriblement détrempés.

Cela créait, pour les troupes campées au Mont, des
souffrances considérables et d'autant plus à redouter
que la petite vérole sévissait à Belfort, comme un fléau
plus terrible que la guerre elle-même, et faisait de
nombreuses victimes.

Les malheureux soldats couchaient au Mont, sans
abri, sous les tempêtes de neige ou de pluie, dans une
boue tenace et si profonde qu'on avait toutes les peines
du monde à y circuler, surtout avec les mauvaises
chaussures de la troupe. On ne pouvait renouveler

leur paille, transformée en fumier, car on en manquait dans la place. Enfin, pour comble, il était défendu expressément d'allumer des feux la nuit ; en sorte que, vêtus de mauvaises vareuses, mouillés et grelottant sous un vent froid et humide, les hommes ne pouvaient se chauffer qu'avec quelques restes de brasier sans flamme.

Ces conditions étaient si pénibles et causaient de si lamentables plaintes, qu'il fallut au commandant supérieur toute sa fermeté pour persister dans l'occupation de cette importante position. Mais il ne voulait pas la céder avant que l'ennemi fût en mesure de venir la prendre en y perdant du monde, et il décida qu'on y construirait des baraques et qu'on y élèverait des retranchements rapides, devant comprendre le village de Cravanche, au pied de la position.

Cette solution si simple en apparence n'était pourtant pas une petite affaire en réalité, et ce fut l'une des plus lourdes tâches imposées à la garnison. On manquait dans la place de tous les matériaux nécessaires à la construction de ces baraques en ville, pour n'avoir plus qu'à les monter sur place ; les planches surtout faisaient défaut.

Il fallait donc à toute force construire le tout au Mont, avec les ressources trouvées sur place, en coupant des rondins dans la forêt et au moyen de caisses à biscuit, dont on ferait des planches pour les parties où elles étaient le plus indispensables.

M. Laurent, ingénieur civil, fut employé à diriger ce travail sous les ordres du capitaine du génie Thiers. M. Chaplain, commandant du génie, s'en occupa aussi directement, et fit tout son possible pour alléger les souffrances de la troupe.

7

Mais on ne put pas en venir à bout. Il fallut renoncer à faire faire le travail par des corvées venues chaque jour exprès de la ville. Les jours étaient trop courts, et le chemin, assez long, faisait perdre des heures précieuses. D'autre part, en y employant la garnison même du Mont, on arrivait à l'impuissance si on la relevait fréquemment, car le jour du relèvement était perdu pour le travail, et le lendemain peu profitable, les hommes n'étant pas encore au courant.

De toute force, on fut conduit à allonger le séjour des troupes au Mont jusqu'à l'achèvement des baraques.

C'était bien pénible ; mais la situation n'avait pas d'autre issue, et tout ce qu'on put faire fut de leur donner, comme vêtement supplémentaire, des vestes d'infanterie.

Sortie sur Bessoncourt.

Pendant que ces travaux s'entreprenaient, les renseignements de nos reconnaissances indiquaient que l'ennemi, délogé par le feu à longue portée de nos forts et les petites attaques de chaque jour, semblait avoir abandonné les villages de Bessoncourt et Chèvremont, situés à l'est de la place, en n'y laissant que des postes assez peu considérables.

Le commandant supérieur se décida à en profiter et à faire de ce côté une sortie énergique, pour forcer les Prussiens à revenir s'y mettre en prise à nos projectiles, leur tuer du monde grâce à leur infériorité numérique, détruire s'il se pouvait leurs retranche-

ments, et faire retraite quand l'arrivée de leurs renforts en nombre compromettrait un plus long succès.

L'opération fut résolue le 14 pour être exécutée le
15. La pièce de vingt-quatre des Basses-Perches fut
transportée aux Hautes-Perches pour l'appuyer, et les
ordres de mouvement nécessaires pour rassembler les
troupes qui devaient agir furent immédiatement donnés.

M. Thibaudet, lieutenant de la compagnie de Saône-
et-Loire, cantonnée à Pérouse, fit une reconnaissance
des chemins à parcourir. Cette reconnaissance, bien
faite, indiqua que l'ennemi avait des forces à Roppe et
y était retranché, qu'il n'occupait Denney et Pfaffans
que la nuit seulement par des postes, qu'il avait à peu
près deux à trois cents hommes à Bessoncourt, cent
cinquante à deux cents hommes à Chèvremont, villages
retranchés; que Vézelois était fortifié et occupé par des
forces dont on ne pouvait fixer le nombre.

Voici le plan qu'adopta le commandant supérieur :

Les troupes à engager se composaient du bataillon
du 84ᵉ de ligne, du 2ᵉ bataillon du 57ᵉ (Haute-Saône),
de sept compagnies du 3ᵉ bataillon du 16ᵉ (Rhône), de
deux compagnies de l'autre bataillon du Rhône (16ᵉ),
cantonnées au hameau de la Forge, de quarante
hommes, tant du génie actif que du génie mobile, sous
les ordres du lieutenant du génie Journet, de deux pièces de 4 rayées et une de 12 rayée, commandées par
M. Verchère.

Toutes ces troupes, moins les deux compagnies de
la Forge, étaient placées sous le commandement de
M. Chapelot, chef de bataillon du 84ᵉ, et devaient partir ensemble pour Pérouse, le 15, à quatre heures et

demie du matin, pour commencer l'attaque à la pointe du jour.

Arrivées à Pérouse, elles devaient faire éclairer, par la compagnie de Saône-et-Loire de Pérouse, la lisière des bois qui avoisinent le village, et se diviser en trois colonnes.

La colonne principale comprenant en tête le bataillon de la Haute-Saône avec une compagnie du 16e, et, en réserve, le bataillon du 84e avec l'artillerie et le génie, était destinée à se porter sur Bessoncourt

La colonne de gauche, composée de quatre compagnies du 16e, devait se diriger sur Denney, en même temps que les deux compagnies du 16e, partant de la Forge, marcheraient sur Vétrigne. Ces deux mouvements simultanés avaient pour but de faire une démonstration menaçante sur Roppe, afin d'empêcher l'ennemi d'en distraire des troupes pour secourir Bessoncourt, et de le pousser au contraire à y porter ses ressources en se dégarnissant contre la véritable attaque

Dès que la colonne de gauche aurait occupé Denney ou commencé son attaque, au cas où elle y rencontrerait de la résistance, la colonne principale devait aborder rapidement Bessoncourt, chercher à l'envelopper, à détruire les approvisionnements et les travaux de l'ennemi, pour se retirer ensuite avec ordre. ou marcher vers Chèvremont, selon le degré de la résistance éprouvée.

Dès que cette colonne aborderait Bessoncourt, la colonne de gauche devait se retirer sur Pérouse ou la porte du Vallon, à moins que n'ayant rencontré personne à Denney, elle n'ait toute facilité de se porter sur Bessoncourt et d'y rejoindre la colonne du centre.

Enfin, la colonne de droite, composée de deux compagnies du 16e, devait, en même temps que celle de gauche sur Denney, faire une démonstration sur Chèvremont ; mais sans se découvrir autrement que par quelques tirailleurs, tant que la colonne du centre n'aurait pas abordé Bessoncourt. Cela avait pour but d'immobiliser la garnison de Chèvremont tenue en respect, tout en montrant assez peu de forces à l'ennemi pour qu'il crût, de ce côté, à une simple fausse attaque dans le but de l'éloigner de Roppe, et ne dirigeât pas immédiatement de renforts sur Chèvremont.

Cette colonne de droite devait ensuite attaquer de front Chèvremont, si elle voyait la colonne centrale s'y diriger. La retraite dans ce cas devait, après l'attaque terminée, s'effectuer sur Pérouse et Belfort.

Les compagnies dirigées de la Forge sur Vétrigne devaient se replier dès qu'elles trouveraient une résistance sérieuse, et, en cas de danger pour regagner Offemont et la Forge, se jeter dans le bois de la Miotte.

Ce plan, qui avait évidemment de grandes chances de réussite, fut remis au commandant Chapelot, qui eut ensuite avec le commandant supérieur une conférence verbale sur les détails d'exécution qu'ils arrêtèrent ensemble. Le colonel Denfert laissa à M. Chapelot le soin d'expliquer, lui-même et entièrement, à chacun le rôle qu'il aurait à jouer dans l'affaire.

Au reste, pour se guider, les officiers possédaient et pouvaient consulter avant le départ une carte au 1/20000e, des environs de Belfort, très-complète, que le génie avait fait lithographier dans ses ateliers, et distribuer à tous les officiers supérieurs ou officiers du génie et de l'artillerie de la garnison.

Enfin, dans la journée du 14, le commandant supérieur prit toutes les mesures de sûreté nécessaires, pour
le cas où la sortie, trouvant l'ennemi en grand nombre,
serait vivement poursuivie, et donna aux forts des indications pour l'appuyer de leur feu.

Le 15, avant le jour, les troupes étaient à Pérouse
et les dispositions nécessaires prises. Les colonnes de
droite et de gauche se mirent en route, la colonne du
centre se forma à l'abri de l'obscurité sur la route de
Pérouse à Bessoncourt, en avant du bois sur Merveaux.

Le bataillon de la Haute-Saône, divisé en deux colonnes, était à droite et à gauche de la route. Ces
troupes étaient couchées pour se dissimuler plus
longtemps à l'aube. En arrière, l'artillerie était en batterie à gauche de la route, menaçant Bessoncourt, et
soutenue par quatre compagnies du 84e et le détachement du génie.

Les deux dernières compagnies du 84e étaient plus
en arrière encore, comme extrême réserve.

Le jour commença à poindre avant que la colonne de
gauche eût donné avis de son arrivée à Denney ou eût
ouvert son feu. Comme cependant elle avait eu le
temps d'arriver au village, et que le jour, en éclairant
nos troupes, eût découvert à l'ennemi notre plan, le
commandant Chapelot donna au bataillon de la Haute-
Saône l'ordre de s'élancer sur Bessoncourt, en dirigeant l'une de ses colonnes à droite, l'autre à gauche
du village, pour l'envelopper, tandis que l'artillerie le
canonnerait de front et que les réserves s'y porteraient
au besoin.

Le mouvement s'accentua de suite. Malheureusement
une vedette ennemie fit feu sur la colonne, et les mo-

biles, peu aguerris et peu disciplinés, répondirent, sans en avoir reçu l'ordre, par une décharge aussi intempestive que possible.

Ils étaient encore à environ 1,000 mètres des retranchements de l'ennemi, qui prit l'alarme, eut le temps de garnir ses tranchées, et ouvrit le feu sur la colonne d'attaque.

Nos mobiles commençaient à flotter et des fuyards partaient déjà, quand le commandant Chapelot envoya en avant, pour les raffermir, deux compagnies et demie du 84ᵉ, dont les officiers ramenèrent, à coups de plats de sabre, les fuyards au combat.

Durant ce temps, la batterie de campagne ouvrit un feu violent sur les tranchées ennemies.

Le mouvement en avant recommença, mais il avait dégénéré en une attaque de front et non plus enveloppante, et il fallut s'arrêter sous le feu des retranchements et prendre position pour tâcher de l'éteindre, au moins en partie. Puissamment appuyée par nos pièces de campagne, cette opération réussissait bien et l'ennemi commençait à se débander et à fuir. Le village eût été certainement enlevé si la colonne de gauche, dirigée sur Denney, eût bien rempli sa mission.

Mais elle avait perdu du temps, tiraillé de trop loin sur Denney, puis s'était rabattue vers Bessoncourt où la fusillade éclatait avec une intensité excessive, et avait en fin de compte fait retraite quand l'ennemi, éclairé par ces tâtonnements, eut mis en mouvement, de Roppe vers Bessoncourt, des renforts qui se montrèrent sur la gauche de cette colonne et l'intimidèrent.

L'ennemi avait mis en batterie, contre nous, deux

pièces qui furent rapidement démontées, tant par nos pièces de campagne, que par les obus des forts de la Justice et des Hautes-Perches tirant à quatre mille mètres.

Il ramena une troisième pièce sur notre gauche, mais elle fut plus malheureuse encore; un de nos obus la renversa avant qu'elle eût pu tirer, et jeta à terre cinq de ses servants.

Cependant, malgré cette supériorité de nos canons, la ligne de feu des Prussiens prenait de plus en plus d'étendue, leurs forces croissaient, et l'on ne pouvait plus espérer forcer le village.

Enfin, M. Lanoir, chef du bataillon de la Haute-Saône, qui depuis le début s'épuisait en efforts pour entraîner sa troupe et payait en brave de sa personne, fut tué d'une balle au front, et dès lors les mobiles commencèrent à perdre courage.

Le commandant Chapelot se décida à une retraite opportune, qui s'effectua bien, soutenue par le 84e formé en tirailleurs par échelons, et manœuvrant avec ordre et bravoure.

Trop heureux de s'en retirer de la sorte, l'ennemi ne songea point à nous poursuivre.

Les compagnies parties de la Forge avaient de leur côté attaqué Roppe, défendu par de l'infanterie et du canon, et fait retraite sans être inquiétées, en entendant le combat cesser à Bessoncourt.

Nous avons eu dans cette affaire trois officiers tués, trois blessés et cent trente hommes tués, blessés ou disparus.

Les officiers du bataillon de la Haute-Saône désirant rendre les derniers devoirs à leur brave commandant

Lanoir, resté mort sur le terrain, malgré le dévouement d'un sergent qui tenta en vain de l'enlever, le
général de Treskow fut saisi de leur demande à laquelle il satisfit avec bonne grâce, et le corps ainsi que
ceux des capitaines de Nerbonne et Perret, également
tués dans le combat, furent remis à la garnison, mais
avec un apparat de nature à impressionner, d'une manière fâcheuse, nos troupes.

La nouvelle de ce combat s'étant répandue au dehors, les paysans des parties de la Haute-Saône voisines de Belfort, qui avaient leurs enfants dans la
place, affluèrent en nombre pour chercher de leurs nouvelles. Les Prussiens sachant bien quelle démoralisation résulterait pour les troupes de ces épanchements
de famille qui, à Belfort, avaient déjà tant nui, avant
le siége, aux mobiles du Haut-Rhin et de la Haute-
Saône trop rapprochés de leurs foyers, s'empressèrent
de donner à toutes ces personnes un libre passage au
travers de leurs lignes, et il fallut, pour s'en débarrasser, déployer la plus grande sévérité contre tout
individu circulant entre nos lignes et les lignes ennemies.

Création de compagnies d'éclaireurs.

Depuis l'investissement jusqu'à ces derniers événements, et cela devait durer encore longtemps dans
certaines régions, une sorte de zone neutre s'était
spontanément établie entre les postes ennemis et les
nôtres. Elle comprenait des points trop cachés à la
place ou trop éloignés pour que la garnison pût s'y
établir solidement, et cependant trop rapprochés pour

que l'ennemi osât le faire de son côté. De part et d'autre on se contentait d'envoyer des patrouilles sur ces points. Parfois pourtant l'ennemi tentait d'y maintenir de petits postes, mais ils étaient rapidement bousculés et chassés par nos reconnaissances, qui démolissaient leurs barricades.

Le théâtre de ces petites luttes et de ces petites victoires des nôtres était, au Nord, le Salbert, le Valdoie et même Éloie pendant un certain temps, la forêt d'Arsot, Offemont, Vétrigne ; au Sud, Andelnans, Botans ; enfin, à l'Ouest, Essert.

M. de Prinsac, fourrier des mobiles de la Haute-Saône, occupant le fort des Barres, avait demandé et obtenu la permission de s'établir avec quelques volontaires dans ce dernier village, pour y agir librement et tendre des embûches à l'ennemi.

Il réussit si complétement dans son entreprise, soumit à tant de chicanes ingénieuses les patrouilles de l'ennemi, qu'il leur fit abandonner bien vite la partie, et qu'elles n'osèrent plus aborder Essert, malgré le très-petit nombre de ses défenseurs.

Non content de cela, il prit à tâche d'aller tourmenter Chalonvillars et y donner nombre d'alertes considérables, avec cinq à six hommes pour tout déploiement de forces.

Il s'appliquait, pour obtenir ces résultats, à découvrir le sens des signaux de l'ennemi et la nature de sa surveillance. Par exemple, il crut avoir découvert que les vedettes, toujours groupées par deux et immobiles, se rapprochaient l'une de l'autre pour indiquer de loin aux postes l'approche de quelque chose de suspect, ou marchaient de concert pour signaler l'arrivée d'un groupe nombreux, suivant dans leur marche la direction même de ce groupe.

Ce moyen est assez simple et pratique pour avoir été réellement employé, et d'autres postes firent des remarques analogues.

Le succès de cette organisation spontanée décida le colonel Denfert à l'étendre sur tout le pourtour de la place, et, dans ce but, il créa successivement huit compagnies d'éclaireurs dans les divers corps de la garnison. Ces compagnies, désignées sous le nom des corps qui en avaient fourni les éléments, furent composées de volontaires, et leurs officiers choisis avec tout le soin possible. Ils devaient réunir, à la fois, le courage, l'esprit d'initiative et le calme nécessaires pour avoir de la hardiesse sans imprudence.

M. de Prinsac ayant fait preuve de toutes ces qualités eut naturellement le commandement de la première de ces compagnies, créée le 19 novembre, et fut promu lieutenant.

Il fut assigné à chacune de ces compagnies un secteur de la place, dans lequel elles devaient opérer librement, tout en restant en partie sous les ordres des commandants des ouvrages ou positions compris dans ces secteurs.

Les hommes furent vêtus d'une capote grise, d'un pantalon et d'un képi garance, armés de chassepots et munis par compagnie d'un petit fanion tricolore pour pouvoir se faire reconnaître par les forts.

L'action offensive des reconnaissances déjà si nombreuses de chaque jour fut encore singulièrement accrue par cette organisation, qui rendit, dans cet ordre d'idées, de grands services à la défense. A toute

heure du jour ou de la nuit, certaines de ces compagnies étaient dehors, tenant la campagne sur les points
les plus opposés, et faisant entendre leur incessante
fusillade. C'était comme une sortie permanente de la
place, insaisissable pour l'ennemi, grâce à son extrême
mobilité qui, jointe à la très-grande habitude du terrain, la rendait redoutable et qui produisit, en détail,
une grosse somme de dégâts.

Des gardes nationaux sédentaires se mêlaient parfois volontairement à ces reconnaissances et n'y faisaient pas mauvaise figure.

Faits et mesures divers.

Cette organisation des éclaireurs et le commencement
de sa mise en œuvre fut le fait le plus important de
cette période de temps.

Il se passa pourtant un certain nombre d'autres
choses intéressantes pour la défense.

Par exemple, il fut constaté que les lignes prussiennes n'étaient pas infranchissables pour un homme
isolé et adroit, et quelques individus se mirent à faire
métier de sortir des dépêches de la place et d'en rapporter, ce qui permit de régler une sorte de service
postal, fonctionnant mieux qu'on n'aurait pu le supposer. Néanmoins, comme il était à craindre que l'ennemi ne laissât sciemment passer ces hommes pour en
tirer des renseignements sur la défense, il fallut user de
discrétion dans les lettres.

Nous apprîmes par ce moyen, le 13 novembre, la
victoire de Coulmiers et la reprise d'Orléans.

Ce procédé de correspondance fit abandonner momentanément le projet de se servir de ballons.

Les travaux de la place furent continués sans relâche. Les fossés de Bellevue, sur les faces regardant la campagne, furent terminés; mais les traverses étaient encore très-basses et aucun abri n'était fait ni même commencé.

Les défenses de la gare et des villages avaient avancé. La tranchée du chemin de fer, en arrière du fort des Barres, avait été fermée, à droite et à gauche de ce fort, par de bonnes palissades, concourant à rendre plus difficile l'escalade du front des Faubourgs. Les wagons restés à Belfort étaient remisés dans cette tranchée profonde, et servaient de logement à des troupes.

La garnison avait continué, en travaillant dans les bois, à s'approvisionner de fascinages, et le génie avait mis en train une fabrication de sacs à terre avec les sacs vides du service des subsistances, pour parer à l'insuffisance des approvisionnements de ce genre existant dans la place.

On avait achevé l'engerbement des vivres dans des magasins bien abrités contre le bombardement.

Un recensement des vivres de la population avait été fait et reconnu largement suffisant pour qu'il ne fût pas utile de mettre les habitants à la portion congrue.

M. Bornèque, moins absorbé par l'organisation de la fonderie, demanda et obtint l'autorisation de fabriquer une mitrailleuse avec des canons de fusils réunis en faisceaux et un système ingénieux de culasse, de son invention. Cette bouche à feu fut exécutée et essayée par la suite. Quoique évidemment inférieure aux mitrailleuses réglementaires de l'artillerie, elle tirait cependant assez bien.

Divers ordres avaient été donnés pour modifier un peu l'application du règlement sur le service des rondes dans les places de guerre. Ce règlement avait l'inconvénient de rendre les sentinelles bien plus attentives à guetter l'arrivée de l'officier de ronde, qu'à surveiller la campagne.

On avait entendu le 21, dans la matinée, une canonnade lointaine dans la direction de Montbéliard. Ce bruit nous apprit pour la première fois la présence des troupes françaises de ce côté. Il correspondait en effet à un petit engagement à Audincourt, entre l'ennemi et des détachements tenant la vallée du Doubs et appuyés sur Besançon.

Enfin les Prussiens étant venus en force à Éloie, une petite expédition conduite par le capitaine Lang alla, le 20, détruire près d'Éloie la route de ce village à Offemont, pour entraver l'ennemi, s'il méditait d'amener d'Éloie des canons pour attaquer le hameau de la Forge.

Attaque et prise du Mont par l'ennemi.

Le temps s'était écoulé au milieu de tout cela, et nous étions arrivés à la journée du 23, investis depuis vingt jours, sans que l'ennemi ait pu songer à prendre contre nous l'offensive.

L'allure donnée à la défense l'avait, malgré le peu d'expérience de la garnison, rendu incapable de sortir de ses lignes et réduit à y jouer en quelque sorte le rôle d'assiégé, assistant comme spectateur passif au progrès et au développement de notre organisation et de nos travaux. Il payait ainsi le prix de la trop grande et trop souvent heureuse audace qui l'avait poussé à venir s'installer devant la forteresse avec un effectif trop peu supérieur au nôtre, et il nous voyait se jouer de son impuissance en accumulant devant lui, sans la moindre gêne provenant de sa présence, les obstacles qu'il aurait ensuite à détruire péniblement.

Pourtant, soit que le général Treskow eût reçu des renforts suffisants, soit qu'il en attendît d'assez prochains pour être en mesure de profiter d'un mouvement en avant, il se décida enfin à faire quelque chose contre nous.

Le 23 novembre il attaqua notre position du Mont.

Dès le matin de ce jour, des mouvements de l'ennemi furent constatés de divers côtés, notamment à Offemont et vers Sévenans et Botans. Il semblait se faire en ces points des concentrations inaccoutumées de troupes.

Cela concordait-il avec la répartition dans leurs postes de renforts arrivés aux Allemands, ou bien étaient-ce des démonstrations faites dans le but d'éveiller nos craintes sur des points non menacés réellement, pour nous pousser à y concentrer des forces et nous rendre plus tard moins facile de secourir la position attaquée? Nous ne le sûmes pas. Cependant, comme, au moment même de leur attaque, ils firent mine de vouloir enlever notre grand'garde de Froideval, sans cependant pousser l'action à fond, il est probable que leurs mouvements du matin éteint une feinte.

Quoi qu'il en soit, ils ne réussirent pas à nous inquiéter. Quelques compagnies, parties du hameau de

la Forge, allèrent les débusquer d'Offemont qu'elles
traversèrent en y détruisant une barricade, et les pour-
suivirent jusque vers Vétrigne. En se sauvant, l'ennemi, pour causer plus d'émoi dans la place, mit le feu
à trois maisons d'Offemont.

De l'autre côté, une forte reconnaissance, envoyée
exprès de Danjoutin, attaqua les troupes massées vers
Sévenans et Botans, et les dispersa.

Ces petites affaires coûtèrent à l'ennemi une cinquan-
taine d'hommes et dévoilèrent, par leur réussite, le peu
d'importance de ses démonstrations hostiles.

Vers quatre heures et demie du soir, par une pluie
battante, une fusillade des plus violentes et très-éten-
due, enveloppant le Mont, éclata tout à coup et indiqua une attaque sérieuse. L'ennemi, en très-grandes
forces, précédé de tirailleurs, débouchait sur nous par
Essert, les bois du Salbert et du Coudrai, attaquant à
la fois le Mont et le village de Cravanche, occupé par
la compagnie d'éclaireurs du 45e.

Les sentinelles avaient donné l'alarme et nos troupes,
composées du 1er bataillon du 57e (Haute-Saône) et de
quatre compagnies du 16e (Rhône), étaient formées pour
recevoir l'ennemi.

Le combat fut vif et se passa en partie sous bois; on
se fusillait des deux parts presque à bout portant.

A la nuit tombante, l'ennemi repoussé fut obligé
à la retraite, qu'il effectua du reste en bon ordre et en
tiraillant, quoiqu'il abandonnât, contrairement à ses
habitudes, ses cadavres sur le terrain. Nous conservions
donc encore le Mont.

Malheureusement cette attaque, en débordant le village d'Essert, en avait repoussé les éclaireurs de la

Haute-Saône qui l'occupaient, et les éclaireurs du 45e,
accablés par le nombre, avaient dû également se retirer
de Cravanche. Mais ils ne le firent pas sans un combat
des plus rudes, ne cédant le terrain que pied à pied,
s'accrochant aux maisons, si bien que l'ennemi, placé
dans une position défavorable et présentant des masses
profondes, paya chèrement ce succès partiel. Les officiers de cette compagnie et notamment le sous-lieutenant Masquet prouvèrent de l'énergie. Leur feu, bien
dirigé et à courte distance, força plusieurs fois les Prus-
sieurs à se jeter à plat ventre, sans pouvoir par là l'é-
viter. La position dominante des nôtres leur permettait
de les fusiller dans le dos.

Dès le début de l'attaque, le colonel Denfert, qui
s'était porté au fort des Barres pour juger de la situation, expédia dans toute la place des ordres pour les
mesures de précaution à prendre, dans le cas où l'ennemi étendrait son action offensive à nos autres positions. Le faubourg du Magasin fut occupé par une compagnie de la Haute-Saône, qui se relia à la grand'garde
du faubourg des Vosges. Des troupes furent rassemblées près de la porte de France pour se porter où besoin serait; les postes et piquets prirent les armes, et
un millier d'hommes furent préparés à se porter à la
droite des Barres, pour agir au besoin sur la gauche
de la position attaquée. Enfin, les pièces à longue portée regardant vers Essert et Valdoie, ouvrirent leur feu
pour empêcher l'ennemi de rassembler des réserves en
ces points.

Quand le résultat de la lutte lui fut connu, le commandant supérieur, comprenant que l'ennemi la re-
commencerait selon toute probabilité le lendemain

8

matin, fit savoir notre situation à tous les forts et ordonna dès la nuit même une vigoureuse canonnade sur
les villages d'Essert, de Cravanche, de Valdoie et leurs
abords.

Les deux compagnies d'éclaireurs, repliées d'Essert
et de Cravanche, prirent position dans le hameau des
Barres, situé en avant du fort des Barres, sur la route
d'Essert, et déjà gardé par une compagnie, et travail-
lèrent toute la nuit à s'y retrancher.

La perte de Cravanche permettait à l'ennemi d'envelopper le pied du Mont par le nord-est.

Pour enrayer ce mouvement, le colonel envoya deux
des pièces de la batterie de campagne derrière le hameau de la Forge, afin d'enfiler le ravin de Cravanche,
et fit occuper par une compagnie du 65e (Rhône) la ferme
Georges située entre les Barres et le Mont, au pied des
pentes. Cette compagnie s'y barricada, tandis que trois
autres du même régiment se portaient en renfort sur
le sommet.

Une provision de cartouches fut portée à la ferme du
hameau des Barres, pour parer à l'épuisement de celles
des troupes du Mont.

Le 24, dès l'aube, nos éclaireurs se portèrent vers
Cravanche et constatèrent que l'ennemi, tourmenté
par nos obus, désertait le village pour se masser dans
le ravin en arrière, à la lisière des bois du Salbert.

Ne pouvant y entrer sans s'y trouver eux-mêmes canonnés, et entendant le combat qui, selon les prévisions, recommençait sur leur gauche et derrière eux,
ils vinrent se poster sur la route d'Essert et les pentes
sud du Mont, d'où ils prirent part à la lutte.

L'attaque se reproduisait par trois grosses colonnes.

Deux pièces de 4 rayées de campagne, qu'on avait établies le matin sur la droite de Bellevue, entre cet ouvrage et les Barres, tirèrent sur celle qui venait d'Essert.

Par malheur une accalmie s'étant produite dans le feu, par suite de mouvements de l'ennemi sous bois, le fort des Barres, sur un faux renseignement, crut notre retraite effectuée et lança sur nos positions quelques obus qui faillirent y jeter la démoralisation, quoique n'ayant causé que deux accidents. Bientôt désabusé, le fort cessa vite cette faute malencontreuse.

La fusillade avait repris toute sa vivacité et les compagnies du 16e (Rhône) qui tenaient la gauche, repoussant l'ennemi, gagnaient du terrain. On pouvait commencer à croire que nous serions encore victorieux, et le 3e bataillon de marche (45e) avait déjà reçu l'ordre de se préparer à aller relever les troupes fatiguées par ces deux jours de lutte, quand, vers onze heures, on apprit qu'elles se mettaient en retraite.

Le commandant de la position, inquiété par des obus que les Prussiens lui envoyaient d'une batterie située vers le Valdoie, et ayant placé ses trois compagnies de réserve en haut des pentes inabordables de Cravanche, où un pareil effectif était inutile, se désespéra trop vite, et, dans sa préoccupation, oublia les cartouches préparées pour lui dans la ferme du hameau des Barres et laissa en arrière une partie de son effectif, comprenant les compagnies du 16e (Rhône) et une compagnie du 65e, non encore engagée, qui dut partager ses munitions avec celles du 16e. Ces compagnies commandées par le capitaine Poupart, du 16e, qui s'était déjà distingué à Roppe, ne se retirèrent qu'environ une heure plus tard, après avoir épuisé leurs dernières cartouches.

Ces deux attaques nous avaient coûté cinquante-sept hommes tués, blessés ou disparus, dont deux officiers, et nous enlevaient le Mont, avant que les pénibles travaux qu'on y avait entrepris eussent encore porté tous leurs fruits.

Nous conservions la ferme Georges et le hameau des Barres.

Il est à noter, à propos de ces combats, que l'ennemi employait des ruses dangereuses, ce qui lui était déjà arrivé à l'affaire de Bessoncourt.

Ainsi il fit exécuter à plusieurs reprises par ses clairons notre sonnerie de retraite, certains de ses hommes portaient des pantalons garance et d'autres criaient en français : « Ne tirez pas, ce sont des mobiles ! » Toutes choses propres, à la faveur des bois, à faciliter des surprises.

Sortie sur Sévenans.

Le commandant supérieur pensa un instant à faire un retour offensif immédiat sur le Mont, au moyen des troupes déjà prêtes pour le relèvement ordonné, en y adjoignant la partie disponible de la garnison du fort des Barres. Mais songeant que ce retour, qui devait compter dans les prévisions de l'ennemi, coûterait, en conséquence, de grosses pertes pour reprendre nos positions, et qu'elles étaient encore trop peu organisées pour qu'on pût espérer les maintenir longtemps contre des attaques énergiques, il abandonna cette idée, ne voulant pas entrer dans une voie qui décimerait trop vite les forces restreintes de la garnison.

En revanche, et pour empêcher l'ennemi de s'enhardir à la suite de son premier succès agressif, il décida que les troupes prêtes pour le relèvement, c'est-à-dire le 3e bataillon de marche (45e), deux compagnies des Vosges et une du Rhône, partiraient séance tenante pour aller faire une diversion immédiate sur un point opposé de l'horizon de la place, et il choisit Sévenans vers lequel aucune grosse sortie n'avait encore été dirigée.

La colonne se mit en marche de suite, tandis que les forts ouvraient, sur les positions conquises par l'ennemi, une violente canonnade pour lui en rendre l'occupation périlleuse et lui faire croire au prélude du retour offensif qu'il devait naturellement craindre. Pour le confirmer encore dans cette idée, et l'amener à retenir ses forces sous le feu de nos canons et à porter de ce côté toutes ses préoccupations et ses ressources, les troupes du fort des Barres firent sur le Mont et Essert un vigoureux simulacre d'attaque, qui amena nos éclaireurs, déployés en tirailleurs, jusqu'à la lisière du bois du Mont et à l'entrée du village.

Pendant ce temps, les troupes dirigées sur Sévenans et accompagnées des quatre pièces de la batterie de campagne, avaient gagné Danjoutin, où elles prirent pour se guider quelques détachements de la garnison de ce village, bien au courant du pays. Elles se divisèrent en deux colonnes principales, l'une à gauche, composée de six compagnies et de l'artillerie, sous les ordres du chef de bataillon commandant l'expédition, l'autre à droite, composée de quatre compagnies, guidées par le capitaine Vayssières, du Rhône, officier distingué qui commandait brillamment la position de Danjoutin.

La colonne de gauche devait s'avancer par le bois du Bosmont vers Sévenans, tandis que celle de droite, suivant la route le long de la Savoureuse, déborderait le village pour y envelopper l'ennemi. Un petit détachement de Danjoutin tenait, au centre, le fond de la vallée.

Le mouvement s'exécuta et le feu s'ouvrit sur l'ennemi à la fois, à gauche sur Sévenans et à droite sur Botans.

Une partie de la colonne de gauche se plaça de manière à protéger l'attaque contre les forces qui pourraient venir de Meroux ou de Vézelois, et le commandant assigna pour place à notre batterie les pentes du Bosmont, en face d'Andelnans, d'où elle voyait bien, il est vrai, Meroux et Vézelois, mais pas du tout le point objectif, c'est-à-dire Sévenans.

L'ennemi fut complétement surpris par cette double attaque inopinée. Les postes s'enfuirent presque sans lutte et furent canonnés pendant leur débandade.

La colonne de droite enleva Botans et se porta jusqu'au village de Bermont, après avoir forcé à une fuite précipitée la batterie qui défendait cette position. Elle s'arrêta là, attendant, pour se rabattre sur Sévenans, que l'attaque de gauche eût abordé ce village.

Cette dernière attaque en approcha jusqu'à cinq ou six cents mètres, mais se laissa arrêter par la fusillade de l'infanterie que l'ennemi avait ralliée, et par le feu

des pièces défendant le village, que les nôtres ne pouvaient pas contre-battre de leur position.

Enfin, la petite colonne du centre fut entravée dans
son mouvement par le tir du Château dirigé sur Sévenans, et un peu trop court par exception.

Pourtant, malgré ces obstacles, une impulsion vigoureuse du commandant de la sortie eût peut-être pu
le porter jusqu'à Sévenans, ce qui, grâce au succès de
notre droite, eût fort compromis les troupes allemandes
qui s'y défendaient.

Durant ce temps, l'ennemi avait rassemblé ses forces
à Meroux et Vézelois, et tenta de les porter sur notre
extrême gauche. Mais notre artillerie prit sur la sienne
une supériorité marquée dès le début, grâce au sang-
froid de M. Verchère, et jeta le désordre dans ses
troupes composées, en majeure partie, de cavalerie. Il
ne put pas réussir à nous aborder.

Le temps s'était écoulé, la nuit venait, et l'ennemi
devait forcément se renforcer bientôt.

Nous effectuâmes une retraite tranquille, et pûmes
voir de loin arriver, mais trop tard, de nombreuses
troupes dans les villages attaqués.

Cette expédition, grâce à l'ahurissement qu'elle
causa chez nos adversaires, fort loin de nous attendre
là, si immédiatement après les affaires du Mont, ne
nous coûta que 5 hommes et 1 officier blessé. L'ennemi
en avait perdu près de dix fois autant, et avait conçu
une telle inquiétude que les jours suivants nos petites
reconnaissances journalières purent constater qu'il
avait doublé, dans ces parages, l'effectif ordinaire de
ses sentinelles et de ses postes.

Nos éclaireurs retournent au Mont et à Cravanche.

La canonnade serrée, dirigée toute l'après-midi du 24 sur les points qu'on venait de nous enlever, empêcha l'ennemi de s'y établir. Il cessa d'occuper le sommet du Mont et Cravanche pour se tenir à proximité, plus en arrière, et nos éclaireurs retournèrent le 25 visiter ces points et y enlever les effets abandonnés par les nôtres pendant la retraite, ainsi que ceux que les Prussiens y laissèrent à la suite des combats.

Bruit de combat lointain.

On avait, dans la matinée du 23, entendu de nouveau le bruit d'un combat lointain vers Montbéliard. C'était un petit engagement à Voujeaucourt, analogue à celui du 21, et pour indiquer aux troupes françaises opérant par là, que le feu violent du 24 provenait de la place et non pas de batteries ennemies, on ne fit, dans la nuit du 24 au 25, qu'un tir très-peu vif, ce qui eût été inadmissible de la part de batteries de siége.

Durant cette nuit, l'ennemi couvrit de nombreux signaux lumineux la crête des montagnes des Vosges, dans un but inconnu pour nous, mais qui avait peut-être une relation avec son succès du jour.

Préparatifs en vue du bombardement.

La perte du Mont, d'Essert et de Cravanche, permit à l'ennemi de s'établir plus solidement à Valdoie,

et réduisit notablement notre sphère d'action au nord-
ouest de la place, sans pour cela diminuer en rien
l'activité des petits combats de chaque jour.

Nos petits postes, reliant Bavilliers au Mont, durent
reculer et se développer entre Bavilliers et le hameau
des Barres occupé par nous, ainsi que la ferme des
Barres tout contre le fort, et la ferme Georges. Comme
précaution, l'ennemi étant plus proche, le pont du
faubourg des Ancêtres fut tenu fermé de jour et de
nuit.

La possession de ces nouveaux terrains mettait l'ennemi en mesure de commencer bientôt le bombardement. On devait donc s'attendre de jour en jour à voir
s'ouvrir cette ère nouvelle de la défense, et toutes les
préoccupations du commandant supérieur se portèrent
de ce côté.

Il fit connaître à la population l'imminence du danger, et indiqua toutes les mesures à prendre pour lutter
contre l'incendie qui avait fait de si effroyables ravages dans les autres villes assiégées.

Un service d'extinction, dont les détails avaient été
étudiés par M. Stéhelin et approuvés par la municipalité,
fut organisé avec le concours des troupes et des pompiers de la ville. On vida les combles de toute matière
inflammable. Des brigades de guetteurs furent installées pour signaler chaque maison frappée d'un obus
et y porter secours. On tint dans les escaliers de petites
veilleuses allumées toute la nuit, et on déposa dans
chaque maison, sur les paliers des étages, des baquets
entretenus pleins d'eau qu'on empêchait de geler par
des additions d'eau chaude. Les pompes furent toutes
mises en état et réparties dans les divers quartiers.

Enfin, les habitants commencèrent à s'arranger pour loger dans les caves, et des traverses de chemins de fer furent mises en réquisition pour faire des pare-éclats aux entrées principales des maisons et faciliter la circulation dans les rues. Ces divers travaux furent conduits par M. Laurent, employé jadis au Mont, et M. J. Belin, lieutenant à la compagnie du génie de la mobile. M. Mény, maire de Belfort, s'y employa de son côté avec une activité digne d'éloges, et ne cessa pas, par la suite, de faire preuve de courage et de dévouement aux intérêts de ses administrés, quand le feu terrible des Allemands vint mettre en lumière l'immense bienfait rendu par ces sages précautions.

Dans le même ordre d'idées préservatrices, mais plus essentiellement militaires, le commandant supérieur fit évacuer toute la rive droite de la Savoureuse, plus particulièrement menacée, par les bestiaux et denrées alimentaires qui s'y trouvaient et les dirigea sur Pérouse et Danjoutin.

Les troupes disponibles, venant du Mont, augmentaient l'effectif présent en ville. Voulant au contraire le diminuer pour tenir le plus de monde possible sur les points les plus éloignés des batteries de siége futures, le colonel Denfert renforça beaucoup les garnisons de Pérouse et de Danjoutin, maintenant assez solidement organisés, et occupa le bois du Bosmont par des grand'-gardes. Ces villages, ainsi que le hameau de la Forge, reçurent des postes télégraphiques les reliant aux forts et à la ville.

Les travaux du génie se portèrent particulièrement sur la construction des abris nécessaires, dans tous les points occupés par nous, et surtout à Bellevue, qui en manquait totalement et allait se trouver, selon toutes les prévisions, le premier objectif de l'ennemi.

M. Thiers, n'ayant plus affaire au Mont, reprit la direction des travaux de Bellevue, M. Quinivet ayant, du reste, assez de besogne avec la gare, les Barres et l'administration de sa compagnie.

Le bataillon de garde dans cet ouvrage fut relevé par un autre bataillon de la Haute-Saône, commandé par M. Lang, passé chef de bataillon en remplacement de M. Lanoir, tué à Bessoncourt.

Toutes ces mesures concernaient la partie pour ainsi dire passive de la lutte contre le feu de l'ennemi. Mais le commandant supérieur n'oubliait pas non plus les moyens de lutte active, c'est-à-dire notre propre artillerie.

Il régla le tir à commencer immédiatement contre les emplacements les plus probables des premières batteries ennemies, désigna les pièces qui devaient y tirer et régla à un coup par heure et par pièce la consommation des projectiles pour ces bouches à feu. Deux pièces rayées de 12 furent ajoutées dans ce but à l'armement de Bellevue qui n'avait encore que 4 canons lisses.

Il dut aussi parer à l'insuffisance d'instruction technique des officiers d'artillerie de la mobile des Basses-Perches et de Bellevue, et faute d'officiers capables, disponibles dans l'artillerie, il cumula pour ces ouvrages le commandement des services de l'artillerie et du génie entre les mains des capitaines du génie Brunetot et Thiers.

Des auxiliaires pris dans l'infanterie de la mobile furent successivement mis en subsistance dans les di-

verses batteries d'artillerie, pour augmenter leur effectif insuffisant.

Bientôt des amorces de travaux ennemis se montrèrent vers Valdoie, sur les pentes du Mont, du
côté d'Essert, et sur le bord des plateaux de la rive
gauche de la Douce, en avant de ce village. Ces travaux commencés fixèrent le but de notre tir pour les
entraver.

Enfin le colonel Denfert parcourut les forts et indiqua, aux officiers qui en commandaient l'artillerie,
une modification de l'armement qui fut l'une des
causes les plus puissantes de la longue résistance que
devait offrir notre feu aux moyens de destruction de
l'ennemi, et de la remarquable élasticité qu'il eut
à s'adapter au tir dans les directions les plus différentes.

Cette modification consistait à agencer les pièces
pour tirer non-seulement devant elles directement, au
travers des embrasures du parapet, mais aussi à droite,
à gauche, ou même tout à fait en arrière, en lançant
les projectiles par-dessus les masses de terre ou les
constructions empêchant la pièce de voir dans ces directions.

On tirait ainsi sans voir ni être vu, en rectifiant son
tir par quelques tâtonnements guidés au moyen d'ob-
servateurs convenablement placés pour en voir les résultats.

Cette disposition eut comme avantage de nous
donner plus de feux en avant de Bellevue et des
Barres, points des premières attaques sur lèsquels le
Château, la Miotte et la Justice n'en avaient que peu,
et surtout des feux cachés complétement à l'ennemi,

qui, ne pouvant apercevoir les pièces, n'arriverait pas à régler son tir pour les atteindre.

Le colonel alla lui-même rechercher dans les forts les pièces susceptibles d'être arrangées de la sorte et donner des instructions sur place à ce sujet. Il trouva, dans l'enceinte intérieure et le cavalier du Château, la chose déjà en voie d'exécution, sous la direction du capitaine de La Laurencie, qui en avait pris l'initiative et avait organisé des plates-formes permettant de retourner, rapidement et sans peine, les pièces dans les directions diverses où elles pouvaient tirer.

Environ quarante pièces furent organisées d'après ces principes dans les divers forts.

Perte de Bavilliers. — Première parallèle contre Bellevue.

Pendant ce temps, l'ennemi, tout en travaillant, songeait à s'étendre sur la rive gauche de la Douce, pour envelopper le point d'attaque formé par les Barres et Bellevue, et protéger le flanc droit de ses travaux contre nous.

Le 28 novembre, à cinq heures du soir, à la tombée de la nuit, il canonna les grand'gardes des bois et du village de Bavilliers, avec trois pièces établies sur la hauteur en arrière d'Argiésans, et porta sur le village une colonne d'infanterie. Nos grand'gardes se retirèrent avec un peu de désordre, abandonnant une partie de leurs effets, sans toutefois perdre beaucoup de monde, et les Prussiens occupèrent cette position que du reste, comme nous l'avons déjà dit, nous ne pouvions avoir l'intention de défendre. Le colonel prit des mesures sévères pour que cet abandon d'effets, qui s'était déjà produit au Mont, ne se renouvelât pas et que les troupes de l'extérieur eussent toujours leurs effets préparés pour un départ immédiat.

Des ordres furent donnés sans retard pour reporter aussi en avant que possible les grand'gardes qui avaient précipitamment perdu trop de terrain. Ce mouvement amena chez l'ennemi une alerte, et causa de sa part, vers dix heures et demie du soir, une fusillade très-intense. Les balles arrivaient en grand nombrè sur Bellevue et la gare. Cela put faire croire à une attaque, et tout le monde se porta aux postes de combat, à la gare, à Bellevue et aux Barres. Toutefois les mobiles de la Haute-Saône, à Bellevue, intimidés par ce feu nourri, ne se décidèrent pas vite à monter sur le rempart, il fallut les y pousser et ils n'y montèrent pas tous. Si l'attaque eût été sérieuse, leur inopportune hésitation aurait pu compromettre les affaires.

Heureusement il n'en était rien et tout rentra rapidement dans le calme. Deux bataillons de renfort envoyés par le colonel, à proximité de la gare, dès le début de la fusillade, furent rappelés dans leurs casernements.

En somme, nos grand'gardes reportèrent des petits postes en avant de Bellevue et des Barres, reliant la ferme du hameau des Barres à des maisons situées en avant de Bellevue, sur le bord du ravin Sibre.

Toute la nuit, les forts dirigèrent sur Bavilliers une canonnade énergique. Cependant, malgré ce feu, l'ennemi réussit, en utilisant un mur de jardin, à établir en avant de Bavilliers, en travers du ravin, une tranchée d'environ cent mètres de long, s'appuyant à la

route de Lyon, et lui assurant la possession du village
en même temps qu'elle lui servait de première parallèle contre Bellevue, dont elle était distante d'environ
onze cents mètres. Il y plaça des tirailleurs qui, dès le
matin du 29, engagèrent des fusillades intermittentes
contre les sentinelles de la redoute. On leur répondait
par des coups de fusil, quelques coups de canon et des
bombes, car deux mortiers de vingt-deux centimètres
furent placés dans l'ouvrage dès ces premières attaques.

Dispositions à Danjoutin, Froideval et Andelnans.

La prise de possession par l'ennemi de Bavilliers et
des bois voisins plaçait notre position de Froideval
bien en l'air et la menaçait sur ses derrières par le
Grand-Bois. On la couvrit contre une surprise de ce
côté par des petits postes, la reliant à la gare, en suivant la voie du chemin de fer de Besançon.

Quant à Danjoutin, c'était, malgré le récent succès
de l'ennemi, une position encore solide. On avait bar-
ricadé le pont de la Savoureuse, et la position retran-
chée était couverte par la rivière et l'inondation de la
plaine. Elle ne craignait guère d'attaque que du bois
du Bosmont, qui fut occupé par une de nos grand'-
gardes, soumis en avant à de nombreuses reconnaissances offensives de nos éclaireurs, et appuyé par le
village d'Andelnans qu'on barricada.

Essai de la lumière électrique.

L'ouverture des premiers travaux contre Bellevue donnait à penser que d'autres allaient suivre, et il fallait se préoccuper des moyens d'éclairer, la nuit, les travailleurs ennemis. Dans ce but on essaya, le 29 au soir, d'éclairer Bavilliers avec la lumière électrique. Malheureusement l'appareil, tout en fonctionnant bien, manqua de puissance pour aller jusque-là. Le réflecteur avait été cassé par accident et nous n'avions pu qu'à grand'peine, depuis l'investissement, parvenir à en recevoir du dehors un autre qui se trouva beaucoup plus petit que le premier et fut insuffisant.

Nous ne pouvions donc compter sur ce mode d'éclairage que pour plus tard, si les attaques se rapprochaient notablement. Ce fut d'autant plus fâcheux que le commandant d'artillerie de la place eut beaucoup de peine à nous fournir des balles à feu éclairantes, à lancer avec les mortiers, et n'y réussit que lentement. Il fallut renoncer à éclairer l'ennemi pour le moment.

Chute d'une escarpe au fort des Barres.

Dans la même journée du 29, un autre fait fâcheux s'était produit. Le mur d'escarpe de la branche droite du fort des Barres, construit en 1868, était, à la suite des longues pluies de cette époque et d'un nouveau tassement des énormes remblais qu'il supportait, tombé en produisant une brèche d'environ soixante-dix mètres de largeur [1]. Pour diminuer le danger que cet accident créait au fort, deux canons de 12 lisses furent installés au front des faubourgs pour tirer de la mitraille dans le fossé de la branche ouverte, et le pied de la brèche fut escarpé au moyen d'une sorte de revêtement en rails dressés debout.

État de nos travaux.

Nous étions maintenant près du bombardement, et l'ennemi était visiblement décidé à attaquer nos ouvrages de la rive droite de la Savoureuse. Nos travaux de défense avaient porté de bons fruits. L'armement était devenu solide dans nos ouvrages permanents, notamment au Château, à la Miotte et à la Justice. Bellevue, quoique manquant encore d'abris, était préservé d'un coup de main. La gare aussi pouvait se défendre. On l'avait transformée en une sorte de grande redoute palissadée, au moyen de traverses de chemin de fer qui étaient posées horizontalement contre des poteaux formés de rails dressés debout de distance en distance.

On reliait Bellevue à la gare par une tranchée bordant le ravin Juster.

Pérouse et Danjoutin étaient assez bien organisés quoique encore incomplétement ; enfin le hameau de la Forge était devenu une position forte, appuyée à l'étang et à une petite inondation de la Savoureuse,

1. Ce mur n'avait pas été, faute de temps, construit avec les précautions prescrites par le commandant du génie.

tendue au moyen d'un barrage, et bien protégée par les feux rapprochés de la Miotte, de la limite gauche du camp retranché et de l'Espérance. Dans tous ces points, des abris à l'épreuve des obus étaient en cours de construction.

La fonderie avait bien réussi et se trouvait en mesure de produire par jour cent obus de 12 rayés, munis de leurs ailettes, fabrication qu'elle devait porter plus tard à deux cents.

Installation de l'ennemi à la Tuilerie.

Du 28 au 30 novembre, les Prussiens cherchèrent à s'établir en avant de Bellevue, à la Tuilerie, groupe de maisons sur la route de Lyon, distant de la redoute d'environ quatre à cinq cents mètres, et de deux cents mètres des maisons occupées sur cette route par nos avant-postes. La possession de la Tuilerie leur fut disputée par nos éclaireurs qui les en chassèrent à plusieurs reprises. Mais nous ne pouvions pas y rester, parce que ces constructions étaient assises à la limite de la partie de la route vue de la redoute, qui, par suite, ne pouvait pas protéger leurs abords du côté de l'ennemi.

Événements divers.

Les Allemands, soit qu'ils fussent trop tourmentés par notre feu, soit qu'ils voulussent nous tendre un piège, semblèrent, le 2 décembre, avoir abandonné Bavilliers où nos reconnaissances pénétrèrent sans coup férir.

Ordre fut donné d'y reporter une grand'garde, mais, quand elle arriva, elle y trouva l'ennemi revenu et battit en retraite heureusement sans pertes.

Durant ce temps, nos nombreuses reconnaissances journalières avaient, sur tout le pourtour de la place, leur activité offensive habituelle.

Enfin, ces derniers jours du silence de l'ennemi furent marqués par le bruit d'un petit combat lointain dans la direction de Lure, et par une protestation patriotique de la population à propos d'un article coupable du journal hebdomadaire de Belfort, tendant à prôner l'opportunité d'une capitulation pour éviter le bombardement.

CHAPITRE VI

**DEUXIÈME PÉRIODE DU SIÉGE. — BOMBARDEMENT ET ATTAQUES
SUR LA RIVE DROITE DE LA SAVOUREUSE.**

Commencement du bombardement.

Le 3 décembre, vers huit heures du matin, le bombardement commença, et les obus se succédèrent sans relâche, traversant la petite ville dans toute son étendue.

C'était comme une pluie de fer s'abattant tout à coup brusquement sur nous.

Le sifflement strident des projectiles et le fracas des maisons atteintes de toutes parts donnaient un terrible démenti aux illusions de la population qui, malgré les avertissements du gouverneur, ne croyait plus au bombardement après trente jours de silence, dus aux obstacles que le mode de défense employé avait opposés à l'ennemi.

On se réfugia au plus vite dans les caves, non sans un serrement de cœur, qui aurait été bien autre encore

si on avait su que cette avalanche redoutable allait continuer sans trêve ni repos, le jour et la nuit, son œuvre
de destruction durant soixante-treize jours, pendant
lesquels le fléau ne ferait qu'augmenter d'intensité.
Les indigents sans logement reçurent asile dans les
caves de l'église et de la mairie, où ils s'entassèrent.

L'ennemi avait ouvert ce feu de batteries construites
en avant d'Essert, sur le bord des plateaux de la rive
gauche de la Douce. Ces batteries étaient reliées entre
elles et protégées par une tranchée formant place d'armes, s'étendant de la route d'Essert jusque vers Bavilliers, sur environ un kilomètre de longueur. Il y
avait dans ces batteries place pour vingt-huit bouches
à feu, que l'ennemi y amena en effet; mais, le 3, elles
ne semblaient pas encore au complet. C'étaient des
canons de 12 et de 24, comprenant quelques pièces
françaises, venues sans doute de Strasbourg. Il s'y
trouvait en outre quelques mortiers qui tirèrent sur
le fort des Barres des bombes d'un calibre voisin de
27 cent.

C'était là, en apparence, un bien faible armement
pour commencer une lutte d'artillerie avec la forteresse. Mais, en réalité, la puissance de ces batteries
devait se mesurer, non pas au nombre des bouches à
feu, mais à la quantité de projectiles qu'elles auraient
à leur disposition et qu'elles lanceraient, et, dès le
premier jour, ces pièces, tirant sans repos comme en
un jour de bataille, jetèrent sur la ville et les ouvrages
plus de trois mille projectiles. Il nous était impossible
de répondre par une quantité égale, sous peine de consommer, avec une effroyable rapidité, les soixante et
quelques mille projectiles pour pièces rayées, qui nous

restaient encore. Notre fonderie, ne pouvant arriver à une production de plus de deux cents obus par jour, ne nous donnait qu'un appoint faible, quoique précieux.

Nous dûmes donc nous borner, dès ce premier jour, à n'envoyer à l'ennemi que le tiers à peu près des projectiles qu'il nous lançait, et cette différence en sa faveur ne fit qu'augmenter de plus en plus.

Les batteries ennemies distantes du centre de la ville d'environ trois mille mètres ne prirent pas seulement ce but pour objectif. Elles tirèrent aussi sur le fort de Bellevue à quinze cents mètres, sur les Barres à dix-huit cents mètres, sur le Château de trois mille à trois mille cinq cents mètres, et envoyèrent quelques coups aux Basses-Perches à trois mille quatre cents mètres. Des guetteurs furent aussitôt installés dans tous ces ouvrages, pour observer le feu des pièces ennemies, et prévenir, à son de trompe, de l'arrivée de l'obus afin qu'on pût s'en garer.

Au moment où les premiers obus arrivèrent au Château, les canonniers étaient aux bois à faire du fascinage, et la garnison d'infanterie entra dans un désarroi complet, se précipitant en hâte dans la partie de la caserne encore incomplétement blindée en sacs de farine, pour y effectuer le déménagement de ses effets.

On eut beaucoup de peine à rassembler quelques hommes, pour les porter aux pièces ayant vue sur les batteries prussiennes. Pourtant on y réussit et ils remplacèrent de leur mieux les canonniers absents. Par malheur la plupart des pièces à tirer étaient des pièces du cavalier, retournées pour lancer leurs projectiles par-dessus la caserne, en sorte que dès les pre-

miers coups leur souffle brisa avec un fracas retentis-
sant toutes les vitres de la façade. Cette fois la panique
fut portée au comble par ce bruit insolite, et il fallut
quelque temps pour ramener le calme, qui ne vint pas
sans quelques rires sur la nature inoffensive de tout ce
tapage.

Les mobiles du Rhône, plus calmes que les autres,
servirent néanmoins les pièces avec zèle, et on put
attendre sans inconvénients le retour des canonniers.

Durant ce temps les Barres, Bellevue, les Basses-
Perches, et la limite gauche du camp retranché, avaient
ouvert leur feu de riposte, et la lutte d'artillerie était
commencée pour ne plus cesser, même la nuit, que le
13 février au soir.

Répartition des commandements dans la place. Petits combats.

La période active du siége commençait, et les forts
allaient avoir à lutter directement, pour eux-mêmes et
pour le soutien de nos positions, et non plus seulement
pour appuyer nos attaques lointaines.

Les commandements principaux de la forteresse
étaient ainsi répartis :

La Miotte commandée par le capitaine d'artillerie
Sailly et la Justice par le capitaine d'artillerie Jourdanet étaient réunis sous les ordres de M. Chapelot,
chef de bataillon du 84e.

Le camp retranché permanent était commandé par
M. Fournier, lieutenant-colonel du 57e. Ce poste lui
était commode pour l'administration de son régiment.

La ville était sous les ordres du commandant Rohr de l'artillerie du Haut-Rhin.

Tous ces ouvrages n'avaient à cette époque qu'un rôle encore secondaire dans la lutte.

Le Château était commandé par M. le lieutenant-colonel Rochas du 16ᵉ (Rhône), l'artillerie de la partie haute était sous les ordres du capitaine d'artillerie de la Laurencie, celles des enceintes basses sous ceux des capitaines Laborie et Vallet.

Cet ouvrage étant à l'abri de toute possibilité d'attaque de vive force, l'infanterie ne pouvait être appelée à y jouer un rôle actif que tout à fait aux dernières périodes du siége, après la prise des ouvrages avancés, quand l'ennemi cheminerait contre le Château même, époque encore bien éloignée, et à laquelle l'ennemi ne put même pas arriver. En conséquence l'artillerie y formait le seul élément de combat; les officiers qui la commandaient, conservèrent leur liberté individuelle d'action et communiquèrent directement avec le commandant supérieur.

Les Hautes et Basses-Perches étaient sous les ordres des capitaines Livergne et Duplessis du 45ᵉ et réunies sous le commandement de M. Gély, chef de bataillon du 45ᵉ.

Les ouvrages de la rive droite de la Savoureuse, lignes et front des faubourgs, gare, fort des Barres, redoute de Bellevue, étaient, au point de vue du service général et de la police des troupes, sous les ordres du lieutenant-colonel Marty, les commandants des diverses positions conservant leur indépendance au point de vue du combat, et correspondant directement avec le gouverneur. Ces commandants étaient : aux Barres le commandant Chabaud de la Haute-Saône, à Bellevue le commandant Lang du 57ᵉ, à la gare, ouvrage sans canon, le lieutenant-colonel Desgarets du 65ᵉ.

Le hameau de la Forge était sous les ordres du commandant Duringe du 16ᵉ, qui s'était distingué au combat de Roppe; Pérouse, complétement en dehors des attaques à cette époque, sous ceux du commandant Artaud du 57ᵉ, et Danjoutin sous ceux du capitaine Vayssières du Rhône.

L'ère nouvelle pleine de fatigues et de souffrances qu'ouvrait pour nous le bombardement, ne ralentit en rien notre action offensive extérieure, quoiqu'elle la resserrât dans d'étroites limites du côté des batteries, mais de ce côté seulement. Nos éclaireurs le prouvèrent à l'ennemi, le jour même, en attaquant plusieurs de ses postes, notamment sa grand'garde du bois de Bavilliers, qui perdit son officier et fut mise en fuite.

Incendie des maisons et des abris de Bellevue.

La nuit qui suivit ce premier jour de bombardement fut marquée à Bellevue par un drame douloureux. L'ennemi avait tiré des projectiles incendiaires dans les bâtiments compris à l'intérieur de l'ouvrage, et le feu consumait ces maisons. Sous leur rez-de-chaussée existaient des sous-sols formant comme des caves couvertes par de simples planchers au lieu de voûtes, et dépassant dans le haut la surface du sol, d'environ un mètre ou un mètre cinquante centimètres. L'existence de ces caves créait le seul moyen possible d'arriver à se procurer assez vite des abris suffisants dans la redoute, qui n'en avait pas un seul. Ces abris étaient en construction. On avait étayé les planchers des caves par des corps d'arbres formant poteaux, et on travaillait à les recouvrir d'un plancher nouveau de rails et de bois, pour supporter des terres, et les mettre à l'abri de la bombe. Une des caves était même à peu près terminée.

C'était une question de vie ou de mort pour la redoute, que d'arriver à sauver du feu, qui les menaçait, les nombreux étançons déjà en place, qu'on n'avait nul moyen de remplacer s'ils venaient à périr, et qui avaient déjà coûté un énorme travail. Mais comme il n'y avait pas d'eau dans l'ouvrage, ni à proximité, et qu'un froid vif favorisait l'incendie, contre lequel on ne pouvait lutter qu'en ramassant de la neige à terre pour la jeter sur le feu, il eût fallu un travail actif de la part de la garnison, formée par le 2e bataillon du 57e (Haute-Saône). C'est ce qu'il fut impossible d'obtenir. Les mobiles, terrifiés par l'arrivée continuelle des obus, opposèrent aux efforts de leur commandant et des officiers du génie la plus indomptable force d'inertie. Les officiers ne firent rien pour la vaincre. On avait beau commander des corvées, y placer des officiers, elles fondaient entre les mains. Ni réprimandes, ni menaces, ni exhortations n'y firent, et l'incendie activé par les projectiles qu'y lançait l'ennemi, pour en rendre l'extinction périlleuse, devenait de plus en plus menaçant pour ces malheureux abris. Les officiers du génie, MM. Thiers et Journet, aidés du capitaine Mathey et du sergent Tunis, qui comprirent leur devoir, travaillaient de leurs mains, comme des manœuvres, dans l'incendie, piétinant le feu et retirant les poutres

enflammées qu'ils essayaient d'éteindre en y apportant
de la neige dans des pelles ou même dans leurs mains.
Ils ne quittaient leur accablante besogne que d'instants
en instants pour mener au travail, à coups de bâton,
comme des bêtes, les hommes affolés que le brave commandant Lang et son adjudant-major M. Guillet tra-
quaient dans le fort partout où ils se cachaient. Mais
les quelques hommes réunis ainsi avec violence se
dispersaient bientôt, laissant seuls les trois officiers et
le sergent, uniques ouvriers de cette lutte avec le feu.
Vers le milieu de la nuit ces officiers, accablés par la
fatigue et par une longue et épuisante indignation,
furent sur le point de tout abandonner. Le commandant
Lang en était aux larmes.

Mais, se souvenant de la patrie, ils reprirent encore
courage, et le capitaine Thiers fit demander en ville,
par le télégraphe, une pompe à incendie, ce qu'il n'avait
pas encore fait, ne comptant guère sur ce moyen, par
un froid qui gèlerait l'eau dans le long parcours nécessaire pour en apporter dans l'ouvrage. M. Chaplain,
commandant du génie, mit toute l'activité possible
pour envoyer sans délai cette pompe, qu'il fit remplir
d'eau chaude. Vers deux heures du matin, elle était
arrivée. Mais l'eau chaude avait gelé en route. On fut
longtemps avant de pouvoir la dégeler au moyen de
brandons de l'incendie. Enfin on commençait à la
manœuvrer, mais avant qu'elle eût donné une goutte
d'eau, un éclat d'obus vint la briser.

Après cet accident désespérant, MM. Mathey et Guillet, épuisés, grelottant de fièvre, durent abandonner
la partie, et MM. Thiers et Journet continuèrent seuls
leur labeur jusqu'au jour.

Ils rentrèrent alors en ville, à bout de forces, et laissant derrière eux le bataillon coupable, couché dans la neige de droite et de gauche, au pied des parapets, dans les endroits les mieux abrités contre les projectiles.

Les toitures et tous les planchers étaient brûlés. L'abri fini était détruit, et les caves à moitié comblées par les débris. Néanmoins les efforts opiniâtres de ceux qui avaient travaillé avaient sauvé du feu les étançons, dont le sommet seul brûla un peu.

Ce désastre devait coûter bien des efforts pour faire les abris ; mais on put y parvenir, puisque les étançons étaient sauvés.

Le commandant Lang, désespéré de la conduite de ce bataillon, dont il n'avait la direction que depuis quelques jours, et le capitaine Thiers adressèrent, chacun de leur côté, un rapport immédiat au colonel Denfert, qui, ne voyant pas moyen de sévir contre une faute aussi générale, soit par un conseil de guerre, soit par la cour martiale, prononça par la voie de l'ordre la dissolution du bataillon. Les hommes furent versés par groupes dans les autres bataillons de mobiles, où ils firent par la suite de bons soldats, et qui fournirent les éléments d'un nouveau bataillon, portant même numéro, sous les ordres de M. Lang.

Les officiers, moins MM. Mathey et Guillet et quelques autres que le commandant Lang désigna comme un peu moins coupables, furent cassés et remis simples mobiles. Ceux que, à raison de leur âge, la loi sur le recrutement de la mobile n'atteignait pas durent donner leur démission.

Le commandement de Bellevue fut donné à M. Thiers, et sa garnison composée de quatre compagnies du 16ᵉ

(Rhône) qui avaient jusqu'alors travaillé, sous la direction de M. de la Laurencie, aux blindages du Château, et qui y furent remplacées par trois compagnies du 3ᵉ bataillon du 57ᵉ (Haute-Saône) retirées du Vallon.

A l'arrivée de ces compagnies, tout changea dans l'ouvrage. Les hommes se mirent à l'œuvre avec ardeur et reçurent de leurs officiers, du capitaine Suchet notamment, le meilleur exemple. La besogne était dure, on travaillait nuit et jour sous le feu, sans abris pour reposer hors du danger, à peu près sans moyen de faire la soupe. Tout le monde, hommes et officiers, mangeait debout, du pain toujours gelé.

En même temps le service s'organisait pour le combat, et, à la moindre alerte, la garnison se portait au rempart avec la plus grande rapidité. On incendia une petite maison servant de guinguette, qui, placée en avant de l'ouvrage, gênait ses vues.

Durant toute la nuit on apportait des rails pris au chemin de fer, et qu'on ne pouvait faire circuler de jour sur la route de Bellevue, balayée par le feu de l'ennemi; on travaillait sans relâche à les poser. Ces travaux furent aidés puissamment par M. Suchet, toujours présent à la besogne, par le lieutenant du génie Journet et par MM. Foltz, Guttmann et Amann, conducteurs des ponts et chaussées, servant volontairement dans la place, qui partagèrent durant tout le siège le sort et le lit de camp du commandant de l'ouvrage, couchant toujours habillés et chaussés. Ces messieurs non-seulement dirigeaient les travaux sous le feu, mais allèrent souvent dans la suite, et de leur plein gré, faire le coup de fusil au rempart où ils donnaient l'exemple aux soldats.

Enfin le chef de bataillon Chaplain, commandant du génie, déploya en ces circonstances, comme toujours du reste, la plus grande activité, pour faciliter le service et l'apport des matériaux.

Il rendit non-seulement dans ce cas, mais dans bien d'autres, de grands services à la défense, par la manière dont il conciliait les exigences et effaçait les difficultés de son ressort.

Un détachement de sapeurs du génie, qui venait chaque jour en corvée dans l'ouvrage, y donnait à tous l'exemple du courage et de l'ardeur au travail.

Dégâts causés au Château par les projectiles.

Pendant que ces faits se passaient à Bellevue, les autres points de la place n'étaient pas à l'abri des atteintes de l'ennemi.

Au Château, les voûtes à canons du cavalier, ouvrant sur la cour intérieure, et dont l'entrée était masquée aux batteries prussiennes par le massif de la caserne, avaient été préservées contre les éclats des projectiles par des blindages en bois obliques, soutenus par des rails. Mais, dès le deuxième jour du bombardement, les projectiles ennemis, plus plongeants qu'on n'aurait pu le croire, vinrent en passant par-dessus les masses couvrantes frapper les blindages et les bouleverser, en tuant des hommes sous les voûtes. Ces voûtes servaient non-seulement de voûtes à canons, mais de logement commode à une partie des canonniers.

Ne pouvant pas remplacer facilement ces logements, M. de la Laurencie essaya de boucher les portes au moyen de fortes pièces de bois, placées debout et appuyées à d'épaisses piles de sacs à terre, se bornant pour toutes les voûtes à une seule communication par l'intérieur. On remplissait les sacs le jour, dans l'intérieur, à l'abri sous les petites portes percées dans les pieds-droits, et on les plaçait de nuit, quand le tir était un peu moins vif.

Mais il fut impossible, quelque activité qu'on déployât dans ce travail, d'arriver à faire assez vite les piles de sacs suffisamment épaisses, et le tout fut rapidement bouleversé par des obus de 32 kilogrammes. Force fut bien d'abandonner ces voûtes comme logement et d'en créer d'autres sous un abri moins commode, mais plus facile à préserver.

Néanmoins on maintint les pièces sous la partie antérieure de ces voûtes, où les projectiles ne pouvaient arriver directement, et on put organiser sous les voûtes mêmes des parados abritant les pièces et leurs servants au moment du tir.

Ces effets destructifs des projectiles ennemis étaient dus à ce que les batteries d'Essert prenaient en écharpe et de revers les enceintes du Château. C'est aussi ce qui causa de rapides avaries aux affûts des pièces retournées, du sommet du cavalier, trop éloignées des masses couvrantes, et trop élevées pour être complétement préservées.

On réparait ces affûts au fur et à mesure dans le Château même où une forge avait été organisée par la batterie de M. de la Laurencie ; mais il fallut quand même renoncer à tirer avec ces pièces, sous peine de dégâts imminents et irréparables.

Pour obvier à la diminution de feux qui en résultait,

cette même batterie entreprit de monter une pièce de
24 rayée, à la gauche du cavalier, pour tirer également sans voir ni être vue, mais dans de meilleures
conditions, et avec une plate-forme spéciale assurant
mieux la justesse du tir de nuit. On ne vint à bout de
monter cette pièce qu'avec les plus grandes peines;
mais enfin, mise en place, elle tira sans jamais être démontée par la suite.

En même temps, et pour augmenter encore ses feux
sur Essert, le capitaine de la Laurencie commença un
changement à une pièce sous blindage. Il fallait pour
cela remanier la cage de fer du blindage, et arroser
les rails d'eau chaude pour parvenir à les arracher des
terres gelées.

L'armement des enceintes basses du Château, prises
à revers de la même façon, dut bientôt être enlevé
sous peine de voir détruire les pièces. Heureusement
il n'en résultait pas pour l'instant une diminution de
nos feux, cet armement ne pouvant pas servir contre
les batteries d'Essert.

Ces dégâts furent les seuls importants que causèrent
les batteries d'Essert, malgré l'accroissement du nombre de leurs canons. Ils se produisirent dès les premiers jours, et ces batteries dès lors impuissantes à en
produire d'autres, ou à empêcher nos travaux pour y
remédier, n'eurent plus jusqu'à la fin que le rôle de
véritables batteries de bombardement contre la ville et
les faubourgs, et encore ce bombardement fut-il, malgré son extrême violence, beaucoup moins redoutable
que dans les autres places assiégées, car, grâce aux
mesures prises, il ne développa pas l'incendie, fléau
bien autrement destructeur que les obus eux-mêmes.

Tir de la place.

La place répondait au tir de l'ennemi par un feu soutenu et bien ajusté. Mais il fut vite reconnu qu'elle ne pourrait pas faire taire complétement les batteries prussiennes, enterrées, peu visibles et difficiles à atteindre, surtout avec l'infériorité forcée de notre consommation journalière de projectiles.

Mais ce tir fut malgré cela gênant et redoutable pour l'ennemi, surtout celui d'une pièce rayée de 24 établie sous un blindage à la droite du cavalier du Château et qu'on travaillait encore à achever. Cette pièce, remarquable par la rapidité de son tir et sa justesse, fut bientôt connue de toute la garnison sous le nom de Catherine. Les canonniers allemands s'acharnèrent sur elle, mais ne purent l'atteindre avant qu'usée par son propre tir, ayant dépassé 4,000 coups, elle n'eût été remplacée par une autre qui dura elle-même bien longtemps.

Les pièces retournées, tirant sans voir, étonnèrent fort les Prussiens qui recevaient leurs projectiles, sans savoir où diriger leurs coups pour y répondre. Plusieurs personnes prétendirent avoir vu, le 5, s'élever vers Essert un ballon captif monté. C'était probablement une tentative pour s'éclairer à ce sujet. Mais elle fut peu fructueuse, car ils ne parvinrent pas davantage par la suite à démonter les pièces.

L'artillerie de la place, tout en répondant à l'ennemi, ne perdait pas de vue la surveillance des routes pour y interdire sur tout l'horizon, et aussi loin que possible, les relèvements ou les passages de troupes et de convois, au moins durant le jour, et autant que faire se pouvait durant la nuit.

Elle surveillait aussi les pentes du Mont, où l'ennemi avait commencé des travaux donnant à craindre qu'il n'y établît des pièces pour dominer largement les Barres, Bellevue et la ville, ce qu'il ne faisait pas de ses batteries d'Essert.

Mode de tir de l'ennemi. Mesures qu'il entraine.

Mais soit que ces travaux n'eussent pour but que de nous tromper sur le véritable point où il voulait amener son canon, afin de disperser notre feu durant son travail, soit qu'il renonçât à l'intention, d'abord réelle, de s'établir sur ces pentes, l'ennemi n'y installa jamais de pièces.

Cela se conçoit, du reste, car ces batteries éloignées de la route, et sur des pentes assez roides, eussent été bien plus difficiles à approvisionner que celles d'Essert, et avec le procédé des Prussiens, qui consiste non pas à utiliser de la manière la plus avantageuse possible un nombre restreint de projectiles, mais à choisir chaque jour une direction de tir, et à y jeter une telle avalanche d'obus, que tous les points soient atteints sur cette direction, la facilité d'approvisionnement domine toutes les autres considérations.

Ce procédé eut pour premiers résultats de rendre la circulation, dans la place, si périlleuse que le commandant supérieur, prévoyant que peut-être à certains jours les corvées pour distribution de vivres deviendraient trop dangereuses, ordonna que toutes les troupes des ouvrages et des positions extérieures touchassent et eussent en permanence une réserve de quatre jours de vivres, en plus des vivres courants, pour les consommer les jours où ce fait se produirait.

Il fallait aussi interdire pour les enterrements la présence de toute personne autre que les hommes nécessaires au travail de l'inhumation.

Le feu des Allemands ne gênait pas seulement la circulation; il amena encore dans les terrassements des dégâts, sur tous les points de la ligne de tir, et obligea la garnison à un travail incessant de pelles et de pioches, pour réparer ces dégâts, et en éviter l'accumulation. Pour rendre ces fatigues moins préjudiciables à la santé des troupes, il fut alloué une ration d'eau-de-vie aux garnisons des postes les plus tourmentés, et une demi-ration aux autres. Les officiers du génie et de l'artillerie eurent droit d'accorder une ration supplémentaire aux travailleurs dont ils seraient contents.

Les ressources en travailleurs furent augmentées par l'emploi des condamnés militaires aux corvées de travail du fort des Barres, et par le changement des jours de prison en un nombre égal de journées de travail au feu.

Première attaque repoussée d'Andelnans et de Froideval.

Le 5 décembre nos reconnaissances offensives journalières constatèrent que les Prussiens rassemblaient des forces dans le bois de Bavilliers.

Il était à craindre qu'ils ne voulussent, comme cela

devait arriver tôt ou tard, étendre leurs attaques vers la gauche de la place, et pour cela tenter quelque chose contre Danjoutin, qui les forçait vers cette gauche à s'éloigner, et coupait toute relation entre les deux rives de la Savoureuse, à hauteur des attaques commencées.

En conséquence, tant dans le but de leur tuer du monde, que de contrarier leurs projets, les Basses-Perches eurent ordre de canonner ce bois.

Ces prévisions ne manquaient probablement pas de justesse, car le lendemain 6, après un bombardement encore plus vif que les jours d'avant, l'ennemi attaqua, vers cinq heures du soir, nos postes d'Andelnans et de Froideval, par deux petites colonnes venues, l'une de la hauteur en face d'Andelnans, l'autre du bois de Bavilliers.

Prévenu par le télégraphe, le colonel Denfert ordonna immédiatement aux Perches de soutenir nos postes de leur canon, et au lieutenant-colonel commandant la gare, de faire une diversion sur le bois de Bavilliers et d'en chasser l'ennemi, s'il le trouvait en assez petit nombre. Les forts canonnèrent, dans une direction opposée, les lignes de l'ennemi, pour lui donner le change.

Le capitaine Vayssières, commandant à Danjoutin, envoya dès le début de l'attaque des renforts à Andelnans et Froideval. Ils rallièrent la grand'garde qui s'était laissé déloger, et de concert avec elle chassèrent du village, qui nous resta, l'ennemi tout ahuri de ce brusque et vigoureux retour. Quant à Froideval, l'ennemi n'avait pu s'en rendre maître, et l'arrivée des renforts ne fit que précipiter sa retraite.

Le gouverneur, en apprenant ces bons résultats, n'en maintint pas moins l'ordre de diversion sur le bois de Bavilliers ; mais à la gare on perdit du temps en hésitations, et une demande d'explication arriva au colonel Denfert alors que le moment propice était déjà passé. Il fallut donner contre-ordre.

Trois compagnies d'éclaireurs, envoyées à la gare pour soutenir l'opération, furent dirigées en renfort sur Danjoutin, et on se contenta de canonner le bois durant la nuit.

La journée n'avait pas été heureuse pour l'ennemi, car d'un autre côté, dans l'Arsot, une de nos reconnaissances lui détruisit une petite patrouille dont un seul homme s'échappa.

Le lendemain, 7 décembre, nous pûmes constater qu'il ne restait plus que fort peu de monde dans le bois de Bavilliers.

Néanmoins, en prévision d'une nouvelle attaque, la garnison de Danjoutin fut portée à plus de huit cents hommes, et deux compagnies du Fourneau eurent ordre de l'appuyer en cas d'attaque.

Vu l'importance de cet effectif, M. le chef de bataillon Gély, du 45e, fut appelé au commandement de Danjoutin, abandonnant les deux Perches, qu'il y avait peu d'utilité à maintenir sous un même commandement.

Effet du tir ennemi. Mesures diverses

La vivacité du tir dans cette journée du 6 décembre, où la place reçut de cinq à six mille projectiles, causa trois incendies au faubourg de France. Les maisons,

qu'on aurait pu sauver, périrent par suite de la panique
de la population, qui se porta mollement au secours.
Heureusement de pareils malheurs se renouvelèrent
rarement.

La communication entre la ville et les faubourgs, par
le pont de la Savoureuse, était devenue si dangereuse
que le gouverneur décida, le 7, qu'on établirait une
tranchée sur les glacis, menant de la porte de France
à une passerelle basse, abritée par le massif des maisons du faubourg des Ancêtres, pour pouvoir traverser
avec moins de danger la rivière.

Dans la journée il se préoccupa de savoir s'il n'y aurait point avantage à tirer sur une même embrasure
ennemie par salves, pour y envoyer beaucoup de projectiles en même temps, ou bien à faire converger tous
les feux de la place sur une même région des batteries
prussiennes, pour éteindre successivement leurs feux.

Une commission d'officiers d'artillerie chargée d'étudier la question donna, pour le rejet de ces deux méthodes, des raisons auxquelles le gouverneur se rendit,
et qui concluaient à conserver le tir irrégulier des premiers jours, en le réglant, quant à sa direction générale, et en laissant à chaque fort le soin de l'organiser,
suivant le cas, par salves ou par concentration de
quelques pièces sur une seule embrasure.

Ce même jour les officiers d'artillerie reçurent du
commandant du génie la position exacte des batteries
prussiennes, relevées sur le plan directeur des attaques,
établi par M. Choulette.

Le 8 décembre, pour la première fois, régna un
brouillard intense qui devait se reproduire souvent.
Cela ralentit le combat d'artillerie par suite de la dif-

ficulté d'apercevoir, des deux parts, les pièces à battre, et ce fut la ville qui en pâtit, car l'ennemi lui envoya l'économie de projectiles qu'il fit de ce chef dans son tir contre les remparts mêmes.

Mais l'ennemi ne pouvait évidemment pas continuer indéfiniment cette action des premiers jours, bornée à un simple bombardement.

Il devait comprendre, à la continuation de notre allure offensive au dehors et au maintien sans affaiblissement de la lutte d'artillerie de tous les points des remparts, que ce bombardement était impuissant à nous démoraliser et à nous détruire.

Seule, la redoute de Bellevue avait cessé de tirer contre les batteries ennemies.

Cet ouvrage avait besoin d'attirer le moins possible sur lui le feu de l'ennemi, afin de ne pas être trop entravé dans les travaux indispensables de ses abris, car il n'en avait pas encore un seul en état de résister, même pour les poudres.

Jusqu'alors il ne répondait au feu, avec deux pièces de 12 rayées, que pour montrer qu'il était armé et masquer son état d'imperfection, dont la connaissance eût pu conduire les Prussiens à y tirer à outrance, pour empêcher de le finir. Dès que les batteries d'Essert eurent pris la peine de contre-battre vivement ces deux pièces, l'ouvrage cessa son feu, comme si ces pièces eussent été démontées, et ne le reprit plus, afin de faire penser à l'ennemi qu'on ne voulait pas le réarmer, et de le pousser à regarder comme désormais peu utile d'y tirer beaucoup. Cette manœuvre réussit et le travail put se poursuivre, n'étant gêné que par deux cents ou trois cents projectiles par jour.

‹ Mais cette diminution de feu, la seule de toute la place, n'était pas de nature à faire regarder par le général de Treskow son bombardement comme bien efficace.

Seconde attaque contre Andelnans.

Le colonel Denfert, poussé par ces considérations, écrivit au commandant de Danjoutin, pour lui faire comprendre que si l'ennemi, qui devait en sentir la nécessité, n'établissait contre Bellevue et le Château aucune batterie entre Bavilliers et Danjoutin, c'est que cette dernière position et sa grand'garde de Froideval auraient pris ces travaux à revers; qu'en conséquence on devait s'attendre à le voir attaquer Danjoutin, à moins qu'il n'osât s'y résoudre faute de forces suffisantes. Le commandant fut donc invité à veiller pour recevoir vivement l'ennemi, s'il venait encore tâter la position comme dans sa première attaque d'Andelnans et de Froideval, et à réfléchir sur les moyens de s'assurer de l'effectif des Allemands dans le bois de Bavilliers, pour les en chasser et le réoccuper ensuite si c'était possible.

Cette manière de voir reçut sa confirmation dans la soirée même du 8, où l'ennemi attaqua de nouveau Andelnans. Un des postes de la grand'garde se laissa surprendre. Trois de ses hommes restés dehors furent tués, huit autres se barricadèrent dans une maison et firent feu par les fenêtres, mais le reste de la grand'garde s'étant retiré du village et mis en retraite, ces huit hommes se rendirent.

Les éclaireurs du 84°, envoyés de Danjoutin dès le début de la fusillade, rallièrent la grand'garde et firent un retour offensif immédiat qui réussit comme à la première attaque. Le village fut réoccupé, l'ennemi chassé laissa entre nos mains trois prisonniers, dont un officier, et perdit encore après l'affaire quelques hommes qui s'étaient approchés furtivement pour tâcher d'enlever leurs morts restés sur le terrain.

Les armes, munitions et effets de campement de nos huit prisonniers furent repris, mais les hommes, déjà évacués en arrière, ne purent être délivrés.

Bombardement du camp retranché.

Le lendemain 9 décembre, le brouillard s'opposant encore à une lutte bien vive d'artillerie, l'ennemi tira pour la première fois un assez grand nombre d'obus sur le camp retranché permanent. Cela produisit dans les troupes un grand émoi, et le lieutenant-colonel qui les commandait en vint lui-même à écrire au gouverneur pour lui dépeindre la situation comme à peu près intenable. Le gouverneur, qui n'entendait pas les choses ainsi, lui fit observer que la situation était bien plus difficile encore dans certains forts, et, qu'au lieu de songer à abandonner sa position, il fallait s'ingénier à en étudier les ressources. Il lui rappela, en outre, que tous les officiers devaient aider les hommes à choisir les points abrités, et leur remonter le moral.

Travailleurs à Bellevue.

Le colonel Denfert dut encore, dans ce jour, écrire à la gare pour qu'on mît plus de soins à assurer les corvées supplémentaires de travailleurs qui allaient à Bellevue. Cet ouvrage était redouté des hommes au point que les corvées, partant de la gare au complet, n'y arrivaient que fort réduites, les mobiles s'échappant en route, pour éviter les heures dangereuses qu'ils devaient y passer.

Tentative de surprise contre Bellevue.

Le soir du 9, l'ennemi, probablement pour s'assurer si la cessation du feu du fort de Bellevue n'était pas due à un désarmement suivi d'un abandon plus ou moins complet de la redoute, tenta contre elle une surprise de nature à l'éclairer et à lui permettre de profiter de l'occasion s'il n'y trouvait que peu de monde.

Vers cinq heures du soir, une avant-garde d'une quarantaine d'hommes d'infanterie de ligne prussienne s'engagea en se dissimulant dans le ravin Sibre.

La grand'garde de Bellevue, qui occupait le ravin, ne les vit pas à temps pour les arrêter, mais put néanmoins donner l'alarme à la redoute où tout le monde fut en un clin d'œil au rempart. L'ennemi s'approcha jusqu'au bord du fossé et s'y coucha à plat ventre, en silence et le fusil prêt à tirer, pendant qu'une autre colonne de cent quatre-vingts ou deux cents hommes se montrait plus loin, vers Bavilliers, et semblait s'approcher.

Quand les Prussiens furent couchés, le fort les fusilla presque à bout portant. Malheureusement les mobiles du Rhône, qui se portaient avec tant d'entrain au poste de combat, se tenaient à genoux pour s'abriter derrière le parapet, ce qui les faisant tirer en l'air, rendait leur feu mal ajusté. Ils ne se formèrent que peu à peu à se tenir debout et à tirer mieux.

Néanmoins il n'était pas possible à la poignée d'ennemis, qui s'étaient approchés si audacieusement, de soutenir avec nous une lutte de mousqueterie, et, ne pouvant retourner par le ravin Sibre où ils auraient rencontré la grand'garde prête, ils s'éloignèrent le plus vite possible, en passant devant la redoute qui les mitrailla, ainsi que la colonne encore éloignée. Tout disparut rapidement dans le ravin de Bavilliers où des bombes furent lancées, et on n'entendit plus que les cris des Allemands tombés dans la neige.

Une patrouille du 65e (Rhône) alla ramasser les morts et les blessés les plus proches, et rapporta en outre une vingtaine de fusils, des casques et des sacs abandonnés près de l'ouvrage dans la précipitation de la fuite.

Comme l'ennemi ne respectait pas nos drapeaux d'ambulance, et tirait sur nos hôpitaux, le colonel Denfert ordonna de transporter les blessés allemands à l'hôpital des faubourgs, le plus canonné de tous.

Ces blessés prétendirent que l'avant-garde si maltraitée n'était qu'une reconnaissance égarée, allant de Bavilliers à la Tuilerie. Mais l'impossibilité de se perdre à la Tuilerie, où la tranchée ennemie barre la route, la présence de la colonne de deux cents hommes

en arrière, et la cessation à peu près complète du feu
des batteries sur Bellevue, pendant cette affaire, infir-
ment cette assertion et rendent bien plus probable
l'avortement d'une véritable tentative de surprise.

Pendant cette alerte tout le monde avait pris les
armes sur la rive droite de la Savoureuse, et s'était
porté au poste de combat, tandis que le fort des
Barres et surtout le Château couvraient d'un feu violent d'artillerie les abords de Bellevue.

Le Château, même la nuit, ouvrait toujours, au premier signe d'une fusillade à Bellevue, un feu absolument immédiat, grâce à une pièce de 12 montée au
sommet même de la caserne, sans parapet pour l'abriter, qu'on tenait démontée et à terre le jour, pour la
mettre en batterie le soir, et à deux autres de l'enceinte intérieure, faciles à retourner pour tirer par
la trouée du fossé, au travers d'embrasures supplémentaires percées dans les traverses du rempart ; ces
pièces étaient situées de telle façon que, pointées
même rapidement et au milieu de la nuit, elles ne pouvaient pas atteindre la redoute elle-même, mais seulement ses abords.

Cette affaire ne put pas manquer de démontrer à
l'ennemi ce que la moindre attaque de vive force, de ce
côté, lui coûterait de pertes, et il n'osa plus renouveler
une pareille tentative.

Engagements dans l'Arsot.

La journée n'avait pas non plus été favorable aux
Allemands du côté de l'Arsot, où une de nos reconnais-

sances eut avec un bataillon ennemi un engagement meurtrier pour lui, tandis qu'une autre de nos compagnies, envoyée également de la Forge, surprenait dans les carrières d'Offemont environ trois cents Prussiens au repos, qu'elle fusilla, sans qu'ils parvinssent à se former avant le moment où elle s'éloigna sous bois pour aller renforcer la reconnaissance.

Nature et effets du bombardement.

Depuis le 8, le brouillard était presque continuel et le bombardement allait croissant sur la ville. Du reste, dès cette époque, les maisons étaient presque toutes atteintes, percées à jour, les toitures brisées ; mais trois ou quatre seulement, grâce aux précautions prises, avaient été brûlées, malgré la très-grande quantité d'obus incendiaires qu'elles recevaient.

On avait suppléé à l'insuffisance de place dans l'hôpital de siége, par la création d'ambulances civiles et d'infirmeries sous la libre direction des médecins des corps. Elles rendaient de bons services, mais elles recevaient des projectiles. On dut évacuer le dépôt de convalescents sur Pérouse, et transporter dans le bâtiment devenu libre et bien abrité par sa position même, ces ambulances jusque-là situées dans les maisons. Un autre inconvénient du bombardement était la rupture fréquente des fils du réseau télégraphique, qu'on n'avait pas voulu faire circuler sous terre par crainte d'avoir trop de peine à y découvrir les ruptures. Pour éviter des réparations fréquentes on adopta un tracé un peu différent et mieux abrité.

Outre les obus ordinaires, les Prussiens nous envoyaient une quantité considérable d'obus à balles (schrapnells), mais ils nous faisaient beaucoup moins de mal que les autres, malgré leur réputation terrible.

Du reste, pour diminuer les effets du tir ennemi, nous avions construit partout, auprès des pièces, de petits pare-éclats, dont on augmentait chaque jour le nombre et sous lesquels les canonniers ou factionnaires s'abritaient en entendant la trompe du guetteur.

Sortie dans l'Arsot.

Dans la journée du 10 décembre, nos éclaireurs ayant constaté que l'ennemi, déjà plusieurs fois chassé de la partie occidentale de l'Arsot, semblait vouloir s'y établir en nombre, le commandant Duringe y engagea une reconnaissance de trois compagnies qui rencontrèrent en effet l'ennemi, et se retirèrent après un court combat.

Le gouverneur craignant que cette occupation n'eût pour but de couvrir la construction de batteries à Valdoie ou sur les pentes de l'Arsot, afin de prendre à revers les Barres, Bellevue et les faubourgs, résolut de chasser l'ennemi.

Il ordonna de faire, le lendemain 11, une sortie de la Forge pour réoccuper l'ouest de l'Arsot, donna des ordres en conséquence aux forts pouvant tirer dans cette direction, et fit porter au front du Vallon les éclaireurs du 84° et deux compagnies du 16°, prêtes à appuyer au besoin l'attaque partant de la Forge.

Le 11, en effet, la Miotte préluda à l'action par le
tir nourri de quatre pièces sur la position à enlever, et
le commandant Duringe y dirigea trois compagnies en
deux colonnes, qui montèrent rapidement vers le sommet par la droite et la gauche. Les Prussiens, à l'apparition brusque de nos mobiles, furent pris de panique et s'enfuirent en désordre, poursuivis par notre
fusillade et les obus de la Miotte. Ils abandonnaient sur
le terrain tous leurs effets de campement, leurs vivres
et leurs outils que les nôtres rapportèrent. On ne put
cependant pas réoccuper le sommet conquis, car il
était trop loin de la Forge dont un bois épais et difficile le séparait. On se contenta de le faire canonner
par la Miotte et la Justice, en prévision du retour de
l'ennemi, et à le faire observer de très-près par de
fréquentes reconnaissances, afin de renouveler contre
lui des actions de vigueur chaque fois qu'il chercherait
à s'y rétablir. Les postes qu'il y ramena, comme on le
pensait, en furent en effet chassés de nouveau le 15 décembre.

Ouverture de la deuxième parallèle contre Bellevue.

Dans la nuit du 10 au 11 décembre, on entendit de
Bellevue un bruit indistinct qui parut, au commandant
du fort, indiquer l'ouverture d'une parallèle en avant
de l'ouvrage. Tout le monde fut porté au rempart.
Malheureusement, grâce à la nuit et à la neige cou-
vrant le sol, le moindre buisson, la moindre pierre,
prenait de loin l'aspect d'une tache noire qu'on ne
pouvait discerner d'avec celles qui auraient été pro-

duites par des hommes, et il faisait trop sombre pour qu'on pût espérer saisir un mouvement au milieu de toutes ces taches complétement indécises. Il était donc impossible de préciser la direction où on travaillait, et d'y accumuler le feu et la mitraille de l'ouvrage pour disperser les travailleurs. L'absence de balles à feu éclairantes se faisait cruellement sentir.

Il fallait se contenter de diriger, sur le plus grand nombre de points possibles, une fusillade et une canonnade peu nourries, en attendant qu'on fût fixé par une reconnaissance offensive que le commandant du fort demanda par le télégraphe, au colonel Denfert, l'autorisation de faire exécuter.

Cette autorisation fut donnée, avec ordre de se concerter avec le lieutenant-colonel Desgarets, commandant la gare, et d'y employer la compagnie d'éclaireurs commandée par M. ......, capitaine de mobiles, mise sous les ordres du commandant de Bellevue, précisément en vue d'opérations de ce genre. M. ......, appelé à Bellevue, fit des objections sur le danger de l'opération, et parla à tort de sa responsabilité. Arrêté dans cette voie par MM. Desgarets et Thiers, et mis en demeure par un ordre formel et la communication de la note du commandant supérieur, il partit pour rassembler sa compagnie. Il passa ainsi plus d'une heure, puis revint seul demander de nouvelles instructions. Vertement tancé sur une pareille lenteur, et sommé de nouveau de partir, il déclara que sa compagnie était prête et qu'il n'avait qu'à aller la prendre. Il se passa pourtant encore un temps très-long, au bout duquel son lieutenant revint seul, arguant que la compagnie refuserait probablement de marcher, parce que

la mission était trop périlleuse. Il devenait évident
que les officiers et la troupe ne voulaient pas obéir.
M. Desgarets et le commandant du fort de Bellevue
tinrent à ce lieutenant le langage le plus sévère, et lui
ordonnèrent d'avoir à être dans dix minutes en dehors
des avant-postes avec sa compagnie. Au bout de ce
temps le capitaine revint, seul encore, annonçant que
décidément sa compagnie refusait d'exécuter les ordres
qu'il lui avait transmis.

Il fut chassé de Bellevue, mais pendant ce temps,
que sa lâche faiblesse avait fait perdre, le travail ennemi avait avancé, la garnison de l'ouvrage était accablée par un long séjour sur le rempart sous un froid de
15 degrés au-dessous de zéro, un homme ou deux
avaient été tués par les projectiles ennemis, d'autres
avaient les pieds gelés. Enfin la nuit devenait horriblement noire, et un brouillard épais ne laissait pas
d'espoir, en envoyant maintenant une autre compagnie,
de pouvoir la soutenir efficacement par les feux de la
redoute.

L'ennemi avait réussi dans son ouverture de tranchée. On vit en effet, au jour, une amorce de place
d'arme d'environ 100 mètres de long, située à 400 mètres de distance en avant et un peu à droite de l'ouvrage
de Bellevue.

Quelques jours auparavant, le capitaine Thiers avait
déjà ordonné à cette même compagnie d'éclaireurs d'aller en avant de la redoute, à droite du ravin de Bavilliers, creuser une petite tranchée de contre-approche,
dont la seule existence eût empêché l'ouverture de la
nouvelle parallèle. Mais la compagnie avait trouvé
moyen d'en retarder l'exécution, sous de mauvais pré-

textes. Ce travail était maintenant impossible, grâce à une nouvelle et impardonnable faute.

Le colonel Denfert prononça la dissolution de la compagnie, reversa les hommes dans leurs corps, et déféra d'urgence les officiers au conseil de guerre. M. de la Laurencie, commissaire de la République près ce conseil de guerre, demanda la peine capitale. Mais le conseil, présidé par le lieutenant-colonel Rochas, rendit un verdict acquittant le lieutenant, couvert par les ordres de son chef, et déclarant que de la part du capitaine il y avait eu refus d'obéissance simple, mais non pas refus d'obéissance pour marcher à l'ennemi. En conséquence cet officier fut simplement destitué. Le personnel du conseil de guerre fut changé à la suite de ce jugement.

La compagnie de M. de Prinsac prit, sous les ordres du commandant de Bellevue, la place de la compagnie dissoute, et occupa les maisons en avant du trou Sibre, sur la route de Bavilliers. Une compagnie prise à la gare, et recevant les instructions du commandant de Bellevue, renforçait chaque nuit cet avant-poste et occupait la maison Sibre. Enfin, bientôt la compagnie d'éclaireurs de M. Porret fut encore adjointe à ce service fatigant, pour rouler avec celle de M. de Prinsac.

Contre-approche en avant de Bellevue.

Pour prendre le plus de vues possibles sur le ravin caché de Bavilliers, qui permettait déjà à l'ennemi d'arriver à couvert, sans boyaux de communication, jusqu'à la Tuilerie, et pour l'empêcher de communiquer de même avec la tranchée en l'air qu'il venait d'ouvrir, le capitaine Thiers ordonna aux éclaireurs et aux compagnies de grand'garde la nuit en avant de Bellevue, d'exécuter une tranchée s'éloignant du fort, le long de la route de Lyon, et enveloppant les maisons qui servaient d'avant-poste, en avant du trou Sibre. Ce travail difficile, par des gelées où la terre faisait feu sous le pic, s'entreprit mollement, mais put néanmoins s'achever encore assez vite, grâce à des ordres sévères. Des sentinelles le long de cette tranchée surveillèrent le ravin de Bavilliers, et relièrent l'avant-poste à Bellevue.

Entreprises contre la deuxième parallèle en avant de Bellevue.

Le nouveau travail de l'ennemi constituait une amorce de deuxième parallèle contre Bellevue, et montrait clairement et définitivement cet ouvrage comme son premier objectif.

On surveilla activement les environs de cette tranchée, sur laquelle on fit des feux de mousqueterie et on tira des boulets sphériques de douze.

L'avant-poste eut ordre, au moindre bruit de ce côté, d'ouvrir la fusillade sur les travailleurs, et la redoute tira toute la nuit de la mitraille à droite et à gauche de l'amorce, ainsi que des bombes de quinze centimètres sur les tranchées et la Tuilerie, pour empêcher l'ennemi de prolonger ses travaux et de les relier.

Le ravin de Bavilliers fut aussi constamment fouillé par des bombes et des boulets tirés à ricochet.

Dans la nuit du 11 au 12, le commandant de Bellevue envoya la compagnie d'éclaireurs de M. de Prinsac pour essayer de surprendre et de combler la tranchée.

La compagnie se divisa en trois groupes; le premier se déploya en tirailleurs et s'avança le long du ravin de Bavilliers, pour empêcher l'ennemi d'amener par là des renforts sans qu'on le sût; le deuxième, commandé par le lieutenant de Rochetaillée, se porta rapidement et en silence sur la tranchée; le troisième resta en réserve.

M. de Rochetaillée rencontra, à une centaine de mètres environ, des sentinelles avancées, abritées dans des trous. Il poursuivit néanmoins son chemin, et déborda la tranchée par notre gauche.

Une vive fusillade s'engagea à trente ou quarante mètres de distance, et les nôtres, couchés à plat ventre, prenant à revers la tranchée, que la redoute fusillait et canonnait, firent beaucoup plus de mal à l'ennemi qu'ils n'en eurent à supporter.

Cependant les Prussiens tinrent bon, et, au bout d'une vingtaine de minutes, il fallut se retirer, sous peine de se voir attaqué par des forces importantes qui faisaient mine de se porter de Bavilliers vers la Tuilerie, pour tomber sur notre gauche.

La retraite s'effectua au commandement, dans un ordre parfait, en échangeant quelques coups de feu avec les renforts ennemis encore éloignés et que gênaient les feux du Château, toujours vifs en ces occasions, et ceux du fort des Barres.

Nous n'avions perdu que quatre hommes aux éclaireurs et deux dans le fort de Bellevue; l'ennemi avait eu, dans sa tranchée enfilée, des pertes beaucoup plus considérables.

Le lendemain, vers onze heures du matin, les Prussiens vinrent, avec le drapeau de la convention de Genève, ramasser sur le terrain quelques morts. La curiosité porta les ennemis à passer la tête par-dessus leur tranchée, et Bellevue en profita pour envoyer un coup de canon bien ajusté, à la suite duquel les brancardiers furent appelés et trouvèrent un surcroît de besogne.

Reconnaissance dans le bois de Bavilliers.

Pendant cette nuit du 11 au 12, une autre action se passa aussi dans le bois de Bavilliers. M. Gély, commandant de Danjoutin, d'après l'invitation du commandant supérieur d'étudier les moyens de faire une reconnaissance complète du bois de Bavilliers, lui proposa un plan qui consistait à faire canonner, de cinq à six heures du matin, ce bois par les Basses-Perches; à porter à Froideval une compagnie d'éclaireurs détachant des tirailleurs dans le bois, pour dominer le chemin de fer, et à occuper les premières maisons de Danjoutin, du côté de Bellevue, sur la rive droite de la Savoureuse, avec une autre compagnie ayant également une section en tirailleurs le long du chemin de fer. Sous l'appui de ces deux compagnies, une trentaine d'éclaireurs se glisseraient dans le bois, à six heures, à la cessation du feu des Perches, et reconnaîtraient ce qu'il contenait.

Le commandant supérieur, décidé à tenter une action sérieuse contre cette position, approuva ces dispositions pour une reconnaissance préalable, comptant faire l'attaque d'après un autre plan sur lequel cette reconnaissance ne pourrait en rien éclairer l'ennemi.

L'opération s'exécuta le 12 décembre, avant le jour, et réussit bien. Les éclaireurs chassèrent les petits postes du bois et le parcoururent. On n'y avait pas fait de travaux, excepté une plate-forme, pour une batterie à peine commencée, à l'angle de la lisière voisine de Bellevue. Au moment où nos éclaireurs se retiraient du bois, une colonne prussienne d'environ deux cents hommes y entrait.

Il était par là constaté que l'ennemi n'occupait ce bois la nuit qu'avec de petits postes, et y portait de jour une grand'garde d'environ deux cents hommes.

Les Prussiens, préoccupés probablement par les deux petites actions de vigueur de cette nuit, redoublèrent leur feu sur Bellevue, où un projectile blessa, dans un abri inachevé, le lieutenant d'artillerie et deux maréchaux des logis. Ils canonnèrent aussi Danjoutin avec une batterie volante, établie en arrière de Bavilliers, sur laquelle le Château dirigea des obus.

Sortie pour reprendre le bois de Bavilliers.

Le colonel Denfert arrêta, d'après les résultats de la reconnaissance, son plan d'attaque pour le lendemain, et en confia l'exécution au commandant Gély.

Les troupes destinées à l'opération devaient se trouver prêtes à commencer l'attaque à une heure de l'après-midi. Elles étaient divisées en trois colonnes, l'une à la gare, l'autre à Danjoutin, la troisième à Froideval.

La première colonne, partant de la gare à une heure, aborderait, formée en tirailleurs, le bois de Bavilliers, en suivant le pied des pentes qui montent à Bellevue. Elle devait y entrer résolûment, sans répondre à la fusillade que l'ennemi pourrait diriger sur elle.

Les deux autres colonnes partiraient dès que cette première aurait abordé le bois. Elles se porteraient résolûment, et également sans tirer, sur le centre du bois et sur la lisière du côté de la Douce, afin de concourir à l'attaque, et de surveiller les renforts que l'ennemi pourrait envoyer.

Aussitôt le bois enlevé, on devait s'y retrancher, et l'occuper par deux compagnies fraîches; les autres troupes rentreraient dans leur casernement.

Enfin, le commandant Gély devait faire détruire la tranchée nouvellement ouverte en avant de Bellevue, et apprécier le moment opportun pour ce travail.

L'ennemi amenant ses travailleurs le soir, vers quatre heures et demie ou cinq heures, il était probable qu'il en profiterait pour tenter de reprendre immédiatement le bois.

En conséquence, les compagnies laissées de grand'garde devaient se relier par des sentinelles avec Bellevue, la gare, Danjoutin et Froideval, et les troupes disponibles de la gare et de Danjoutin se tenir prêtes à appuyer ces compagnies dès qu'elles seraient attaquées.

L'artillerie des Perches et de Bellevue fut placée,

pour appuyer l'opération, sous les ordres de M. Gély, et on travailla à Bellevue toute la nuit pour mettre en batterie, dans une position convenable, les deux pièces de douze rayées de l'ouvrage.

Les ordres de mouvement nécessaires pour rassembler les troupes de l'opération, et pour avoir à Danjoutin, en réserve, un effectif capable de faire face à tous les événements, et en particulier de s'opposer au retour offensif probable de l'ennemi, furent immédiatement donnés.

Les forts reçurent des instructions sur l'emploi à faire de leur canon pendant l'affaire.

L'attaque commença, selon les ordres, le 13 décembre, à une heure, par un brouillard opaque favorisant une sortie et un combat à l'arme blanche.

La colonne de droite (deux compagnies du 65e sous les ordres du capitaine Richard Vacheron) aborda résolûment le bois et fut suivie par celle du centre (une compagnie de Saône-et-Loire et une du Rhône), et par celle de gauche (éclaireurs de M. Porret et quelques francs-tireurs), tandis que les éclaireurs de M. de Prinsac étaient envoyés par le commandant de Bellevue pour attaquer et enlever le poste de la Tuilerie, ou tout au moins le maintenir et l'empêcher de se jeter sur le flanc droit des nôtres.

L'ennemi refoulé à la baïonnette, malgré son feu auquel il ne fut pas répondu, se replia sur le sommet situé sous bois, tout contre Bavilliers.

Il dirigea de là une fusillade nourrie contre nos colonnes.

Une partie de celle de droite, fourvoyée dans le brouillard, alla donner contre la parallèle prussienne en avant de Bavilliers, et, prise entre deux feux, recula lentement en combattant, conduite par M. Richard Vacheron.

L'autre partie dut aussi s'arrêter devant la résistance du sommet escarpé occupé par l'ennemi, et de son côté la colonne du centre se replia un peu en arrière, repoussée par la plus vive fusillade. Mais pendant ce temps, M. Porret, conduisant avec sang-froid et méthode sa colonne déployée en tirailleurs entre la Douce et le bois, enlevait à l'arme blanche les retranchements en arrière du bois, au sud de Bavilliers, éventrait ou prenait leurs défenseurs avec leurs réserves de munitions, et finalement s'y maintenait après avoir retourné les retranchements contre l'ennemi.

M. le capitaine Midroit, resté avec la partie de la colonne de droite qui essayait encore d'enlever le sommet du bois, appuya sur sa gauche et parvint à rejoindre le capitaine Porret, ce qui décida la victoire, due à l'énergie de ces deux officiers. L'ennemi abandonna la place, et deux compagnies du 84ᵉ vinrent relever les troupes fatiguées et se retrancher sur le sommet d'où les Prussiens avaient prolongé la lutte.

Perte du Bosmont et d'Andelnans.

Mais la journée n'était pas finie, et on devait s'attendre, comme le prévoyaient les ordres du colonel, à un retour offensif; car l'ennemi ne se résignerait évidemment pas, sans un nouvel effort, à la perte d'une aussi importante position.

Il attaqua, en effet, vers six heures du soir, mais du

côté du Bosmont et non pas sur le bois qu'il venait de perdre. La compagnie de grand'garde (mobiles du Rhône), débordée par un nombre tout à fait supérieur, et gênée par des cavaliers qui se jetaient sur elle à la faveur de la nuit et du brouillard, dut céder le terrain. On combattait de près, au milieu de l'obscurité, et on échangeait des coups de baïonnette et de crosse. Les nôtres essayèrent de s'accrocher à une barricade en corps d'arbres, au travers du chemin, et de là tuèrent beaucoup d'ennemis.

Mais, mal secondés par la compagnie d'éclaireurs du 45e (capitaine Arnal), qui leur servait de soutien, ils finirent par reculer en désordre. Les éclaireurs du 45e furent dissous et reversés à leurs corps, à la suite de cette affaire.

Presque immédiatement après ce premier succès, l'ennemi attaqua la grand'garde d'Andelnans, en hurlant ses hourras habituels, et pénétra dans le village en trois colonnes. Notre grand'garde comptant environ cent hommes conduits par M. Gingembre, capitaine des francs-tireurs du Haut-Rhin, garnit les petites barricades du village, et laissa approcher l'ennemi assez près pour le bien voir au travers du brouillard. Elle le fusilla alors et le repoussa en désordre, laissant par terre de nombreux blessés qui remplissaient l'air de leurs plaintes. Les Prussiens ne tardèrent pas, du reste, à se reformer et à revenir en plus grand nombre, pour être repoussés de la même manière. Cet assaut infructueux et sanglant se renouvela ainsi quatre fois, coûtant la vie à de nombreux ennemis.

Mais pendant ce rude combat les Allemands, maîtres du Bosmont, enveloppaient la position, si bien que les nôtres, victorieux encore la quatrième fois, durent néanmoins faire retraite, luttant le long des maisons et de si près que les officiers se servirent de leurs pistolets.

Tentative d'assaut sur Danjoutin.

Non content de ce double, mais très-cher succès, l'ennemi, poussant l'audace à bout, vint au nombre de mille à onze cents hommes, dont une compagnie du génie, se heurter aux retranchements mêmes de Danjoutin. Une fusillade terrible le repoussa, mais cette fois sans qu'il pût songer à recommencer son attaque, d'autant plus que l'artillerie de la place et surtout du Château et des Perches, qui n'avait cessé depuis le commencement de l'action de canonner énergiquement les lignes prussiennes, pour y gêner les rassemblements de troupes, couvrait de feux les abords de la position, au point d'arriver à dominer en intensité le bombardement de l'ennemi.

Nos troupes, à Danjoutin, étaient supérieures en nombre à celles qui venaient de les attaquer. On aurait dû en profiter pour les poursuivre la baïonnette dans les reins, et nul doute qu'à la faveur de leur désordre et de leur fatigue on n'eût changé en un désastre leurs légers succès du début.

Soit qu'il n'en comprît pas l'importance, soit qu'un peu de désordre se fût mis dans nos mobiles peu expérimentés, le commandant Gély commit la faute de remettre au lendemain, arguant de la fatigue de ses troupes, dont cependant un tiers à peine avait été engagé.

Cette erreur fut fertile en conséquences funestes.

Perte de Froideval.

L'ennemi, en effet, laissé tranquille, jeta un petit pont sur la Douce pour attaquer notre grand'garde de Froideval, qui ne sut rien faire pour l'en empêcher, et fut assaillie, le 14 décembre vers cinq heures du matin, avec des hourras qui ébranlaient la forêt. Elle ne fit pas une contenance ferme, et, effrayée par le nombre, abandonna presque sans lutte ses petits retranchements.

Cet événement plaçait les deux compagnies du 84ᵉ, de grand'garde au bois de Bavilliers, dans une position des plus dangereuses, et pour comble elles l'ignoraient, car on avait encore, de ce côté, commis deux fautes : la première de ne pas relier, comme c'était l'ordre, cette grand'garde avec les ouvrages en arrière; la deuxième, due à M. de Prinsac, officier brave et de sang-froid pourtant, qui, après avoir occupé la Tuilerie, n'y avait laissé que deux hommes, si bien que l'ennemi y était rentré sans coup férir. Les compagnies du 84ᵉ étaient donc, à droite et à gauche, débordées en arrière par les positions de l'ennemi.

Perte du bois de Bavilliers.

Vers six heures et demie du matin, ces compagnies furent attaquées, mais c'étaient de bonnes troupes et le lieutenant Chailleux qui les commandait fit preuve de sang-froid. Protégées par leur tranchée, elles repoussèrent l'ennemi à cinq reprises différentes et de divers côtés. Pendant ce temps la compagnie de M. de Prinsac, d'après les ordres du commandant de Bellevue, essayait en vain de les dégager, et M. Gély tentait d'en obtenir des nouvelles et de détourner l'attention de l'ennemi par de fausses attaques, mais n'osait pas s'engager trop à fond, avec la position de Froideval sur ses derrières.

Un petit détachement, envoyé par le lieutenant Chailleux, parvint à percer l'ennemi et à apporter des nouvelles à Danjoutin, et peu après, c'est-à-dire vers trois heures et demie de l'après-midi, cet officier saisit une bonne occasion, et effectua entre les troupes prussiennes une retraite heureuse, qui ne lui aurait coûté que peu de monde, sans la précipitation et les cris d'un sous-lieutenant, qui causa la perte d'une partie de sa troupe et fut pris lui-même.

Seconde tentative contre la deuxième parallèle en avant de Bellevue.

La veille, après notre victoire dans les bois, le commandant Gély ne s'était pas concerté avec le commandant de Bellevue pour faire combler la deuxième parallèle en avant de l'ouvrage, et avait oublié totalement ce travail. M. Thiers, qui attendait, suivant l'ordre, ses instructions, ne put donc que tard provoquer à ce sujet un ordre direct d'action, de la part du gouverneur.

La tranchée à combler était nécessairement abandonnée, vu la position avancée de nos troupes occu-

pant la Tuilerie et le bois en arrière. Le commandant
de Bellevue désigna pour l'opération soixante mobiles
et quinze sapeurs, sous la conduite du lieutenant du
génie Journet, officier d'une bravoure éclatante. Les
travailleurs se mirent en route; malheureusement
deux coups de feu partis de Bavilliers jetèrent la
panique dans leurs rangs, et les mobiles s'enfuirent.
M. Journet vint les rechercher et se porta de nouveau
en avant, mais s'égara au milieu d'un épais brouillard
et de la nuit tombante, et revint sans avoir pu trouver
la parallèle.

L'opération était définitivement avortée, car les
Prussiens réoccupèrent peu après la Tuilerie, ce qui
rendait le renouvellement de la tentative à peu près
impossible.

Dispositions en cas de nouvel assaut sur Danjoutin.

L'ensemble de ces affaires n'avait pas amélioré notre
position, au contraire, et n'avait eu pour avantage que
de faire perdre à l'ennemi une journée pour ses travaux et de lui tuer un nombre considérable de soldats,
en ne perdant nous-mêmes que 146 hommes blessés
et tués ou disparus.

La perte du Bosmont, d'Andelnans et de Froideval
faisait de Danjoutin une position bien avancée, et le
commandant Gély s'en émut, au point de montrer au
colonel Denfert quelques craintes de nature à en provoquer l'abandon.

Mais tel n'était pas l'avis du colonel, qui ne voulait
abandonner aucune position avant que l'ennemi la

vînt prendre, et considérait qu'il lui faudrait perdre
encore beaucoup d'hommes et de temps pour enlever
Danjoutin, couvert à droite par la Savoureuse, retranché, protégé de près par les Basses-Perches, et appuyé
par un épaulement de batterie, pouvant recevoir des
pièces de campagne. Il déclara donc qu'on tiendrait la
position et fixa, dans l'ordre de mouvement pour faire
rentrer les troupes qu'on y avait accumulées, sa garnison à quatre compagnies de Saône-et-Loire, une
compagnie des éclaireurs du Rhône, commandée par
le lieutenant Martin, et une compagnie de francs-tireurs d'Altkirch, commandée par M. Gingembre.

Il crut devoir aussi signaler au commandant Gély
les causes principales qui avaient changé en un échec
notre succès, en lui écrivant ce qui suit :

« Hier au soir vous avez vigoureusement repoussé
la colonne de 1,000 hommes et une compagnie du génie
qui, après nous avoir chassés du Bosmont, est venue
attaquer Danjoutin. A ce moment les troupes étaient
fatiguées et vous n'avez pas pu, pour ce motif, et sans
doute aussi à raison du désordre qui régnait probablement parmi les compagnies, opérer le retour offensif qui était la conséquence nécessaire de la retraite
de l'ennemi et de la supériorité de vos forces. Il y a là
matière à réflexion et à réforme.

« La fatigue des troupes vient de ce que les hommes
ne sont pas uniquement préoccupés de leurs devoirs
militaires, qui leur imposent de consacrer systémati-
quement au repos et au sommeil le temps où ils ne sont
pas de service, que ce repos se prenne de jour ou de
nuit. Ils gaspillent, en n'agissant pas ainsi, une partie

de leur énergie. La plus grande faute que commettent les troupes, surtout les mobiles peu expérimentés, c'est d'être toujours plus ou moins désordonnés. Ce désordre se manifeste surtout par l'isolement des efforts des officiers, sous-officiers et soldats. Cet isolement des efforts se caractérise par ce fait que l'officier choisit la maison qui lui convient, les sous-officiers choisissent après, et les soldats sont enfin groupés comme ils peuvent sur d'autres points. Dans ces conditions, il est impossible de les réunir...

« Les Prussiens nous ont montré qu'ils étaient assez bien organisés pour nous attaquer à 6 heures du matin le 14, après avoir été repoussés le 13 dans une attaque de nuit.

« Je conclus de là qu'il faut que chaque officier soit logé avec ses sous-officiers et sa section dans la même maison ou grange, de façon qu'à la première alerte l'officier et les sous-officiers de chaque section conduisent les hommes au feu eux-mêmes, et soient sûrs que pas un ne faillira à son devoir. Ils doivent user de leur revolver au besoin. Il faut de plus que chaque section soit à proximité de son poste de combat et que la réserve ait sa place intégralement marquée. »

Des ordres semblables furent envoyés à tous les chefs de position.

Et encore :

« En second lieu, si vous consultez les termes de l'ordre, vous verrez que le retour offensif de l'ennemi y était prévu, seulement l'ordre supposait implicitement que le retour pourrait avoir lieu sur le bois de

Bavilliers et non sur Danjoutin, d'où l'attaque était partie et où l'ennemi devait supposer que nous avions réuni des forces. Après l'avoir repoussé sur nos retranchements, en lui faisant perdre beaucoup de monde, il n'y avait qu'une chose à faire, le poursuivre et reprendre aussitôt le Bosmont. Ce n'était que faire, sur une plus grande échelle, l'opération que vous aviez tentée avec succès contre Andelnans, et qui avait déjà réussi deux jours auparavant au capitaine Vayssières.

« Il y a eu là évidemment une grave faute de l'ennemi dont vous n'avez pas tiré parti. Tous vos renseignements concordent à le dire ; car vous aviez environ 1,200 hommes à Danjoutin et l'ennemi vous attaquait avec 1,000 ou 1,100 hommes. Repoussé dans ces conditions, il aurait dû être éreinté. »

Suit dans cette lettre l'exposé de la même faute répétée un peu plus tard, quand l'ennemi attaqua Froideval, et de nouveau encore le matin quand il entoura les deux compagnies du 84e, qui n'auraient pas dû rester isolées, sans jonction avec nos positions en arrière.

Tranchée française entre les Barres et Bellévue.

Les alertes causées par ces combats des 13 et 14 décembre firent remarquer que les compagnies de soutien de l'ouvrage de Bellevue, cantonnées en arrière dans les constructions de la route allant vers Belfort, prenaient une mauvaise position dans une tranchée faite le long de cette route complétement vue des batteries enne-

mies, pour y faciliter la circulation des hommes. Elles
étaient là mal placées pour battre les abords de l'ouvrage, et le feu était dirigé contre les Barres. Il fut, en
conséquence, ordonné au lieutenant-colonel Desgarets
de faire construire par ses hommes, et d'après le tracé
qui lui serait indiqué par le commandant de Bellevue,
une tranchée plus en avant, entre Bellevue et les Barres
et flanquée par les deux ouvrages. Il lui fut en même
temps prescrit d'y tenir toutes les nuits des sentinelles
en nombre suffisant pour avoir, en cas d'attaque, un
premier feu qui donnât le temps aux compagnies d'y
arriver. Ce service surveillé indirectement de Bellevue, et assez dangereux, ne marcha pas d'abord très-
régulièrement, et il fallut charger M. le capitaine Quinivet de s'en occuper spécialement.

M. Thiers profita des travailleurs employés à ces
tranchées, pour faire faire deux petites amorces de retranchement, flanquant par l'extérieur les fossés des
branches droite et gauche de la redoute. Ces fossés
n'étaient pas battus, et pouvaient conduire à couvert
jusqu'à la gorge, où l'escalade était facile.

Recrudescence du bombardement sur Bellevue et le Château.

Dès le 15, c'est-à-dire le lendemain même des combats, l'ennemi, semblant comprendre que le bombardement de la ville n'avait produit sur nous aucun effet
moral, diminua un peu son feu sur les maisons pour le
redoubler sur les ouvrages de fortification, notamment
sur Bellevue qui fut canonné durant la matinée si vi-

vement qu'on put croire au prélude d'une attaque, et
que le colonel Denfert donna à tout le monde l'ordre de
se tenir prêt dès que ce tir se ralentirait. Heureusement les abris étaient très-avancés, et, à part quelques
points faibles, pouvaient déjà résister aux obus et
mêmes aux bombes de 27 que l'ennemi tirait d'Essert.

Ils étaient un peu petits, deux des caves n'ayant pu
être préservées assez vite, et s'étant effondrées sous
les projectiles.

Les hommes y étaient atrocement serrés, et les ciels,
blindés par les débris mêmes des maisons écroulées
sous les bombes et les obus, laissaient passer l'eau par
le dégel et les pluies. Mais, tels qu'ils étaient, ils sau-
vaient la garnison de l'ouvrage qui, du reste continua toujours à les étendre et à les perfectionner, et la
redoute put le 17 rentrer en ligne dans le combat d'artillerie qu'elle avait cessé pour les construire.

La canonnade serrée et sans trêve de l'ennemi incendia les maisons servant de logement aux troupes
de soutien en arrière de Bellevue. Ces troupes durent
s'organiser dans les caves voûtées de ces maisons.

Elle causa aussi des accidents au Château. L'ennemi
criblait d'obus depuis le commencement, avec une
vaine opiniâtreté, la façade de la caserne regardant la
ville. Les coups très-obliques sur cette excellente maçonnerie, appuyée en arrière par des piles de sacs de
farine, n'y faisaient que des écorchures. La pièce blindée, si connue de la garnison sous le nom de Catherine, se jouait aussi de leurs impuissants efforts qui
n'avaient pas encore pu l'arrêter, malgré des milliers
de coups dirigés sur elle. Elle reçut à cette époque sa
première atteinte. Trois ou quatre obus s'étaient logés

dans les joues de son embrasure, sans éclater; un dernier arriva qui fit éclater tous les autres, et l'explosion renversa l'embrasure, mais ne put entamer le blindage.

Les canonniers aimaient cette pièce, et un travail énergique la remit dès le lendemain matin en état de tirer de plus belle.

Au-dessous de cette pièce, une embrasure en pierre, ouvrant dans une casemate qui servait de logement, avait été, avant le siége, bouchée par une épaisse maçonnerie de briques qui devait résister aussi bien que le reste du mur. Mais l'entrepreneur ou ses agents, profitant de l'étendue des travaux qui rendait moins sévère la surveillance du génie, glissa en fraude, dans l'épaisseur, des débris de toute sorte sans mortier, au lieu de briques maçonnées. Il en résulta qu'un projectile de 32 kilog. traversa cette muraille, si solide en apparence, et broya dans la casemate dix-sept lits. Il ne s'y trouvait heureusement qu'un maréchal des logis et un homme qui, tous deux, furent blessés. M. de la Laurencie fit immédiatement redoubler ce mur percé, par un fort blindage en pièces de bois debout, auquel on adossa des sacs de farine, et qui résista jusqu'au bout sans avaries. On put reposer en sûreté dans la casemate.

Enfin, un projectile, passant par-dessus le cavalier, vint entrer de revers par la porte d'un abri à munitions de l'enceinte intermédiaire, et mit le feu aux enveloppes de papier des charges. MM. Würgel, lieutenant du génie au titre auxiliaire, et Thesmar, maréchal des logis, se précipitèrent bravement pour tâcher de les éteindre et de sauver l'abri; mais, comme ils

ouvraient la porte, le courant d'air, activant le feu, fit
éclater les bombes qui y étaient, et l'explosion, renversant la voûte et les terres, fit littéralement sauter
en l'air ces deux hommes hardis, qui en furent mira-
culeusement quittes pour des contusions et des brû-
lures légères.

Intervention des Suisses.

Le 17 décembre, se produisit un fait qui remplit la
population d'une joie que devait suivre une cruelle
déception. Les habitants, comparant leur sort à celui
de Strasbourg, n'étaient pas sans songer avec larmes,
et aussi avec quelque espérance, qu'un voisin généreux
avait eu pitié des malheureux de la grande cité, qui
pourtant n'était pas atteinte dans tous ses quartiers,
jusqu'à sa dernière maison, par un bombardement furieux comme celui qui, depuis quinze jours, accablait
Belfort sans y laisser à l'abri la place d'une cabane,
condamnant tout le monde, sans la moindre exception,
à vivre dans des caves malsaines, au sein d'une violente épidémie varioleuse; situation misérable, digne
en effet de pitié, et qui devait durer encore cinquante-
huit longs jours après ces quinze premiers.

Déjà le préfet, ému de ces souffrances, avait écrit au
colonel Denfert, pour le prier de demander à l'ennemi
un armistice et l'autorisation de laisser sortir les femmes, les vieillards et les enfants. Mais le colonel, mettant au-dessus de tout intérêt les devoirs de la défense,
refusa, et motiva son refus par la lettre suivante :

« J'ai l'honneur de vous informer, en réponse à votre lettre du 12 courant, que je considère comme très-préjudiciable à la défense tout pourparler avec l'ennemi, pour lui mettre à nu une de nos plaies.

« Au commencement du siége, j'ai déjà remarqué que chaque fois qu'un parlementaire paraissait, il en résultait un fâcheux effet moral dans la garnison. Ce serait bien pire si un parlementaire était envoyé aujourd'hui et pour le but que vous m'indiquez. Tout le monde doit être fixé, du reste, et l'était bien avant l'investissement, sur la violence des procédés prussiens, et j'ai moi-même invité bien des personnes à partir.

« Je suis encore disposé à donner des laissez-passer pour sortir de la place aux femmes et enfants pour lesquels vous me signalerez cette mesure comme sans inconvénients. Pourvu que le nombre des partants soit assez faible, il est probable que beaucoup réussiront à sortir; car plusieurs femmes sont déjà parties avec leurs enfants depuis le blocus. »

Enfin, le 17, une députation suisse, formée à Porrentruy, se présenta au nom du président de la Confédération pour s'interposer en faveur des victimes inoffensives de Belfort, se chargeant de leur transport et de leur entretien à Porrentruy.

Le colonel Denfert en fut instruit par une lettre du président de la Confédération que lui remit un parlementaire prussien. Le gouverneur informa le préfet par la lettre suivante :

« J'ai l'honneur de vous adresser copie d'une lettre

que je viens de recevoir de M. le président de la Confédération suisse, au nom du Conseil fédéral. Dans
cette lettre, M. le président de la Confédération, mû
par les sentiments d'humanité dont la Suisse a déjà
donné le noble exemple au commencement de cette
guerre, demande l'autorisation de soustraire aux horreurs du siége les femmes, enfants et vieillards de la
ville de Belfort. Je suis disposé à accueillir cette demande dans les limites compatibles avec les intérêts
de la défense. Je ne puis autoriser que la sortie des
femmes, enfants et vieillards de la moralité desquels
je suis assuré, pour qu'il ne soit commis envers l'ennemi aucune indiscrétion préjudiciable à ceux qui restent et qui ont charge de pourvoir à la défense. Je
viens donc vous prier, M. le préfet, de vouloir bien
m'accorder votre concours pour les laissez-passer à
donner aux femmes, enfants et vieillards qui peuvent
sortir sans inconvénients. Comme vous êtes mieux
placé que moi, M. le préfet, pour apprécier la partie
de la population civile digne de confiance, je suis tout
disposé à m'en rapporter à vous pour les permissions
à accorder; mais je vous prie instamment de tenir
compte, dans vos désignations, des nécessités de la
défense qui doivent primer toute autre considération. »

Il répondit en outre à la délégation du Conseil fédéral une lettre dont copie fut également adressée **au**
général de Treskow, et que voici :

« Monsieur le président,

« Je vous prie d'exprimer toute ma reconnaissance,
tant au Conseil fédéral qu'au comité spécial de Porren-

truy, pour les sentiments d'humanité dont la Suisse vient de donner un nouveau témoignage par votre lettre du 13 courant. Je suis extrêmement sensible, M. le président, aux considérations que Votre Excellence fait valoir en faveur des femmes, enfants et vieillards restés à Belfort. Mais mon devoir m'impose de ne satisfaire aux vœux que vous m'exprimez que dans les limites que comportent les intérêts de la défense de la place.

« Les conditions qui paraissent indispensables sont les suivantes :

« L'armistice forcé qu'exige le départ des femmes, enfants et vieillards ne pourra avoir lieu qu'entre dix heures du matin et trois heures de l'après-midi. Cet armistice comprendra non-seulement la cessation absolue du tir de part et d'autre, mais encore l'interdiction, pour l'armée assiégeante, d'exécuter aucun travail de tranchée pendant sa durée.

« Messieurs les délégués du Conseil fédéral n'accepteront que les femmes, enfants et vieillards munis d'un laissez-passer. La réception des délégués et la sortie des femmes, enfants et vieillards auront lieu par la porte du Vallon, route de Belfort à Roppe.

« Si ces conditions sont acceptées, tant par vous, M. le président, que par le commandant en chef des troupes prussiennes, je suis prêt à m'entendre sur la fixation du jour de l'armistice.

« En renouvelant à Votre Excellence, etc. »

On croyait toucher le salut du doigt, mais on dut peu à peu se détromper, car cette lettre, communiquée au général prussien, ne reçut point de réponse.

Pourtant l'espoir ne disparut pas vite, et, le 6 janvier, le maire de Belfort et le préfet vinrent encore adjurer le commandant supérieur de faire une démarche auprès du général de Treskow, présentant, d'après des lettres reçues de Suisse, cette démarche comme nécessaire pour faire aboutir la généreuse intervention de Porrentruy. — Le colonel Denfert répondit :

« J'ai l'honneur de vous accuser réception de votre lettre, par laquelle vous me demandez de faire une démarche auprès du général ennemi, pour obtenir la sortie de Belfort des femmes, enfants et vieillards. Voici les principes qui me servent de guide en cette matière :

« Les faits de cette guerre et la manière dont les Allemands la poursuivent, sous la conduite de leur roi, démontrent avec la plus grande évidence qu'ils sont décidés à procéder à toutes les violences, de quelque nature qu'elles soient, contre les populations françaises. La guerre qu'ils nous font est une guerre de race, sans aucun ménagement.

« En présence d'une telle situation, quelle doit être notre conduite ? Être implacables vis-à-vis de l'ennemi, tant qu'il est debout et en armes sur notre territoire; ne lui demander aucune grâce quelconque, et n'en accepter aucune de lui.

« C'est à ces conditions que la défense peut se faire de la manière la plus profitable, et c'est ainsi qu'elle nous conduira le plus rapidement, et avec le moins de sang versé, à l'expulsion de l'envahisseur. Il est donc impossible, monsieur le préfet, de faire aucune démarche près du général de Treskow.

« Lorsque M. le président de la Confédération suisse, mû par des sentiments d'humanité, est venu s'offrir comme intermédiaire, il a positivement déclaré dans sa dépêche qu'il n'entendait ni renforcer, ni affaiblir les moyens de défense de la place.

« En acceptant en principe sa proposition, je lui ai indiqué les conditions auxquelles on pouvait y satisfaire sans nuire à la défense et sans changer les situations militaires de l'assiégeant et de l'assiégé. M. le général de Treskow n'ignore pas que mes conditions sont élémentaires, et s'il ne veut pas accéder à la demande de M. le président de la Confédération suisse, sans une démarche de ma part vis-à-vis de lui, c'est qu'il entend me faire commettre un acte de faiblesse contraire à mon devoir, et affaiblir, par conséquent, la résistance de la place.

« Les choses doivent donc en rester au point où elles se trouvent, à moins que M. le général de Treskow n'accepte les propositions que j'ai faites au président de la Confédération helvétique, et dont je lui ai donné connaissance. »

Après cette lettre, nulle illusion n'était plus possible; il fallait se résigner à souffrir et en faire retomber la malédiction sur l'ennemi seul.

Travaux de l'ennemi et de la garnison.

Pendant que les Suisses faisaient leur inutile démarche, l'ennemi travaillait activement à s'établir dans le Bosmont. On y entendait des bruits fréquents de travaux et de transports. Craignant qu'il ne partît de là pour faire des travaux contre les Perches, le colonel ordonna la construction d'un petit ouvrage de terre, d'une exécution rapide, à ajouter aux travaux qui protégeaient le bois en avant et à droite de Pérouse, où on travaillait du reste encore.

Cet ouvrage, destiné à prendre de revers toute tentative contre les Hautes-Perches, devait rendre encore plus nécessaire pour l'ennemi la possession de Pérouse avant d'agir contre cette redoute.

Le bataillon de M. Lang, envoyé à Pérouse pour s'y reconstituer plus aisément, entreprit ce travail sous la direction de M. le capitaine du génie Degombert, en même temps qu'il continuait à se créer des abris à l'épreuve des obus, et des baraques dans les bois.

Les Prussiens travaillaient aussi en avant de Bellevue, principalement à des boyaux de tranchée dans le ravin de Bavilliers ; mais l'avant-poste qui occupait la contre-approche du trou Sibre, tourmentait par la fusillade ces travailleurs, et dirigeait par ses observations le tir des bombes et des boulets que la redoute faisait rouler dans le ravin, dont elle ne voyait pas le fond. Ces feux rendaient les travaux de l'ennemi lent et décousu, et amenaient des luttes à coup de fusil entre notre avant-poste et l'avant-poste ennemi de la Tuilerie. Bellevue canonnait ces bâtiments, sans pouvoir cependant en déloger complétement les Prussiens, parce que les pentes cachées du ravin de Bavilliers leur servaient de refuge et de communication couverte.

Les compagnies de mobiles du 16e (Rhône), qui avaient rendu un si grand service à l'ouvrage par leur ardeur et leur courage dans la construction des abris, étaient exténuées de fatigue, et furent relevées à Bellevue ; mais on n'y renvoya pas à leur place une garnison permanente. La position dans cet ouvrage était trop pénible ; on dut se résigner à relever tous les trois jours les compagnies du 16e et du 65e (Rhône) qui en fournissaient la garnison, malgré les inconvénients des relèvements de troupes dans une position attaquée, où il faut que les hommes soient toujours bien au courant de leur service.

Bombardement de Danjoutin.

L'ennemi s'occupait aussi des moyens de s'emparer de Danjoutin, sans risquer une seconde attaque dans les mêmes conditions que la première, qui lui avait coûté trop cher. Il démontra à la garnison combien on avait eu raison de conserver ce village, car il établit contre lui une véritable batterie de siége sur la hauteur en arrière d'Andelnans, en même temps qu'il embusquait dans le Grand Bois des tirailleurs pour gêner la circulation dans le village.

Cette batterie d'Andelnans, préservée par un fort épaulement en terre, fut armée de quatre pièces qui ouvrirent le feu le 18 décembre et bombardèrent Danjoutin où elles produisirent de nombreux incendies, car on n'y possédait pas les mêmes moyens qu'à Belfort pour étouffer le fléau à son début. Le Château, les Perches et une pièce de 24 des Barres répondirent à ce feu. Malheureusement la grande distance (quatre mille deux cents mètres des Barres, quatre mille mètres du

Château) et les bois qui masquaient cette batterie aux Perches, empêchèrent de la détruire, et elle put toujours continuer à tirer par intervalles.

Il était à craindre que ce bombardement par une batterie de siége contre un simple village ne fût suivi d'une attaque de vive force. En conséquence, le colonel Denfert prévint la garnison de Danjoutin de s'y attendre et d'agir avec sang-froid, en laissant approcher l'ennemi pour le fusiller à bout portant des retranchements. Pendant ce temps, les Perches accableraient d'obus les abords de la position, les plis de terrain pouvant servir au rassemblement de l'ennemi, et canonneraient les colonnes dans leur parcours pour s'approcher de nos retranchements.

Ces ouvrages eurent ordre de tenir tous les soirs des pièces pointées d'avance dans ce but. La garnison du Fourneau, en arrière de Danjoutin, fut également prévenue d'être en éveil pour soutenir le village au premier signal, et deux compagnies de renfort y furent envoyées.

L'attaque la plus à redouter était celle d'une colonne ennemie qui, s'engageant à la faveur de la nuit entre les Hautes-Perches et le Bosmont, le long du chemin de fer de Mulhouse, se porterait sur les derrières de la position, et, s'abritant contre les feux de la place le long du remblai du chemin de fer, compromettrait toute retraite et tournerait les retranchements.

Frappé de ce danger, le commandant supérieur le signala au commandant de Danjoutin, et indiqua des travaux à faire pour l'éviter et parvenir, en cas de retraite forcée du village, à limiter les progrès de l'ennemi au remblai même du chemin de fer. Ces travaux consistaient principalement en tranchées défensives barrant le chemin de fer et les chemins de ce côté, et prolongeant ainsi la position un peu plus en arrière sur sa gauche. Ces travaux furent entrepris.

Non content de ces précautions, le gouverneur signala aux Perches cette marche probable de l'attaque, en leur ordonnant de canonner la voie du chemin de fer, notamment auprès du passage à niveau du chemin de Vézelois, et avertit le commandant Lang, à Pérouse, de faire surveiller activement ces parages par de fréquentes reconnaissances, et de ne point hésiter à se jeter sur la queue de toute colonne d'attaque qui s'engagerait entre les Perches et le Bosmont pour marcher à Danjoutin. Enfin Danjoutin dut se relier par des sentinelles avec les petits postes qui, toutes les nuits, se plaçaient en grand'garde en avant des Perches, et tenir constamment des compagnies de garde dans les tranchées commencées sur sa gauche, afin de pouvoir, dès son début et sans retard, arrêter le mouvement tournant s'il se produisait.

Toutes ces dispositions étaient de nature à rendre ce mouvement plus dangereux encore pour l'ennemi même que pour nous, car elles l'exposaient à se trouver dans un fond, arrêté par les tranchées de Danjoutin, pris sur ses derrières par Pérouse et canonné des Perches. On pouvait donc avoir confiance et croire que l'espèce d'action de siége que les Prussiens faisaient contre ce village n'était pas de trop pour s'en rendre maître.

Ces prévisions étaient d'autant plus justes que l'ennemi essaya vers cette époque, à plusieurs reprises, des reconnaissances d'hommes et d'officiers isolés, qui

se glissaient par la tranchée du chemin de fer le plus
près possible de nos sentinelles pour apprécier la nature de notre surveillance et de nos précautions Il res-
sortit probablement pour l'ennemi de ces reconnaissances, interrompues par les coups de feu de nos
sentinelles, que cette attrayante attaque par un mouvement enveloppant n'était pas sans grands périls, car
il la différa longtemps encore et s'en tint à la canonnade.

Averti par ce précédent de bombardement, on
poussa activement, dans les autres villages, la construction d'abris contre les obus.

Continuation des travaux contre Bellevue.

Danjoutin ne faisait pas du reste oublier à l'ennemi
son principal objectif, c'est-à-dire Bellevue. Il y continuait des travaux d'approche, étendant sa deuxième
parallèle et ses boyaux dans le ravin de Bavilliers,
dessinant par cet ensemble une attaque sérieuse, mais
lente, décousue et mal reliée. Cela provenait tant du
froid extrême qui gelait profondément la terre, que de
l'impossibilité de mettre la moindre continuité dans le
travail.

Les fusillades énergiques et bien conduites de la
contre-approche de la redoute arrêtaient rapidement,
surtout quand M. Porret y était de service, toute tentative de travail et la signalaient aux bombes, à la mitraille et aux boulets de l'ouvrage.

Dans ces conditions d'active surveillance, les travaux
n'étaient possibles que par petits bouts isolés, dont on

essayait de dérober la construction, et que les projectiles de la redoute écrêtaient rapidement. L'ennemi n'essayait pas, du reste, de suppléer au peu de puissance qui en résultait pour lui, par l'emploi des méthodes lentes de sape régulière, précisant nettement l'endroit du travail qu'on aurait canonné sans cesse.

Il préférait l'effectuer inopinément sur des points inattendus où il espérait en conséquence n'être pas découvert à temps, et chassé par la fusillade et la mitraille.

Pour appuyer ces travaux et les soustraire autant que possible aux canons de Bellevue, il s'efforçait, par ses batteries d'Essert, à démonter toute pièce de la redoute qui faisait feu sur ses travaux d'approche.

La redoute, de son côté, ripostait à ces batteries avec ses deux pièces de 12 rayées, pour attirer les projectiles sur elles, et décharger d'autant les pièces lisses qui tiraient sur les tranchées rapprochées. Malheureusement, l'ennemi, grâce à une supériorité notable de justesse et de calibre, bouleversait souvent les embrasures de ces pièces rayées, et serait peut-être parvenu à se rendre, en partie au moins, maître du feu de Bellevue sans l'appui des Barres, et surtout du Château.

Démonstration offensive en avant de Bellevue.

Le 20 décembre, le colonel Denfert résolut, sur la proposition de M. de Prinsac, qui lui fut transmise et expliquée verbalement par M. Chabaud, commandant des Barres, de faire contre les batteries et les tranchées prussiennes en avant de Bellevue une démonstration de nature à arrêter court les travaux ennemis pour la nuit et à provoquer une alerte générale dans toutes les tranchées allemandes. On devait alors canonner ces tranchées à outrance, pour y tuer du monde.

Dans la soirée, après la tombée de la nuit, les éclaireurs de M. Porret sortirent de la contre-approche de Bellevue, tandis que ceux de M. de Prinsac s'avançaient en deux groupes, l'un sur la deuxième parallèle en avant de Bellevue, l'autre sur les batteries d'Essert, avec des commandements faits à pleine voix comme si des troupes considérables suivaient.

Ces deux compagnies, déployées en tirailleurs sur une longueur de plus d'un kilomètre, ouvrirent un feu nourri sur les ouvrages de l'ennemi. Celui-ci, mis en émoi par ces commandements et cette ligne immense de feux, crut à une attaque générale, se rassembla en hâte dans ses tranchées, d'où partirent bientôt des feux de bataillon, et mit en branle tous les canons et mortiers de ses batteries, mais avec une précipitation telle, qu'on ne pouvait voir un feu d'artillerie plus mal ajusté. Obus et bombes partaient à la fois dans toutes les directions, montant presque verticalement dans le ciel, ou ricochant à terre, à mi-chemin des nôtres et de la batterie. Aussi tout ce tapage ne nous fit pas le moindre mal, tandis que le Château, les Barres et Bellevue, prévenus et préparés, envoyaient sur les tranchées prussiennes, pleines de monde, une avalanche de projectiles bien dirigés.

Quand le fracas de l'artillerie, arrivé à son comble, couvrit le bruit de la fusillade, les nôtres se retirèrent inopinément.

L'opération ayant été tenue secrète, en dehors des

13

trois ouvrages qui devaient agir, tout le monde avait pris les armes sur la rive droite de la Savoureuse, croyant à quelque attaque formidable, et sans que cela causât la mort de personne, car l'ennemi n'avait pas pris le temps d'envoyer un seul projectile du côté de la place.

On fut prévenu à la gare d'avoir à appuyer une défense à outrance de la contre-approche de Bellevue, au cas où cette alerte donnerait à l'ennemi l'idée de l'attaquer, la nuit ou le lendemain.

Cette petite affaire dut probablement entraver les travaux d'approvisionnement des batteries ennemies, car le lendemain 21, elles dirigèrent sur la place un feu notablement moins nourri que d'habitude. En revanche elles se préoccupèrent du ravin Sibre qui abritait les troupes de la contre-approche, d'où on fusillait si souvent leurs travailleurs, et d'où était partie une moitié de l'attaque, car elles y lancèrent des bombes.

Toutefois, comme ce ralentissement de feu pouvait aussi être causé par la préparation de nouvelles batteries et coïncidait d'autre part avec un accroissement des travaux défensifs de l'ennemi à Vézelois, en regard du petit ouvrage de campagne que nous construisions à Pérouse, le gouverneur recommanda partout d'activer la construction et la consolidation des abris.

Modifications d'armement.

Peu après cette affaire, l'ennemi continuant à travailler devant Bellevue, et les pièces lisses de l'ouvrage qui tiraient contre ces travaux ayant souvent leurs embrasures démolies par le tir d'Essert, le gouverneur, sur la proposition du commandant de la redoute, en accrut l'armement d'une pièce de 4 rayée de montagne et d'un mortier de 15 centimètres, pour tirer d'un point quelconque par-dessus le parapet, et pouvoir toujours canonner les tranchées.

A cette époque aussi, trois pièces nouvelles de 24, dont une avait exigé un travail de dix-huit jours pour remanier son blindage, établies au Château sur plates-formes en fer du système de M. de la Laurencie, et tirant sans voir ni être vues, ouvrirent leur feu contre les batteries prussiennes de l'extrême droite d'Essert, armées de gros calibre. Ces batteries furent rapidement réduites au silence par cet accroissement de feu, et ne tirèrent plus depuis lors qu'à de rares intervalles.

Ordres relatifs aux fêtes de Noël. Batteries aux Perches.

Nous étions proche des fêtes de Noël, et plusieurs lettres, trouvées sur les prisonniers faits à l'ennemi, prouvaient le désir et l'espoir de leurs familles de les revoir pour ce jour cher aux Allemands.

Le colonel Denfert craignant que le roi de Prusse ne songeât, par l'annonce de quelque victoire, à faire diversion au mécontentement qui résulterait en Allemagne de la prolongation d'absence des soldats à ce jour de joie habituelle, adressa par la voie de l'ordre la proclamation suivante aux troupes :

« La fête de Noël est tous les ans, principalement parmi les populations du nord de l'Allemagne, l'occasion de fêtes de famille, où tout le monde se réunit autour d'un sapin appelé arbre de Noël. Aux branches de cet arbre sont suspendus les cadeaux de toute nature que se font entre eux et aux enfants de tout âge, les différents membres de la famille. La soirée se termine par un repas autour de l'arbre.

« Le comandant supérieur a trouvé, dans des portefeuilles pris sur des prisonniers de guerre ou des cadavres ennemis abandonnés sur le champ de bataille, de nombreuses lettres de femmes, mères ou parents divers des victimes, dans lesquelles on leur exprimait l'espoir de les voir revenir pour participer aux fêtes de Noël. Nous savons tous que la France a offert à l'Allemagne une paix honorable et glorieuse pour elle dans le courant de septembre, et que la guerre ne continue que par les sentiments d'ambition coupable et de haine dont sont animés contre la France le roi Guillaume et son ministre, le comte de Bismark. La résistance à outrance, ordonnée par le gouvernement de la Défense nationale, empêchera les militaires prussiens de se trouver à Noël au milieu de leurs familles, et beaucoup de ces familles sont frappées de deuil.

« Contre le mauvais effet qui en résultera en Allemagne, le roi Guillaume cherchera sans doute à réagir par des annonces de victoires.

« Nous devons nous attendre à des attaques prochaines de l'ennemi, et ces attaques doivent être repoussées avec énergie, ce qui sera d'autant plus facile que si l'ennemi doit se départir de ses habitudes de prudence et de combinaisons savantes, c'est surtout en un moment où la victoire lui est nécessaire aux yeux de la nation allemande.

« Que tous, officiers, sous-officiers et soldats, se préparent donc à recevoir l'ennemi avec calme et à faire leur devoir, persuadés que nul succès ne peut être plus favorable à la délivrance de notre pays que ceux que nous remporterons en ce moment. »

. Cet ordre, fait pour éveiller l'intérêt des soldats et frapper leur imagination, fut, peu après, suivi d'autres rappelant en détail à tous les commandants de position leur rôle en cas d'une attaque simultanée sur les ouvrages de la rive droite de la Savoureuse et sur Danjoutin.

Au reste, ces ouvrages, et notamment Bellevue, tiraient une nouvelle force de la construction de trois batteries en cours d'exécution sur le flanc de la hauteur des Perches. Ces batteries, tracées par le capitaine du génie Degombert et destinées chacune à deux pièces de 12 rayées de campagne, appuyant Bellevue, se construisaient sous la direction de M. de la Laurencie, qui avait, tout en conservant sa position au Château, succédé dans le commandement de notre batterie de campagne à M. Verchère, fort malheureusement tombé malade de la petite vérole.

État sanitaire.

La petite vérole continuait à sévir, et il s'y ajouta bientôt la fièvre typhoïde qui concourut aussi à remplir nos infirmeries, tandis que l'hôpital blindé de l'Espérance était lui-même encombré de blessés, ce qui, joint au manque de circulation d'air causé nécessairement par les blindages, y faisait périr de la fièvre putride un grand nombre de malades, notamment les amputés, qui succombaient presque tous sans exception.

Situation de l'attaque et de la défense.

Nous étions, à la date du 24 décembre, investis depuis cinquante-deux jours, bombardés sans trêve avec une vigueur excessive depuis vingt-deux jours, et pendant tout ce temps nous avions tiré sur l'ennemi en usant de nos pièces pour les longues portées. Nous le tenions ainsi éloigné, contrairement aux principes erronés, en matière d'artillerie, qui ont contribué pour beaucoup à la chute rapide des autres places, où l'on a' généralement conservé les projectiles pour le moment où l'ennemi, rapproché, pouvait par la supériorité de ses feux empêcher de les tirer. Ce système et notre action extérieure continuelle avaient obligé les attaques à une lenteur des plus visibles.

Le 24 décembre, la Justice incendiant Pfaffans, à quatre mille six cents mètres de distance, en avait provoqué l'abandon par les Prussiens, qui se retirèrent plus loin en n'y laissant que des postes.

Condamné à occuper une ligne d'investissement si étendue, l'ennemi avait besoin d'un grand effectif pour donner plus de développement à ses batteries. S'il s'en tenait aux vingt-huit bouches à feu d'Essert, malgré leur impuissance qu'il devait visiblement sentir, c'est que probablement il n'était pas encore assez nombreux. Notre allure ne laissait en effet aucun doute sur l'absence totale d'intimidation produite sur nous par le feu violent qu'il trouvait moyen de faire avec ses vingt-huit canons.

L'insuffisance de ses moyens se montrait encore par les bombes qu'il s'obstinait à jeter dans le fort des Barres, malgré le peu d'efficacité de pareils projectiles sur un fort possédant des remparts d'un aussi grand relief.

Seule, de notre côté, l'artillerie de Bellevue commençait à faiblir. Les artilleurs mobiles de la Haute-Garonne, qui servaient les canons de cet ouvrage, étaient fatigués par un long séjour dans cette position exceptionnellement pénible. Fort peu experimentés du reste, ils étaient commandés par un officier artilleur d'hier, peut-être un peu mou.

Heureusement, sur la demande du commandant de la redoute, ces hommes furent envoyés aux faubourgs où ils purent se reposer, et remplacés à Bellevue par des détachements d'artillerie de ligne venant de la Miotte et de la Justice, jusqu'alors tranquilles. L'ouvrage reprit dès lors ses feux avec toute leur activité, et même avec plus d'activité que jamais.

Tous ces faits rendaient bien regrettable le peu d'homogénéité des troupes de la garnison, à peine rassemblées et formées au moment du siége, et parmi lesquelles l'excellent bataillon du 84e constituait seul une véritable et bonne troupe d'infanterie. Après lui, il ne restait de passable que les mobiles du Rhône, pleins de bonne volonté et de patriotisme. On aurait pu espérer sans cela, et si on n'avait pas enlevé à la place avant l'investissement toute artillerie de campagne, non-seulement faire une défense active et offensive, forçant l'ennemi à grossir incessamment son effectif déjà deux ou trois fois supérieur au nôtre, mais encore l'obliger à lever le siége, et débloquer la place sans aucun secours de l'extérieur.

Cependant cette méthode de lutte à grande distance avait pour limite l'épuisement de nos projectiles pour pièces rayées. On conservait bien, pour le moment où ils manqueraient, la possibilité d'un tir rapproché avec les pièces lisses ; mais il fallait cependant les faire durer le plus longtemps possible, pour continuer à empêcher l'ennemi de se rapprocher brusquement, et pour protéger encore notre occupation des villages, restée complète jusqu'alors.

L'approvisionnement de nos projectiles de 12 et de 24 rayés avait diminué presque de moitié. Il ne nous restait que vingt et un mille obus de 12, et seize mille cinq cents de 24. Force fut donc de diminuer un peu l'intensité de notre tir, surtout en obus de 12, qui s'épuisaient plus vite que ceux de 24, tout en lui conservant encore une assez grande vivacité.

Nous commencions aussi à manquer de foin pour nos bœufs, qui servaient non-seulement à notre nourriture, mais aussi à nos transports.

On réquisitionna le foin dans les villages occupés par nous, et même à Offemont, situé entre nos lignes et celles de l'ennemi ; mais, malgré cette ressource, on dut augmenter un peu la consommation de la viande fraîche, en conservant les viandes salées, afin d'éviter de laisser périr nombre de bêtes par maladie.

Hésitations de l'attaque.

Le 25 décembre, l'ennemi sembla se décider enfin à
ne plus se contenter de ses batteries d'Essert. Il travaillait depuis le 15 dans le Bosmont, et démasqua
le 25 le feu de deux batteries comprenant huit pièces,
établies sur les pentes orientales de cette colline, en
arrière des bois. Il tira de là sur les Hautes-Perches,
jusque-là épargnées, et sur le Château. Il s'appliqua
aussi à contrarier par son feu les travaux que nous fai-
sions près de Pérouse, en avant des bois.

Cette extension de l'attaque était la poursuite d'un
plan rationnel consistant à mener de front les travaux
contre Bellevue et les Perches, en poussant surtout
l'attaque de Bellevue, pour hâter par sa prise la chute
plus difficile des Perches.

On aurait, en effet, de cette position de Bellevue,
dirigé sur le Château des feux d'enfilade rapprochés et
redoutables, en même temps qu'on aurait canonné,
complétement de revers, les deux redoutes des Perches, impossibles à abriter contre ces vues, et rendu
des plus précaires leurs communications avec la place.
Leur résistance directe eût perdu dès lors beaucoup de
son énergie.

Ce plan est, au surplus, le plan classique d'attaque
contre Belfort.

Cependant quelque chose d'anormal entachait les
nouvelles dispositions de l'ennemi. On ne comprend
pas bien, en effet, comment, avec de pareilles intentions, il laissait subsister notre position avancée de

Danjoutin, coupant en deux son attaque et éloignant ses batteries.

Il semble qu'ayant les forces nécessaires pour mener de front une double opération sur Bellevue et les Perches, il n'eût pas dû hésiter à nous chasser, n'importe à quel prix, de Danjoutin.

Enfin, ses nouvelles batteries n'étaient pas armées de pièces ajoutées en entier à son armement ; — elles provenaient, au moins en partie, des batteries d'Essert, réduites à moins de feux. Les Prussiens dispersaient donc leur tir sur plus de points, sans en augmenter beaucoup l'intensité totale, ce qui constituait un affaiblissement de feux sur chaque point battu.

Ce décousu, cette sorte d'hésitation à entrer franchement dans la voie d'action nouvelle que nous venons de signaler, semblait donc indiquer chez les Prussiens un manque de forces, ou bien des préoccupations venant de l'extérieur, et de nature à les détourner un peu de l'activité du siége.

Ce dernier point paraissait plus probable ; car, avec un manque réel de forces, ils n'eussent pas même tenté d'étendre leur action.

En ajoutant à ces réflexions ce fait que depuis plusieurs jours déjà l'ennemi avait complétement interdit tout passage au travers de ses lignes, et que pas un courrier ne nous arrivait plus, le gouverneur fut porté à penser qu'il se passait en France des événements gênants pour le siége, et que les Allemands tenaient essentiellement à nous empêcher de connaître.

Il se confirma dans ces idées, pensant que le général de Treskow n'avait fait avorter la généreuse intervention des Suisses en faveur de la population inoffensive de Belfort, que pour couper court à tout contact entre nous et les Suisses, nécessairement au courant de ce qu'on voulait nous cacher.

Pour la première fois, vers cette époque l'ennemi tira contre certaines positions quelques obus d'un petit calibre, devant provenir de pièces de campagne. Ce fut pour le colonel Denfert un nouvel indice de faiblesse, et il ordonna à tous les ouvrages d'observer quels projectiles on leur envoyait. Il pensait que ce fait était peut-être destiné à masquer l'enlèvement des grosses pièces dans les batteries de siége; mais les observations demandées le montrèrent comme beaucoup moins important. Néanmoins il était à noter, et en somme, de tout cela, le commandant supérieur conclut que probablement l'ennemi craignait l'arrivée d'une armée de secours, dépensait pour se prémunir contre elle une partie de ses ressources et y occupait une partie de son monde.

Le gouverneur écrivit même en ce sens à plusieurs des commandants de position, leur développant les considérations précédentes, et les rapprochant de l'erreur commise, à son sens, par l'ennemi, qui n'avait pas cru à la résistance tenace et toujours renaissante de la France.

Dans une de ses lettres, on lisait, à la fin :

« Je me plais à penser que les fausses manœuvres que le général de Moltke a dû ordonner, par suite d'une erreur aussi capitale sur notre situation, ont amené un retour de fortune en notre faveur. Ce n'est qu'une induction, et toute induction doit être justifiée par les faits; mais elle me paraît, dans notre ignorance, avoir de sérieux fondements. Il convient donc, dans tous les cas, de surveiller les bruits lointains, de tous les postes avancés, parce qu'il n'y aura plus de doute sur la présence des forces françaises dans notre voisinage, si de plusieurs points à la fois les commandants des divers forts ou postes avancés prétendent avoir entendu le son lointain du canon.

« Je vous dis ceci, au reste, pour vous, ne voulant pas donner aux troupes un espoir avant de connaître exactement les faits. Mais vous pouvez faire part à qui vous voudrez et jugerez à propos de cette appréciation.

« En attendant, il faut avoir l'œil et faire bonne contenance contre les bombardements et les attaques, afin de faire payer à l'ennemi ses tentatives aussi cher que possible. »

Ces prévisions, quelle que soit du reste la valeur des indices qui les avaient suggérées, étaient pleines de fondement, comme nous l'apprit plus tard le canon de l'armée de l'Est.

Tir de la place contre les nouvelles batteries.

Quoi qu'il en soit des causes qui guidaient la conduite de l'ennemi contre nous, il avait ouvert le feu avec de nouvelles batteries, contrariant l'achèvement de nos travaux des environs de Pérouse, et bombardant les Hautes-Perches.

Il fut immédiatement répondu à ces feux par les Hautes-Perches et la Justice, sur laquelle cette riposte attira les premiers coups qu'elle eût encore reçus.

Le Château aussi y répondit par un feu vif. Dès qu'on avait su, au Château, que l'ennemi travaillait au Bosmont, M. de la Laurencie s'était mis en mesure de pouvoir y lancer des obus par-dessus les hauteurs des Perches, au moyen des pièces placées sous les casemates à canons du cavalier. Ce tir n'était possible qu'à la condition de faire aux affûts diverses modifications difficiles.

Ces modifications étaient prêtes quand l'ennemi ouvrit son feu, et on put immédiatement lui répondre avec vigueur et gêner considérablement son tir.

Deux jours après, c'est-à-dire le 27, un magasin à munitions sautait dans les batteries ennemies.

L'attaque sur les Perches semblant s'annoncer, le commandement des Basses-Perches fut donné à M. le capitaine du génie Brunetot, déjà chargé des services du génie et de l'artillerie dans cet ouvrage. Le capitaine Duplessis, qui y commandait jusqu'alors, était un officier distingué et brave, qui ne fut remplacé par M. Brunetot, officier instruit et également brave, qu'à cause des connaissances naturellement plus spéciales de ce dernier en matière d'attaque et de défense, et aussi parce que la compagnie de M. Duplessis pouvait se trouver relevée dans l'ouvrage, ce qui eût causé dans le commandement un changement préjudiciable à la défense.

Absence de nouvelles.

Les courriers continuaient à manquer dans la place, nous étions absolument sevrés de toutes nouvelles.

On en revint à l'essai des ballons, pour communiquer avec le dehors. Les premiers ne réussirent pas bien ; mais enfin, le 30, M. Choulette parvint à en lancer un qui se dirigea vers la Suisse, en y emportant des lettres dont beaucoup parvinrent à leur adresse.

Toutes ces lettres étaient ouvertes, car les mobiles avaient précédemment commis, dans leurs correspondances, certaines indiscrétions préjudiciables à la défense, et exprimé parfois des sentiments de découragement de nature à tromper au dehors sur l'état moral de la garnison, circonstances qui avaient provoqué un ordre et un blâme sévères du gouverneur.

Mais ce moyen ne pouvait que porter de nos nouvelles et non pas nous en procurer. Désirant beaucoup être instruit de ce qui se passait en France, le colonel, secondé par le préfet, parvint enfin à faire sortir plusieurs émissaires.

Ordres divers.

Pour la première fois, vers cette époque, on constata une fâcheuse tendance de la garnison, difficile au reste à éviter dans la plupart des siéges. Un certain nombre de nos postes avancés s'étaient laissés aller à une sorte de paix tacite avec les postes avancés prussiens. Les sentinelles des deux armées fraternisaient parfois. C'était une chose peu digne et favorable à l'ennemi, dont l'intérêt était évidemment d'endormir, par tous les moyens, notre surveillance. Cela provoqua, de la part du gouverneur, un ordre des plus sévères.

Il dut aussi blâmer énergiquement les officiers des troupes cantonnées au Vallon, qui, par un manque de surveillance, avaient laissé leurs hommes faire des dégâts aux baraques, pour se procurer du bois. Il prévint qu'il sévirait avec rigueur contre tout renouvellement de pareils désordres, préjudiciables à la solidité de la garnison.

Nouvelles batteries ennemiés à Bavilliers.

Le 28 décembre au matin, l'ennemi ouvrit le feu de trois nouvelles batteries établies en avant de Bavilliers, sur le flanc droit du ravin, et armées de douze pièces. Ces batteries étaient, par suite de la dureté du sol gelé, construites presque entièrement en remblai, à l'aide de matériaux rapportés, et avaient un grand relief au-dessus du sol. Elles furent faites rapidement, en une nuit ou deux, et nous n'avions pas pu nous apercevoir nettement de ce travail, quoiqu'on l'eût soupçonné, parce que la tranchée formant deuxième parallèle en avant de Bellevue et les retranchements de la Tuilerie gênaient énormément notre surveillance sur les terrains au delà.

Ces batteries, situées à environ 1,100 mètres de Bellevue, étaient à peu près complétement masquées par le terrain aux vues du fort des Barres, dont l'attaque, dès ce moment, n'était visiblement pas dans les intentions de l'ennemi.

Elles tirèrent quelques coups contre les deux Perches, la Miotte et la Justice, mais surtout contre Bellevue et le Château.

Le commencement de ce feu coïncide avec une nouvelle diminution du feu d'Essert. Une partie des pièces de ces nouvelles batteries venait donc encore des premières batteries d'Essert, très-maltraitées et réduites à une quinzaine de bouches à feu, canons ou mortiers.

C'était la continuation de la dispersion des feux de l'attaque, sans grande augmentation de leur intensité. On devait donc en conclure de nouveau que l'ennemi était pour le moment paralysé dans une partie de ses moyens, et n'agissait de la sorte qu'avec l'idée de renforcer plus tard son attaque, mais sans en avoir pour le moment la possibilité ou la certitude. Le feu insolite et presque sans raison, dirigé de Bavilliers sur la Miotte, était un motif de plus de juger la marche du siége comme un peu décousue.

Les batteries de Bavilliers firent quelque mal aux Perches, en prenant à revers les fossés de la gorge, dont la contrescarpe était formée par les abris des ouvrages, que fermaient de ce côté de simples parois de planches percées de créneaux. Des obus y entrèrent en certains points plus particulièrement exposés, et il fallut les protéger par des parados en terre.

Sur le Château, l'effet de ce nouveau feu fut peu destructif. Il n'avait pas, contre ce fort, plus de valeur que les feux d'Essert. Pourtant des obus de 32 kilogrammes bouleversèrent en partie les abris de rempart du cavalier, construits d'après les types réglementaires du comité du génie, mais insuffisants contre des projectiles d'un pareil poids, animés d'une énorme vitesse. Quelques coups aussi enfilaient parfois les communications voûtées du cavalier.

Lutte d'artillerie à Bellevue.

Contre Bellevue, ce bombardement à petite distance fut terrible dès le premier jour, d'autant plus que l'ouvrage n'avait pas son armement disposé pour y répondre convenablement.

L'objectif de l'ennemi était surtout une pièce de 12 rayée, qui surveillait les routes au delà de Bavilliers, et qui, tirant à 3,000 ou 3,500 mètres sur toute colonne ou convoi, contrariait les relèvements de troupes et les approvisionnements à Bavilliers. Elle devait être fort gênante pour les Prussiens, à en juger par l'acharnement qu'ils mirent à la démonter, et dès le premier jour elle eut son embrasure complétement bouleversée et fut frappée à la bouche.

Ne voulant pas se réduire au silence, et surtout perdre le moyen d'empêcher la libre circulation de l'ennemi sur ces routes, le commandant de l'ouvrage réunit toutes ses ressources en travailleurs pour disposer dans la journée même, contre les batteries prussiennes, une pièce de douze rayée et trois pièces de 12 lisses qui, à cette distance, pouvaient entrer en lutte, quoique avec bien moins d'efficacité que les pièces rayées, plus justes et plus puissantes.

On travailla à la lime et au burin dans l'âme de la pièce rayée frappée sur la bouche, et on parvint à y faire rentrer les projectiles et à la remettre en état de tirer.

A partir de ce moment commença des deux parts un feu roulant des pièces, comme en un jour de bataille.

Un des mortiers de 22 centimètres de l'ouvrage avait été porté de Bellevue aux Basses-Perches, pour fouiller les plis de terrain du Bosmont. Celui qui restait prit part à la lutte et jeta des bombes à la batterie ennemie

En même temps, les éclaireurs occupant l'avant-poste et la contre-approche de Bellevue reçurent ordre du commandant de l'ouvrage de diriger, quelques secondes après chaque coup de l'ennemi, une fusillade bien ajustée dans l'embrasure, pour y entraver le service des pièces. Ce tir, exécuté à 950 ou 1,000 mètres, avec les chassepots, et conduit énergiquement surtout par M. Porret, arriva plusieurs fois à détourner les coups destinés à la redoute, et à les attirer sur l'avant-poste, dont les maisons furent bientôt en ruines. Heureusement on put, en travaillant ferme, organiser en abris les caves de la maison Sibre, et, malgré les obus, notre gênante fusillade persista.

A en juger par l'extrême vivacité de son tir sur Bellevue, qui atteignait, pendant certaines heures du jour, jusqu'à cinq et six coups à la minute, et un total de plus de deux mille projectiles dans les vingt-quatre heures, l'ennemi tenait essentiellement à éteindre les feux de l'ouvrage.

Pour y résister, on plaça successivement pendant la nuit le reste des canons de la redoute en position de répondre, et bientôt deux pièces de 12 rayées, quatre de 12 lisses et le mortier de 22 centimètres tirèrent sur la batterie de Bavilliers, y lançant certains jours jusqu'à environ mille projectiles.

L'ennemi ripostait par des pièces tirant des obus de 18 et de 32 kilogrammes. Les effets de ces derniers sur les parapets minces et mal rassis du petit fort étaient considérables, et les batteries d'Essert, contre lesquelles l'ouvrage n'avait pas conservé de canons, ajoutant leur action à celles de Bavilliers, donnaient à l'ennemi une supériorité incontestable de feux.

Le 31 décembre, ce combat d'artillerie atteignit sa plus grande violence. Vers le milieu du jour, le lieutenant d'artillerie Schuller, officier jeune et actif, fut tué auprès d'une pièce. Plusieurs canonniers avaient péri, et l'une des pièces de 12 rayées, ayant reçu depuis le matin plus de soixante coups d'embrasure, venait d'être frappée à la volée par un projectile.

Malgré les efforts du maréchal des logis Fouilloud, qui avait repris le commandement de M. Schuller, les canonniers se désespéraient et le feu menaçait de s'éteindre. Pour relever le moral de ces soldats, le capitaine Thiers et le lieutenant du génie Journet se portèrent aux pièces et aidèrent de leurs mains à les servir. La volée de la pièce ébavée par le coup fut burinée jusqu'à ce que le projectile pût rentrer, et enfin cette pièce recommença à tirer au travers de son embrasure radicalement rasée et à découvert jusqu'au sol de la banquette.

Les canonniers entraînés y mettaient une incroyable ardeur, et les Prussiens, abandonnant la partie, restèrent muets durant tout le reste du jour.

Ce jour même une colonne d'infanterie ennemie, se dirigeant sur Bavilliers, fut dispersée à coups de canon.

Pendant cette lutte à Bellevue, le reste de la place n'était pas à l'abri, et les batteries de la ville, au pied du Château, mal placées pour répondre à Bavilliers, cessèrent leur feu 'et furent désarmées pour éviter d'y laisser briser les pièces.

Création de papier-monnaie.

Vers cette époque le numéraire, argent et or, manqua complétement dans les caisses publiques de Belfort. Il n'y restait que des billets de banque de 1,000 francs, avec lesquels on ne pouvait faire ni la paye des officiers, ni surtout le prêt des hommes, composé de petites sommes. La population ne paraissant pas disposée à se dessaisir de monnaie en échange de billets, le gouverneur décida qu'il serait créé des papiers fiduciaires représentatifs de sommes de 5, 20 et 50 francs, revêtus des signatures du gouverneur, du préfet et du receveur particulier.

Ces coupures fiduciaires seraient garanties par le dépôt de billets de banque, en somme égale à celle de l'émission, déposés en lieu sûr ou brûlés en présence des trois signataires ci-dessus, après constatation et inscription de leurs numéros sur un procès-verbal également revêtu des trois signatures.

Ce papier-monnaie aurait cours forcé dans la place.

M. le préfet du Haut-Rhin fut chargé par le gouverneur d'établir l'arrêté concernant ces dispositions.

Ordre pour le jour de l'an.

Le jour de l'an approchait, et le gouverneur craignant que ce jour ne donnât lieu à quelques désordres et à un peu de relâchement dans la garnison, fit un ordre du jour appelant l'attention des soldats sur la nécessité d'oublier ce jour de fête habituelle et de conserver, en dehors même du service, leurs habitudes de repos et de tempérance ordinaires. Ils devaient se contenter d'une double ration de vin qui leur serait allouée ce jour-là, et qu'on leur distribuerait l'une à la soupe du matin, l'autre à celle du soir.

Le 1er janvier se passa, en effet, sans désordres. Le feu de l'ennemi fut, durant toute la journée, moins vif que d'habitude. Probablement le général prussien accorda ce jour-là un peu plus de repos à ses troupes.

Essai des projectiles de notre fonderie.

Dès le lendemain le feu reprit du reste toute son activité, ainsi que les ripostes de la place, qui, dès le matin, forcèrent le tir des batteries de l'est du Bosmont à se ralentir.

Par malheur nos projectiles s'épuisaient de plus en plus, et le gouverneur dut diminuer encore un peu la quantité d'obus oblongs à dépenser par jour, surtout pour ceux de 12.

On commença, à cette époque, l'essai des obus de notre fonderie, ce qui ne se fit pas sans difficultés. Le commandant de l'artillerie de la place était opposé à l'emploi de ces projectiles qui, disait-il, pouvaient être de mauvaise qualité et détériorer les pièces. Mais comme, détériorées ou non, elles étaient inutiles sans projectiles, le gouverneur passa outre.

Les premiers lots essayés à ce moment étaient du reste très-bons.

Transformation d'armement à Bellevue.

Cette pénurie d'obus oblongs fit rationner le fort de
Bellevue à cent cinquante obus de 12 rayés par jour.
Il en résultait, pour cet ouvrage, une notable diminution de puissance dans la lutte d'artillerie. Il en était
réduit à tirer surtout des obus sphériques de 12 lisse,
beaucoup moins puissants et qui n'éclataient pas toujours. Enfin, ces obus eux-mêmes n'étant pas en grand
nombre, leur tir dut, à son tour, être beaucoup diminué et remplacé par celui des boulets pleins, d'un effet
très-peu efficace et d'un tir difficile à régler.

Ce n'était pas tout encore. Nombre d'affûts étaient
brisés dans la redoute, soit par le tir de l'ennemi, soit
par leur propre recul, et le commandant de l'artillerie
ne trouvait pas moyen, à l'arsenal, de réparer toutes
les avaries d'affûts produites dans la place. Pensant
que ces ruptures fréquentes pouvaient provenir de ce
que les plates-formes trop courtes de Bellevue néces-
sitaient d'entraver le recul, le gouverneur ordonna de
les allonger.

C'était une longue besogne, car la gelée forçait à employer le pétard pour avoir de la terre, et il en fallait
une énorme quantité.

Aussi, malgré une corvée supplémentaire venant de
la gare pour ce travail, les pièces étaient, tour à tour,
réduites à un long silence.

Heureusement, à mesure que ces conditions de faiblesse s'imposaient à la redoute, l'ennemi, paraissant
avoir abandonné l'espoir ou le projet d'en éteindre les

feux, diminuait son tir sur l'ouvrage dans la même proportion, et semblait ne faire que répondre.

La supériorité de puissance de ses projectiles amenait toutefois, presque chaque soir, les embrasures de la redoute à ne pouvoir plus tirer. On les remettait à la hâte en état de faire feu, en cas d'assaut à la tombée du jour, et on les reconstruisait la nuit pour [le tir du lendemain contre les batteries prussiennes.

Cet ordre de choses avait de sérieux inconvénients. L'ennemi pouvait, un jour où il aurait voulu attaquer le soir, reprendre son feu roulant de la fin de décembre, auquel on ne pourrait plus répondre, et brusquer l'attaque avant qu'on ait pu déblayer une seule embrasure. On se serait trouvé sans canons pour tirer à mitraille.

Mais, comme il avait jusqu'alors continué à travailler à ses approches contre l'ouvrage, le plus dangereux encore était qu'il ne s'approchât davantage, en se servant de la supériorité, maintenant incomparable, de son feu pour empêcher le fort de tirer le canon contre la tête de ses cheminements.

Pour faire face à ces éventualités, et sur la demande du commandant de Bellevue, le gouverneur fit armer de pièces de 4 rayées de campagne et surtout de montagne, les faces regardant les attaques. Ces pièces légères pouvaient être tenues hors de batteries, à peu près soustraites à toute atteinte, puis, au moment même de faire feu, montées rapidement et sans peine sur des plates-formes élevées, pour y tirer à barbette par-dessus le parapet sans embrasures, et être remises à l'abri de suite après, avant que l'ennemi ait eu le temps de les contre-battre.

On enleva à l'ouvrage une partie de ses pièces de 12, et celles qu'on y conserva servirent à armer les branches de droite et de gauche peu exposées au feu, dans le but d'agir contre les assauts ou d'appuyer d'autres ouvrages.

Les plates-formes élevées pour les petits canons tirant à barbette furent faites en pièces de bois pour éviter les déblais, et la redoute ne tira plus sur les batteries de l'ennemi que des bombes; mais elle put canonner ses travaux sans qu'il vînt à bout de répondre jamais à temps, si bien qu'il chercha à empêcher ces feux mobiles au moyen de fusiliers. Ces fusiliers tiraient de ses tranchées des balles contre nos canonniers. Mais les plates-formes, étranglées à l'avant, les abritaient bien malgré leur grande élévation, et ces fusillades furent peu efficaces contre nous.

Pour suppléer à la cessation des feux de Bellevue sur les batteries de Bavilliers, le fort des Barres dirigea contre elles une pièce de 24 rayée.

Batterie de canons Krupp.

Si les Prussiens semblaient renoncer à détruire les feux de Bellevue, ce qui permettait de pressentir l'abandon des attaques contre cet ouvrage, ils considéraient, et avec raison, comme indispensable d'anéantir ceux du Château, quelle que pût devenir la nature de leurs opérations ultérieures.

Ils étaient jusqu'alors impuissants à obtenir ce résultat, et, se décidant à un nouvel effort, ils ouvrirent, le 2 janvier, le feu d'une batterie construite en arrière

des premières maisons de Bavilliers, qui sérvaient à
nous la masquer. Elle était armée de deux de ces gros
mortiers rayés de Krupp tirant des obus énormes. Le
tir de ces formidables projectiles fut lent à se bien régler, et ils ne produisirent pas, en conséquence, dès le
début, tous les dégâts dont ils étaient capables.

Bombardement du hameau des Barres.

L'ennemi avait, vers cette époque, bombardé pour
la première fois, de ses batteries d'Essert, le hameau
des Barres où nous avions des grand'gardes. Ces troupes abandonnèrent la place ; mais le colonel Denfert,
l'ayant appris, les fit reporter à leur poste, en leur
ordonnant de transformer les caves en abri pour s'y
soustraire aux effets du feu. Ce travail fut exécuté,
et on n'eut plus besoin dès lors d'évacuer ces avant-
postes.

Le colonel Denfert adressa en même temps au fort
des Barres un ordre pour une organisation plus sévère
de la surveillance des fossés, qui se relâchait un peu,
et chargea le capitaine du génie Quinivet du contrôle
de cette surveillance.

Ressources en vivres et objets divers.

Nos reconnaissances habituelles de chaque jour
avaient continué leurs opérations, réduites maintenant
par les progrès de l'ennemi à agir seulement au nord-
est, à l'est et au sud-est de la place. Dans les autres

régions, les Prussiens étaient assez rapprochés de nos forts ou positions pour qu'on pût lutter directement des retranchements afin de les empêcher d'approcher davantage. On n'avait pas besoin d'employer pour cela, à moins d'un but spécial, des actions extérieures dangereuses, sous le feu des batteries. Mais à l'est nous avions conservé notre zone étendue d'action, et nous en tirions des ressources. A cette époque encore, nos éclaireurs allèrent à Offemont réquisitionner des fourrages et des bestiaux, après en avoir chassé les postes ennemis.

A Danjoutin, que nous occupions toujours, il fallut employer la force pour enlever aux habitants ce qui restait de denrées, qu'on leur payait pourtant, tandis qu'après la chute du village, qui arriverait tôt ou tard, les Prussiens prendraient tout et sans rien payer.

Les fourrages qu'ils ne voulaient pas céder étaient de plus perpétuellement menacés d'incendie, car l'ennemi continuait à bombarder Danjoutin, de sa batterie d'Andelnans, et, après la prise du village, c'était nous qui devions en achever la ruine.

Cette batterie d'Andelnans dirigeait aussi quelques coups contre la gare, mais sans grand effet, car ils étaient en général trop courts.

Si nous trouvions quelques suppléments de ressources en nourriture, nous ne pouvions remplacer la chaussure usée des hommes. Ces malheureux, presque tous sans guêtres et avec les mauvais souliers qu'on avait livrés à la troupe, avaient cruellement à souffrir par ces froids terribles atteignant, certaines nuits, jusqu'à 18 et 19 degrés centigrades au-dessous de zéro. Nombre d'hommes avaient les pieds gelés.

Il fallut, pour parer à ces graves inconvénients, faire flèche de tout bois, et le gouverneur mit à la disposition des corps de troupe les sacs à farine vides, pour en faire des guêtres. Il ordonna également qu'en cas d'extrême besoin de cuir, et en l'absence de moyens pour tanner les peaux des bêtes mangées, on devrait les utiliser non tannées, pour faire des chaussures à la manière des peuples primitifs.

Il restait pourtant encore des souliers en magasin, mais tous d'une pointure trop petite pour la plupart des hommes, et inutilisables. Enfin, on fabriqua dans la place bon nombre de sabots qui chaussèrent les hommes, mais ne valaient rien pour aller dehors et marcher dans une neige épaisse.

Si la garnison avait à souffrir, les indigents de la ville, entassés dans les caves de l'église et de l'hôtel de ville, étaient aussi bien malheureux. Ils manquaient presque de tout, malgré les soins et les efforts constants du maire. La garnison en eut pitié, et, poussée par un sentiment de concorde et d'humanité qu'on n'a pas toujours connu dans les siéges, elle préleva sur ses rations journalières des vivres pour secourir les pauvres. Le maire pria le gouverneur d'en remercier, en son nom, la garnison, ce qui fut fait par la voie de l'ordre.

Poussés par le désir du gain et peut-être par le besoin, quelques-uns de ces malheureux allaient, au péril de leurs jours, ou envoyaient des enfants, ramasser les éclats et les chemises de plomb des obus prussiens, pour les revendre à vil prix. Le gouverneur, voulant couper court à ce dangereux commerce, défendit de ramasser tout débris de projectiles, déclarant qu'ils étaient la propriété de l'État. C'était contestable, mais le gouverneur ne crut pas pouvoir invoquer un autre prétexte pour restreindre l'exercice de la liberté individuelle dans un simple but d'humanité, étranger aux intérêts mêmes de la défense.

Fausses nouvelles.

Le 2 janvier, certains postes prétendirent entendre le bruit lointain d'une canonnade. Cela ne fut pas confirmé d'une manière certaine. Néanmoins la probabilité d'une armée de secours ne semblait pas diminuer, et les Prussiens augmentaient leurs travaux défensifs vers Chèvremont et Vézelois, dans un but qui semblait être de se garer contre la possibilité d'une grosse sortie de la garnison par Pérouse.

On ne tarda pas, du reste, à être fixé sur la réelle valeur de ces conjectures. Le 4 janvier arrivèrent à Belfort, pour la première fois depuis dix-huit jours, quelques courriers. Ils apportaient, sans aucune preuve, sur nos succès, à Paris et en France, des nouvelles extravagantes et fantastiques. Déjà quelques jours auparavant de semblables nouvelles avaient transpiré dans la place, colportées par des paysans ou des femmes qui semblaient avoir traversé clandestinement les lignes prussiennes.

Le commandant supérieur pensant que ces nouvelles, d'aspect évidemment apocryphe, devaient provenir de l'ennemi dans le but de nous tromper sur la cause réelle de ses hésitations, voulut à la fois prémunir contre elles la garnison et faire savoir au quartier général prussien que nous ne nous laissions pas duper par ses manœuvres. En conséquence, il fit insérer au journal le *Siége de Belfort*, qui, selon toute probabilité, parvenait malgré nous à l'ennemi, l'ordre suivant :

« Des nouvelles fausses de succès extraordinaires, remportés par les armées françaises près de Paris, ont été répandues aujourd'hui en ville par deux messagers des environs, venus de deux côtés différents.

« Un troisième, porteur de dépêches dans lesquelles le commandant supérieur croit pouvoir avoir confiance, est venu donner de vive voix les mêmes nouvelles comme circulant dans une autre partie du pays.

« Cependant ces nouvelles sont certainement fausses, non-seulement dans la forme, mais même dans le fond, et aucun fait ne les a motivées.

« Le commandant supérieur croit devoir mettre en garde les troupes de la garnison contre ces bruits sans fondements, et destinés à produire la démoralisation parmi nous, en y faisant naître des espérances démenties le lendemain par de tristes réalités. Il est à sa connaissance positive que l'ennemi ne laisse pénétrer dans le pays envahi, d'où ses bruits nous parviennent, aucun journal, ni français, ni suisse, ni même allemand. Tous ces bruits qui circulent doivent donc être regardés comme émanant du quartier général ennemi et être tenus pour suspects jusqu'à plus ample informé.

« Le commandant supérieur croit pouvoir répondre de la certitude des moyens à sa disposition pour reconnaître le degré de fondement des nouvelles apportées par les messagers. Il fera connaître aux troupes celles de ces nouvelles de l'authenticité desquelles il sera sûr, et il prie les officiers et les troupes sous ses ordres de n'en point accueillir, en quelque sens que ce soit, tant qu'elles ne seront pas parvenues par la voie de l'ordre. Ainsi sera déjouée cette manœuvre de l'ennemi. »

Mais, en même temps qu'ils apportaient ces fausses nouvelles, les messagers apportaient aussi quelques journaux suisses, annonçant la concentration de l'armée de l'Est pour se porter vers Belfort, débloquer la place, et de là menacer les communications de la grande armée allemande.

C'était l'explication des incertitudes de l'ennemi et de son intention de nous donner le change sur ses causes par de fausses nouvelles.

Reconnaissances de l'ennemi. Ordres.

En même temps, les Prussiens renouvelaient leurs tentatives de reconnaissances par des hommes isolés, non-seulement sur Danjoutin, mais aussi sur Pérouse.

Ils essayaient aussi par le même moyen d'observer les effets de leur tir sur Danjoutin et la gare. Plusieurs de leurs hommes avaient été, durant ces manœuvres, tués par nos éclaireurs.

Le poste de Pérouse avait reçu l'ordre de tenir toujours des éclaireurs prêts à s'emparer des hommes chargés de ces reconnaissances isolées, et à chasser les petites patrouilles qui parfois les appuyaient.

Craignant que ces reconnaissances fussent le prélude de quelque attaque, le commandant supérieur augmenta de deux compagnies du 3e bataillon du 57e

(Haute-Saône), la garnison de Pérouse, position que nos travaux avaient étendue, et où l'achèvement de nouveaux abris permettait un accroissement d'effectif.

En même temps, le gouverneur signala au curé de Belfort la conduite de celui de Danjoutin, qui semait la démoralisation parmi les troupes et les excitait au mépris des officiers. Le commandant supérieur fit savoir au curé de Belfort qu'il déploierait la dernière sévérité si pareil fait se renouvelait, ce qui dépasserait les proportions d'une simple quoique coupable légèreté.

Nouvelles batteries ennemies. — Bombardement de Pérouse.

La journée du 7 janvier devait être fertile en événements. Le 6, dans la journée et la nuit, on entendit divers bruits de travaux de l'ennemi, dérobés à notre vue par les bois.

Il construisait des batteries, et, le 7, il en démasqua quatre comprenant seize pièces situées sur le flanc du Bosmont du côté de Danjoutin.

Elles tiraient sur le Château, les Perches, Danjoutin et enfin Bellevue, qu'elles prenaient à revers, et qui ne recevait plus autant de coups venant de Bavilliers ou d'Essert. Elles furent immédiatement contre-battues par les Perches et le Château.

Les Prussiens tirèrent aussi ce jour-là contre Bellevue avec deux nouveaux mortiers du calibre de 21 centimètres environ, placés dans la batterie de mortiers rayés déjà construite en avant de Bavilliers. Enfin, ils ouvrirent aussi contre Pérouse le feu d'une batterie de siége, armée de quatre canons, établie près de la gare de Chèvremont. Ils commençaient ainsi contre Pérouse la même action de siége et de bombardement spécial que contre Danjoutin.

Cette recrudescence de feux donna au bombardement une intensité énorme durant toute la journée du 7. Elle semblait de plus indiquer, par la disposition des batteries, la résolution définitive de l'ennemi de porter son effort sur les Perches, ce qui devait impliquer l'attaque prévue contre Danjoutin, et pour laquelle le commandant de cette position avait déjà reçu avec insistance toutes les instructions nécessaires.

L'ennemi renonce à l'attaque de Bellevue.

En même temps, la nature du tir contre Bellevue et la cessation de tout travail actif aux approches contre cet ouvrage donnaient à penser que la marche contre les Perches était non-seulement une extension, mais un changement complet d'attaque. On était en droit de supposer que l'ennemi renonçait à la prise de Bellevue, malgré les travaux qu'il avait déjà avancés jusqu'à environ 300 mètres de cet ouvrage et 150 ou 180 de sa contre-approche, travaux qui l'avaient occupé depuis cinq à six semaines.

Cette hypothèse semblait se confirmer encore d'après le résultat d'une reconnaissance poussée hardiment sur les tranchées d'attaque par quatre mobiles du Rhône, qui constatèrent que ces tranchées étaient inoccupées le jour et protégées seulement par le feu des batteries en arrière.

Ces conjectures étaient fondées, et depuis lors, jusqu'après la perte des Perches, les travaux furent nuls devant Bellevue. Le point le plus faible de la place, le plus dangereux pour le Château et les Perches, échappait donc à l'ennemi, qui perdait par là, en grande partie, le fruit de ses efforts depuis les premiers jours de décembre. C'était là, de sa part, à la fois une grande faute et un grand échec qui l'obligeaient à prendre pour ainsi dire, et après une énorme perte de temps, le taureau par les cornes en attaquant les Perches uniquement de front.

Nouvelle batterie ennemie. — Effets du feu.

Le soir de cette journée du 7 une nouvelle batterie encore ouvrit le feu de plusieurs mortiers contre la gare, Danjoutin et les faubourgs.

Elle était située dans le bois de Bavilliers, à environ 700 mètres de Bellevue, contre lequel elle devait tirer plus tard, après la prise de Danjoutin.

Le matériel des Basses-Perches et les maisons du faubourg de Montbéliard souffrirent fort dans cette journée du 7, du feu des nouvelles batteries du Bosmont.

Les abords de la gare furent, surtout le soir et dans la nuit, soumis à un bombardement énergique. Les Basses-Perches furent obligées de tenir hors de batterie, mais prêtes à y être remises pour appuyer Danjoutin, les pièces qui n'étaient pas destinées à répondre à ces batteries nouvelles.

La Justice et la Miotte les contre-battaient aussi,

avec celle de Chèvremont bombardant notre position de Pérouse.

Perte de Danjoutin.

Cette canonnade était un prélude d'attaque. Les Prussiens attaquèrent, dans la nuit même du 7 au 8 janvier, la position de Danjoutin, indispensable absolument à leur nouveau plan de conduite, et qui les entravait depuis si longtemps.

L'accroissement de leur feu, et leur décision à cette attaque, déjà tardive, étaient probablement le résultat d'une notable augmentation de leur effectif, produite en vue de pouvoir brusquer la chute de la place avant l'arrivée de l'armée de secours, ou tout au moins de pouvoir faire face à cette armée sans cesser le siége, ni débloquer Belfort.

Cette augmentation du nombre des ennemis semblait encore prouvée par le résultat des petites reconnaissances offensives du jour. Une entre autres, partie de Pérouse, avait mis en fuite un poste prussien entre Chèvremont et Denney, et se fût rendue maîtresse des effets abandonnés par ce poste, sans l'apparition d'une grosse colonne de 1,000 à 1,200 hommes venant au secours des premiers, apparition si rapide qu'elle dénotait la présence de forces considérables.

Quoi qu'il en soit, vers minuit, par une nuit obscure, quelques coups de fusil, peu nourris et très-intermittents, se firent entendre vers Danjoutin. Pérouse, les Perches, la gare, Bellevue, mis en éveil, s'apprêtèrent à agir en cas d'attaque du village ; mais ces petites fusillades maigres et décousues semblaient correspondre seulement à quelque échange de coups de feu entre les grand'gardes et les avant-postes, et ne permettaient absolument pas de diriger un tir d'artillerie au milieu de la nuit.

On resta donc partout en expectative, sans raisons d'agir, même aux Basses-Perches, ouvrage très-rapproché de Danjoutin, et qui, par l'ouverture de son feu, devait naturellement guider et conduire la canonnade des autres points.

La fusillade ne prenait ni intensité, ni étendue, ni continuité, et on fut bientôt rassuré partout, et convaincu qu'il ne se passait rien de sérieux. Cependant, vers une heure du matin, un sergent de mobiles du Haut-Rhin vint du Fourneau prévenir le commandant supérieur que Danjoutin était attaqué par des forces énormes, et complétement cerné, depuis quelque temps déjà, car il avait dû attendre pour se faire ouvrir les portes de la ville. En présence de ce fait d'apparence très-improbable, le gouverneur demanda par le télégraphe des renseignements aux Perches et à la Pérouse, et à tout événement fit sortir deux compagnies du 16ᵉ (Rhône), sous les ordres du capitaine Gaubert, pour aller s'adjoindre les troupes du Fourneau, y laisser deux compagnies, quoi qu'il arrivât, pour en assurer la garde, et essayer avec le reste de dégager Danjoutin. En même temps l'alarme fut donnée en ville et aux faubourgs, et tout le monde prêt à se porter au poste de combat.

Aucune dépêche télégraphique ne put être envoyée aux ouvrages de la rive droite de la Savoureuse, car les fils avaient tous été rompus par le violent bombardement de la journée.

Les réponses des Perches et de Pérouse aux demandes de renseignements du colonel Denfert semblaient toutes révoquer en doute une attaque sérieuse contre Danjoutin, à la suite de si petites fusillades.

Voici, par exemple, celle des Basses-Perches, ouvrage le plus voisin du village et qui recevait du gouverneur la nouvelle encore incertaine de sa position critique :

« Je reçois la même nouvelle du maréchal des logis de la batterie de campagne, émanant du lieutenant Robin. L'échange de coups de feu que j'ai vu vers minuit a cependant cessé assez rapidement et ne s'était produit que du côté du Bosmont seul. Je veille et ne vois rien qui puisse confirmer cette nouvelle.

« *Signé :*
« BRUNETOT, capitaine du génie. »

Cependant MM. Degombert et Châtel, qui s'étaient rendus chez le gouverneur en entendant battre la générale, furent envoyés au Fourneau pour tâcher de découvrir la vérité. Ils devaient s'éclairer à ce sujet, et en cas de réalité des nouvelles essayer avec les troupes du Fourneau de forcer l'ennemi, pour ouvrir le passage de Danjoutin.

Ils dirigèrent en effet en éclaireurs une vingtaine d'hommes, dont M. Degombert, bien au courant des chemins, prit la direction, afin de gagner le remblai du chemin de fer, où il était impossible de supposer que fût l'ennemi, et d'explorer les abords de Danjoutin.

Mais, quelque improbable que cela fût, l'ennemi était

déjà maître de ce remblai, et il accueillit notre reconnaissance par une vive fusillade ; M. Degombert, qui
marchait bravement en avant, tomba mortellement
frappé de plusieurs balles, et fut abandonné sur le terrain par ses hommes qui prirent la fuite. Heureusement le capitaine Gaubert vint le relever, et le ramena
pour mourir le lendemain, mais au moins dans la place
et entouré de Français.

La garnison faisait une grande perte dans la personne de ce capitaine du génie. Il était intelligent,
instruit, dévoué et d'une bravoure à toute épreuve.
Nul, excepté le gouverneur, ne connaissait la place,
non-seulement mieux, mais même aussi bien que lui.
Son esprit fin, observateur et audacieux, faisait de lui
un aide et un conseil pour le gouverneur, qui se l'était
attaché. Il remplissait auprès de lui un rôle moins en
vue peut-être, mais à coup sûr aussi utile, que celui
des officiers chargés de commandements effectifs,
même des plus importants. C'était une grande perte,
et il fut regretté du colonel Denfert et de tous ses camarades dont il avait l'estime et la confiance. Il mou-
rut, du reste, dans toute la plénitude de sa raison,
avec le calme et la sérénité d'une âme forte et cons-
ciente d'avoir accompli un noble devoir en donnant
son sang à notre pauvre patrie si accablée et si défail-
lante.

Le colonel Denfert, prévenu de ce qui se passait et
reconnaissant l'impossibilité de forcer le remblai du
chemin de fer, puissamment occupé par l'ennemi, ordonna au capitaine Gaubert de porter ses forces du
Fourneau entre les deux Perches, pour de là attaquer,
en descendant les pentes, l'ennemi sur le chemin de

fer vers le passage à niveau, et tourner ainsi le remblai.

En même temps, M. Lang, à Pérouse, reçut l'ordre de surveiller, par une compagnie, le passage à niveau du chemin de Vézelois, et de porter cinq autres compagnies sur Danjoutin, par le chemin qui longe le pied des Perches entre ces deux villages.

Deux compagnies du 84ᵉ furent portées à Pérouse, pour parer à la diminution d'effectif causée dans cette position par le mouvement ordonné, et le commandant Chapelot, du 84ᵉ, en prit le commandement.

Au reste, ces dispositions n'étaient que le rappel des ordres déjà donnés pour le cas d'attaque sur Danjoutin par la voie du chemin de fer, ordres non exécutés parce que rien n'avait permis de croire à la réalité de l'attaque.

Les Perches furent prévenues de cette action dirigée sur les derrières de l'ennemi, et durent se tenir prêtes à garnir les remparts.

Le capitaine Gaubert commença sans retard son attaque en descendant des Perches, déployé en tirailleurs. Mais il fut accueilli par un feu d'obus à balles, et bientôt, comme il lançait ses hommes, par la mitraille de huit pièces du Bosmont.

Notre artillerie des Perches, qui avait souffert durant la journée et n'était pas encore bien remise en état, ne put pas lutter avec assez de vigueur contre ces feux. Enfin, une grosse colonne d'infanterie ennemie se déployait contre nous, venant de Vézelois. Le mouvement ordonné à Pérouse ne s'effectuait pas vite, car il n'était pas prévu et les troupes n'étaient pas rassemblées; d'autre part, le jour venait. Nous

étions dans l'impuissance de réussir contre les forces
ennemies si supérieures en nombre, et le capitaine
Gaubert dut faire retraite.

On n'entendit du reste plus rien à Danjoutin et tout
semblait bien terminé, malgré la difficulté d'admettre
qu'un militaire instruit comme M. Gély se fût laissé
aussi cruellement surprendre.

En somme, l'ennemi avait tenté avec succès la dangereuse attaque enveloppante prévue dès longtemps,
et qu'un manque de surveillance avait pu seul faire
réussir, et empêcher de tourner à la confusion des assaillants.

Cela provenait de la mauvaise conduite de deux
compagnies de Saône-et-Loire, chargées de couvrir la
position contre cette attaque, en s'appuyant sur les
tranchées qui défendaient la voie ferrée.

Ces compagnies mal gardées par leurs sentinelles
aperçurent trop tard les nombreux ennemis qui venaient à elles, et se replièrent en désordre et sans
lutter vers le Fourneau, laissant le champ libre à
l'ennemi, qui longea le talus du chemin de fer et sé-
para le village de la place avant qu'on ait pu y prendre l'alarme et se préparer à combattre.

Il put dès lors entrer à Danjoutin, où il ne rencontra
que des résistances isolées et impuissantes, qui avaient
causé les fusillades décousues de la nuit. Pourtant,
d'après les renseignements que nous donnèrent plus
tard des prisonniers de guerre, la lutte fut encore assez
tenace, surtout de la part des éclaireurs du 65e qui
perdirent leur brave lieutenant M. Martin, et les 1re
et 3e compagnies de Saône-et-Loire.

Les officiers des compagnies, dont le manque de

courage avait causé ce désastre, montrèrent plus tard mauvaise volonté à se porter en avant sous les ordres du capitaine Gaubert. Le colonel Denfert les mit en accusation et les fit emprisonner, sans pouvoir malheureusement pousser l'instruction de l'affaire, par suite de l'absence des témoins à charge faits prisonniers à Danjoutin, et la poursuite de l'affaire dut être ajournée jusqu'après le siége [1].

Nous venions de perdre, après soixante-cinq jours de siége, notre premier village retranché, contre lequel l'ennemi avait échoué plusieurs fois, et sur lequel il avait commencé une véritable action de siége.

La perte la plus importante était celle de la garnison du village, faite prisonnière, à l'exception des deux compagnies de Saône-et-Loire dont la retraite prématurée avait fait réussir la surprise de l'ennemi. L'effectif des tués, blessés et disparus était de 698 hommes et officiers.

L'ennemi s'empressa de profiter de sa victoire pour activer ses travaux de siége, et, dès le matin même du 8, il commença audacieusement en plein jour le tracé de nouvelles tranchées, à la droite de Danjoutin.

Cependant son audace de tracer ainsi en plein jour ne lui servit à rien, car, aperçus de Bellevue, ses hommes furent dispersés, et non sans quelques pertes, par le canon de la redoute. Ils ne revinrent plus à cette témérité et durent se contenter des nuits pour leur travail.

1. Voir à la fin de l'ouvrage les pièces justificatives relatives à la prise de Danjoutin.

Nouvelles de l'armée de l'Est.

Dans la journée du 8, l'effet moral un peu décourageant, produit par la perte de Danjoutin, fut heureusement compensé par l'arrivée d'un douanier nous apportant une dépêche du consul de France à Bâle.

Cette dépêche nous annonçait l'arrivée prochaine et certaine du général Bourbaki avec 120 à 150,000 hommes. Cette nouvelle, portée à la connaissance de la garnison, par un ordre du jour, la remplit d'espoir pour elle-même et pour la France.

CHAPITRE VII

L'attaque se porte sur la rive gauche.

En jetant les yeux sur la carte numéro un, et remontant la vallée de la Savoureuse, on sent de quelle
importance avait été pour nous la conservation de
Danjoutin. Ce poste barre entièrement la vallée, coupe
et sépare en deux les attaques de l'assaillant et ne lui
permet pas de pousser en même temps les travaux du
siége sur les deux rives de la rivière.

En l'occupant jusqu'à la dernière extremité, le gouverneur faisait une des meilleures et des plus utiles
applications de son système général de défense : « Occuper les positions avancées, ne reculer que pied à
pied, et ne s'enfermer derrière les remparts qu'à la
dernière extrémité, » idée, qui, nous permettant de
profiter de la longue portée de l'artillerie rayée, nous
facilita notre longue et fructueuse défense.

Cette position pouvait sembler un peu en l'air, après

l'établissement de l'ennemi dans le bois de Bavilliers et dans le bois du Bosmont; mais, reliée comme elle l'était à la place par une série de postes protégés par les feux de Bellevue et des Basses-Perches, elle n'avait rien d'inquiétant. Nous avons vu, du reste, dans le chapitre précédent, que cette position, tournée et enlevée de nuit par de nombreuses forces prussiennes, ne l'avait été que grâce à la lâcheté et à l'incurie des deux compagnies de Saône-et-Loire placées de garde au passage à niveau.

Danjoutin pris, l'ennemi était maître de toute la vallée inférieure de la Savoureuse; il pouvait relier ses attaques de la rive droite à ses attaques de la rive gauche, et donner à celles-ci plus d'importance.

En décembre, il semblait attaquer le fort des Barres et Bellevue à la fois. Aujourd'hui, il paraît changer de plan et porte ses efforts contre la gare et les Perches. Dès le lendemain 9 janvier, il cherche à établir de nouvelles batteries entre la route de Montbéliard et le chemin de fer de Besançon, près des deux premières maisons du village de Danjoutin en venant de Belfort. Du côté de Bellevue, l'ennemi s'arrête à son poste de la Tuilerie, se borne à consolider ses communications en arrière et commence des amorces de nouvelles tranchées, auxquelles s'appuieront plus tard ses batteries de Danjoutin.

Le feu continue cependant sur les Barres et Bellevue, mais avec moins d'intensité et seulement pour nous inquiéter et masquer un changement d'attaque.

Bombardement des Perches.

Le feu contre le Château s'adresse surtout aux pièces des enceintes supérieures, qui, par leur tir au-dessus des Perches, peuvent gêner les cheminements en avant de ces ouvrages ; d'ailleurs de ses positions d'Essert et de Bavilliers l'ennemi avait précédemment, par son feu d'enfilade, désarmé en presque totalité les enceintes basses, dont les pièces n'étaient pas protégées suffisamment. On trouve en même temps plus de rectitude dans son tir ; les batteries du pied du Bosmont et celles de Bavilliers, qui jusque-là avaient porté leurs coups sur les abords des Perches et sur la gorge, tirent aujourd'hui sur le terre-plein et sur les abris ; c'est, en un mot, un véritable bombardement pour les Perches.

Ce bombardement rend le séjour des redoutes pénible, mais il n'a pas cependant la précision mathématique qu'il acquiert pour les autres ouvrages de la place. C'est qu'il ne faut pas perdre de vue, en effet, un point important, sur lequel nous aurons du reste à revenir lors de l'attaque du 26 janvier ; en s'emparant de Strasbourg, direction du génie dont dépendait Belfort, l'ennemi s'était procuré les plans directeurs de notre forteresse, qu'on n'avait pas eu le soin de détruire, en sorte que chaque abri, chaque voûte, chaque magasin à poudre, lui était admirablement repéré, et il y pouvait lancer ses obus et ses bombes à coup sûr, tandis que sur ces mêmes plans n'étaient marquées ni les Perches ni Bellevue construits depuis la guerre, dont il ne pouvait pas, par suite, connaître aussi bien tous les détails.

Précautions en cas d'attaque des Perches.

La prise de Danjoutin, en changeant l'attaque ennemie, changeait par cela même en partie notre défense,
aussi le gouverneur crut-il devoir faire de nouvelles
recommandations appropriées à notre situation nouvelle, et prendre en même temps de minutieuses précautions pour éviter une surprise. Les avant-postes
furent multipliés, et, pour ne rien distraire de la garnison des redoutes, ils furent fournis par les troupes
occupant des positions avancées et extérieures. La
batterie de campagne que le capitaine de la Laurencie
avait par ordre établie derrière des épaulements légers
sur la croupe des Perches, en vue de défendre Bellevue
et les Barres, reçut une autre destination. Cette batterie ne devenait plus que secondaire, et sa position ne
la mettait plus à l'abri d'une attaque hardie ; l'ennemi,
après avoir repoussé les avant-postes du Fourneau,
pouvait, avant l'arrivée des attelages éloignés, sinon
enlever, au moins bouleverser et enclouer les pièces,
après s'être massé sans être vu derrière la levée du
chemin de fer, dont nous étions très-rapprochés.

Les munitions elles-mêmes étaient exposées, car
quelques jours auparavant nous avions dû sortir un à
un nos projectiles d'un chaume incendié, et les faire
rouler jusqu'en bas du village en flammes. La batterie
fut reconduite en ville de nuit, sans accident, et établie le lendemain en avant de la lunette 18, au tournant
de la route de Pérouse, qui, passant en déblai dans le
glacis du Château, présentait un épaulement presque

tout préparé pour des pièces appelées à défendre les gorges des Perches, et au besoin le flanc gauche et l'avancée de Bellevue.

Nous entendons le canon de Villersexel.

C'est vers cette époque, 9 janvier, que le canon de l'armée de secours se fit entendre à nous ; la première nouvelle en vint de Bellevue, puis les autres forts la confirmèrent. La direction semblait être pour les uns celle d'Héricourt, et pour les autres celle de Chalonvillars, mais pour tous la nouvelle était sûre, on venait à nous, nous n'étions pas oubliés, et surtout, nous l'espérions du moins, ces mouvements d'une grande armée française en Alsace devaient correspondre à quelque grand succès de nos armes ; aussi, comme le disait en son langage imagé un des rapports du lendemain, jamais plus délicieuse ni plus douce harmonie ne fit tinter oreille humaine.

Renforts à Pérouse.

Mais la défense, et la défense à outrance, n'était pas le seul rôle dans lequel croyait devoir se renfermer le colonel Denfert, il considérait sa mission comme plus étendue. En prévision surtout de l'arrivée de l'armée de secours, il se tenait prêt à lui fournir un solide appoint matériel et moral, en faisant sur les derrières de l'ennemi une diversion puissante ; c'est dans ce but que les troupes de Pérouse furent renforcées, que notre meilleure infanterie, c'est-à-dire le bataillon du 84ᵉ, y fut concentré tout entier, et qu'enfin le commandement général des forces réunies dans ce village fut confié au commandant Chapelot. Cet officier supérieur, plein de sang-froid et de coup d'œil militaire, méritait à tous égards d'être distingué par le commandant supérieur. Chaque fois, du reste, qu'une place devenait vacante, le gouverneur s'attachait à faire un bon choix, et c'est à l'amélioration apportée progressivement dans les commandements et dans les cadres, que furent dus les succès de la garnison, plus grands à la fin du siége qu'au commencement; chaque fois qu'il fallait nommer à un emploi quelconque il ne le faisait qu'après mûre délibération, et après s'être. entouré de tous les renseignements possibles, comme ses dépêches en font foi à l'occasion de la nomination du commandant Lang, et plus tard du commandant Ménagié, du commandant Suchet, du commandant Perrin et d'une foule d'autres officiers. Il était sévère pour tous, n'hésitait pas après chaque affaire à traduire en conseil de guerre les officiers coupables, mais lorsqu'une erreur s'était glissée dans un rapport, il savait écrire publiquement à l'officier injustement accusé pour le relever du blâme; M. Meyer en eut la preuve après Danjoutin, et plus tard, M. Obert, après l'assaut repoussé des Perches.

Modifications d'armement pour économiser les obus.

Nos munitions rayées s'épuisaient chaque jour. Le prédécesseur du colonel Denfert ne croyant pas au

siége de Belfort, avait refusé les projectiles que l'indus-
trie privée lui offrait; le ministère n'avait eu ni le
temps ni les moyens de nous en faire parvenir avant
l'investissement; la fonderie établie depuis le siége
n'en fournissait que très-peu malgré le zèle de M. Bornèque.

Il fallait aviser; aussi presque chaque dépêche du
gouverneur aux capitaines d'artillerie porte-t-elle,
à partir de ce jour, l'empreinte de cette constante
préoccupation. Réduisez votre tir du 12 et du 24,
dit-il, réservez-le pour les grands moments, lancez
des bombes tant que vous pourrez, et surtout rem-
placez vos pièces rayées par des pièces de 16 et de
12 lisses, partout où vous le jugerez convenable, c'est-
à-dire partout où vous avez à tirer plutôt sur des ouvrages ou des levées de terre que sur des hommes.

C'est dans cet esprit et en rendant compte au gouverneur, que fut modifié l'armement du Château, de
la Justice et de Bellevue, et c'est aussi pour répondre à
la même pensée que fut établie la grande batterie de
mortiers du bastion douze. Presque tous ceux des
trois enceintes et du cavalier s'y donnèrent rendez-
vous; trois mortiers de trente-deux centimètres, trois
mortiers de vingt-sept centimètres et trois mortiers
de vingt-deux centimètres. Il étaient établis derrière
un simple petit mur, mais sur une pointe si étroite
que les projectiles ennemis passaient par-dessus, et
qu'on eut peu d'accidents à y déplorer. L'ennemi ne put
éteindre leur feu qu'en les prenant par derrière, et en
renversant sur eux l'épaulement tout entier que l'on
avait à dos, enfouissant ainsi notre matériel sous plus
de trois pieds de terre. Cette batterie avait heureuse-

ment vécu longtemps et bien vécu, en poursuivant
l'ennemi dans ses tranchées jusqu'à 2,800 mètres, et
même souvent jusqu'à 3,000 mètres. Nos vieux affûts
se plaignaient bien quelquefois de charges un peu
fortes mais la fonderie nous refaisait des flasques solides et l'atelier de la batterie réparait avec une forge
de campagne les boulons et les entretoises.

Des pièces de 16 lisses établies dans de très-bonnes
conditions, et en des points très-bien choisis par le capitaine Vallet de la mobile du Haut-Rhin, lançaient
des masses de boulets sur les travaux de Danjoutin, que
l'on parvenait ainsi à ralentir, sinon à arrêter.

Pendant ce temps, M. Gérard [1], lieutenant à la même
batterie de la mobile, caché derrière le mur du fossé
de l'enceinte intermédiaire, lançait tout le jour avec
courage des obus de quatre sur les colonnes et sur les
postes ennemis : sa pièce usée, il la changeait et revenait toujours avec empressement à son poste.

Nos pièces collées derrière les murs, notoirement
les deux du cavalier, et les pièces retournées du Château, de la Justice et de la Miotte, rendaient aussi de
grands services et en eussent rendu de bien plus
grands, sans notre pénurie de projectiles. On les réglait

1. Cet officier, plein de courage, instruit et passionné pour le
métier d'artilleur, donna plus tard sa démission pour s'engager
dans l'armée permanente. Le gouverneur, qui avait su l'apprécier, lui fit suivre rapidement les premiers échelons, et, sur
proposition régulière, le nomma, quelque temps après, sous-
lieutenant dans la batterie du capitaine Laborie, où il était
très-nécessaire.

Le choix fut heureux, car cet officier a été décoré, après six
mois de service, pour sa belle conduite dans Paris pendant les
journées de mai.

de jour à l'aide de fiches plantées en terre que l'on éclairait ensuite la nuit par des mèches à canon.

Travaux au Château.

Tous ces travaux et tous ces essais se faisaient sous le feu sévère de l'ennemi, qui heureusement se ralentissait un peu au crépuscule, mais qui, dans les premiers jours de janvier, était venu, comme nous l'avons dit, puiser une force nouvelle dans l'établissement à Bavilliers de pièces d'un très-gros calibre. Ces pièces ou obusiers courts, montées sur des affûts assez semblables à nos affûts de marine, étaient rayées et lançaient des projectiles oblongs d'un poids considérable, armés de fusées percutantes[1]. A l'Exposition de 1867 les Prussiens nous avaient présenté un modèle de cette arme Krupp[2], mais d'un si fort poids, que l'emploi n'en paraissait pas facile, et ce n'était qu'un modèle réduit dont ils nous faisaient l'honneur. L'effet des premiers coups arrivés au Château fut tel, qu'on n'hésita pas à l'enceinte supérieure à vider et abandonner de suite les abris qui restaient encore debout, pour transporter dans les voûtes d'éclairage du magasin à poudre (bastion 13), l'atelier de confection et les dépôts de munitions; il y avait danger certainement dans cette accumulation, mais danger moindre que celui que l'on évitait ainsi, comme le montra bien du reste

---

1. Ces projectiles, appelés *enfants de troupe* par nos soldats, pesaient 78 kilog. environ.

2. Ainsi nommée du nom de son inventeur, industriel de la Prusse rhénane.

la suite du siége. Les projectiles Krupp étaient doués
d'une très-grande puissance d'écrasement, sans cependant avoir une force vive de beaucoup supérieure à
celle de nos projectiles de vingt-quatre, n'étant animés que d'une vitesse relativement assez faible. Cet
écrasement était dû surtout à la charge énorme de
poudre qu'ils contiennent à l'intérieur; le projectile
entre profondément dans la terre, éclate ensuite, et
l'effet de projection et de destruction se produit en
avant, vu la masse considérable du culot; il agit, en un
mot, à l'imitation d'un fourneau de mine.

L'attaque des Perches se dessine.

Pendant que nous songeons à nous garantir du
Krupp, l'attaque sur les Perches se dessine de plus en
plus; c'est d'abord un bombardement à outrance pendant tout le milieu de janvier, puis les travaux en
avant de Danjoutin avancent, ils prennent forme, on
voit même clairement les batteries s'édifier, et nous
ne pouvons les inquiéter que par des projectiles pleins
d'un médiocre effet; il faut cependant s'y résoudre,
sous peine de manquer bientôt de projectiles rayés, et
de n'avoir plus que la fusillade pour répondre aux
attaques de vive force. Ces lois d'économie nous sont
imposées par le gouverneur, nous en comprenons la
sagesse; mais que de fois aussi reprochons-nous cette
autre économie imprévoyante qui fit refuser, trois mois
avant, les offres si patriotiques du directeur des forges
d'Audincourt; cette fonte, que l'on a refusée toute
moulée, toute prête pour nous, nos ennemis nous la
renvoient aujourd'hui sous une autre forme.

Faits et ordres divers.

Éclairé par l'exemple de la surprise de Danjoutin, le colonel Denfert y trouve une nouvelle occasion de revenir encore par des écrits nombreux sur les précautions à prendre pour éviter pareil malheur aux autres villages avancés. Le soldat doit y reposer, dit-il, habillé et chaussé, son sac doit être bouclé, son fusil à portée et classé avec ordre ; l'officier doit être cantonné près de ses hommes et à son poste de combat. Ces recommandations sont pour tous, mais particulièrement pour la Gare qui semble plus menacée.

Et tout ceci s'exécutait au son du bruit lointain du canon, que répercutaient les échos des Vosges du Jura. L'armée de secours avance toujours dans notre direction, donnant encore une nouvelle importance aux recommandations de vigilance que le gouverneur adresse à tous les commandants de forts : « De grands mouvements de troupes françaises s'effectuent pour venir nous dégager, la résistance de Belfort importe au plus haut degré au succès de ces armées ; la délivrance de la patrie, le salut de Paris peuvent en être la conséquence, que chacun le sache, et qu'il y puise l'ardent désir de mieux que jamais faire son devoir ; son sang ne sera pas inutilement versé s'il doit l'être. Veillons. »

Mais si nous veillons pour le salut de Belfort, d'autres semblent aussi veiller en espions, et informer l'ennemi ; les distributions commencent à se faire par corvées dans la cour de l'Espérance, les Prussiens le savent aussitôt et font pleuvoir leurs projectiles, à point nommé, sur ce côté du rempart, et il en sera ainsi pendant tout le temps du siége, quelques variations qu'on apporte dans les heures. C'est là que se trouve notre principal hôpital, mais heureusement il est muni du côté de l'ennemi d'un très-solide blindage, contre lequel les projectiles ne peuvent rien, meilleure garantie pour lui que le drapeau international qui flotte sur son toit.

Effets du tir ennemi. — Travaux.

C'était du douze et du vingt-quatre qui arrivait en ville, parce que les canons Krupp étaient encore exclusivement réservés au Château ; ils faisaient un tir continu et à volonté sur le magasin à poudre du bastion 13 et sur le cavalier, mettant à une rude épreuve les blindages que la première batterie du septième d'artillerie avait établis d'avance au-dessus de ses pièces de vingt-quatre les plus importantes, et sur toute la face extérieure du Château, dont la maçonnerie, presque tout en vue, présentait une proie trop facile à l'ardeur destructive de l'ennemi. Chaque jour les embrasures des pièces des casemates étaient bouchées, les masques en rails, en bois et en terre bouleversés, les merlons renversés ; il fallait travailler la moitié de la nuit pour réparer le dégât. Mais le blindage principal collé contre le mur résistait, et les pièces demeuraient intactes. Quant aux cages faites autour des autres pièces, elles furent moins heureuses ; celle de *Catherine* résista bien jusqu'à la fin, moyennant quelques réparations, parce qu'elle ne se trouvait pas dans la course descendante des projectiles Krupp ; mais une de celles du bastion 15 fut percée d'outre en outre, sans dégât il est vrai pour la pièce qui put tirer le soir même. Pour donner une idée de la puissance de ce projectile, qu'il suffise de dire que la couche ainsi percée se composait d'un plancher de pièces de sapin de cinquante à soixante centimètres d'équarrissage, d'une couche de rails jointifs, champignons en l'air, c'est-à-dire douze centimètres d'épaisseur de fer, d'un mètre de fumier, de deux mètres de terre, et enfin d'une couche de rails à plat; encore ce blindage ne fut-il pas brisé par simple fracture, mais percé comme à l'emporte-pièce.

L'ennemi poursuit toujours, on le voit, d'une façon spéciale l'écrasement du Château, position centrale; il veut éteindre ces feux qu'il voit sans cesse se ranimer malgré cinquante jours de bombardement, et qui peuvent étendre leur protection partout où besoin en est; mais il n'oublie pas pour cela les villages que nous occupons encore, ni les forts extérieurs. Pérouse commence à souffrir beaucoup, plusieurs incendies s'y déclarent et il faut les éteindre sous les obus que l'ennemi fait toujours pleuvoir sur toute maison qui prend feu ; le soldat souffre là d'autant plus qu'il n'a rien pour s'abriter. Le commandant Chapelot pressait bien de toutes ses forces l'établissement des abris que le gouverneur avait commandé de faire dans le bois, mais son énergie, doublée de l'intelligente initiative du commandant Lang et de la bonne volonté du lieutenant Thibaudet, ne pouvait suppléer au temps et aux bras; la terre est gelée, elle fait feu sous la pioche, se laisse difficilement entamer, et chaque mètre cube de

terre remuée représente presque une journée de fatigues. Sur les autres points on ne reste pas non plus
inactif : aux Barres on travaille à faire des chemins et
des traverses ; c'est là que se trouve le capitaine Quinivet et une partie de cette compagnie du génie qui,
sous son habile et vigoureuse direction, fut un modèle pour tous pendant tout le temps du siége ; fallait-il combattre, fallait-il travailler, elle était toujours
prête. Là on emploie en outre pour les travaux les condamnés à des peines disciplinaires, et bientôt même
on leur rendra leurs armes pour ne se priver d'aucun
feu au moment de l'attaque et pour reconnaître aussi
le sincère repentir, dont l'ardeur du plus grand nombre est le sûr garant. On travaille à la Justice, où se
trouve M. Krafft, qui d'ingénieur devenu par patriotisme capitaine du génie auxiliaire, montra une fois
de plus que la bravoure et l'énergie furent toujours
d'accord avec l'intelligence et la science. A la Miotte
on veille avec le capitaine Sailly, et malheur aux colonnes ou convois qu'on lui signal à portée de son
canon toujours respecté.

Travaux de l'ennemi à Danjoutin.

Dans la nuit du 12 au 13 janvier l'ennemi paraît
armer ses batteries de la tête de Danjoutin où nous le
voyons travailler depuis la prise du village ; elles sont
dirigées sur le Château, sur les Perches et sur la Gare ;
nous craignons une attaque de ce côté, mais nous ne
la redoutons pas. Le colonel Denfert écrit en effet à ce
sujet : « Si l'attaque de la Gare a lieu, je n'admets pas

qu'elle réussisse et que les hommes reculent, quel que soit le nombre des ennemis, tellement vous êtes soutenus par l'artillerie. Du reste, mon ordre du 24 décembre vous dit à tous ce que vous avez à faire en cas d'attaque, vous n'avez qu'à vous y reporter. » En même temps il ajoutait relativement à cette grande tranchée reliant Bellevue et les Barres, et que le capitaine Thiers lui signale comme n'avançant pas malgré son importance : « J'apprends que malgré mes ordres réitérés le travail de la tranchée de Bellevue et des Barres marche irrégulièrement. Il doit y avoir un officier responsable de ce travail. Je veux savoir son nom tous les jours jusqu'à la fin des travaux. Il doit remettre le travail et les outils à l'officier responsable le jour suivant. Que chacun veille, en ce moment il faut avoir de la vigilance et de l'activité plus que jamais. »

État moral des habitants.

Pendant tout ce temps la même pluie de fer inondait la ville ; l'ennemi n'y peut cependant allumer aucun incendie, grâce à l'active surveillance des pompiers et au zèle intelligent du maire, M. Mény, qui pendant ce long siége ne faillit pas un seul jour à sa noble mission, et sut en se multipliant créer des secours pour les plus pauvres et soutenir l'énergie de la population. Si les maisons tombaient, on peut dire, suivant la belle parole d'Horace, que les ruines de Belfort trouvaient le Belfortain impassible ; personne ne se plaignait, chacun jurait de tenir jusqu'au bout, et lorsque des malveillants répandirent en ville le bruit que nous allions manquer de projectiles creux, ils trouvèrent tristesse et non joie chez leurs auditeurs. Malgré tout, le gouverneur devait s'émouvoir et s'émut de ces bruits qui, circulant sournoisement, pouvaient à la longue porter le découragement dans l'âme de plusieurs, en les faisant douter du succès ; aussi fulmina-t-il les ordres les plus sévères contre ces colporteurs de mauvais augure.

Batailles de l'armée de l'Est. — Sorties de Belfort.

Le moment, en effet, était bien mal choisi pour se laisser abattre et amollir ; de tous les points de la place on signalait de grands mouvements de l'ennemi tout autour de nous et tous dans le sens d'un élargissement du blocus ; son tir devenait moins rapide, trois à quatre mille coups par jour tout au plus, plusieurs embrasures étaient muettes, et examinées à la lunette semblaient même veuves de leurs pièces. Les Prussiens armaient leur ligne de circonvallation qui, s'étendant de Châtenois à Frahier, sur la rive droite de la Savoureuse, en suivant la ligne des hauteurs de Brevilliers, Banvillars, Urcerey, Châlonvillars, rejoignait leur ligne de défense plus avancée, située derrière la Lusine et qui s'appuyait à Héricourt, Chagey, Chennebiers et Frahier. On entendait dans le lointain gronder le canon qui dominait ces hauteurs ; nous savions que le général Bourbaki venait, nous avions foi en lui, d'autant plus facilement qu'une dépêche du sous-préfet de Montbéliard nous annonçait les résultats heureux de la bataille de Villersexel. Le gouverneur les fit aussitôt connaître à la ville et aux forts. La victoire frappait presque à notre porte, elle venait enfin retrouver le drapeau français, et chacun sentait son cœur s'ouvrir à l'espérance.

Après sa victoire, l'armée de secours pousse en avant, et dès le matin du 15 la Miotte signale son canon à peu de distance de la ville, c'est un grondement sourd analogue à celui du tonnerre; chacun veut l'entendre, on monte sur les parapets, on prête l'oreille et l'on redescend aussitôt pour communiquer partout la bonne nouvelle. Les habitants sortent de leurs caves et se mêlent à la garnison, sans souci des projectiles ennemis qui sillonnent l'air pour bien nous rappeler que l'étranger est encore entre nous et nos frères. La confiance n'en est pas altérée, l'armée du général Bourbaki avance et avance toujours, on distingue maintenant le bruit de la fusillade du bruit du canon, sous peu nous serons réunis et l'ennemi enveloppé, car on entend en même temps que l'action engagée à Héricourt, le bruit d'une autre action dans la direction de Lure.

Mais l'arrivée de cette armée de secours avait dû obliger le corps du général Werder, chargé de la garde des lignes de circonvallation, à se masser derrière la Lusine; les troupes du général Treskow, particulièrement chargées du siége proprement dit, avaient dû concourir pour partie à cette défense. Dans quelle proportion s'était exécuté ce mouvement, la ligne de contrevallation était-elle suffisamment forte encore pour résister à une sortie vigoureuse de la garnison, et les postes extérieurs étaient-ils aussi solides que par le passé? Telles étaient les questions que se posait le gouverneur, et tels étaient les points sur lesquels il devait s'éclairer avant de rien entreprendre pour donner la main au général Bourbaki ; aussi commanda-t-il trois reconnaissances pour la journée du 15 janvier, une entre Essert et Bavilliers, une autre dans la forêt d'Arsot, la troisième sur Chèvremont.

Il donna à chacun des commandants de la Gare, de la Forge, de Pérouse des recommandations à cet égard, leur rappelant que, vu l'éloignement du canon français, ils n'avaient à exécuter qu'une simple reconnaissance sans déployer trop de troupes, sans trop les aventurer, mais néanmoins en engageant avec les postes ennemis une fusillade nourrie, qui, le laissant dans l'incertitude sur nos intentions, inquiéterait ses derrières et aurait pour le moins l'avantage de gêner et paralyser son mouvement général de concentration. Si un poste paraît faible, on devra le refouler le plus loin possible et en rendre compte de suite, sans le pousser jusqu'à ses réserves. Pour augmenter l'erreur de l'ennemi, toutes les tranchées un peu en vue seront pendant ce temps garnies de fusiliers, la baïonnette au canon, espacés et circulant pour faire croire à de nombreuses troupes de soutien.

Enfin l'artillerie des forts, par une vigoureuse canonnade, devait appuyer cette démonstration, sans oublier que l'état de nos munitions exigeait impérieusement que la canonnade fût courte.

La reconnaissance dirigée sur la forêt d'Arsot (commandant Duringe) se divisa en deux parties : la première alla dans la portion de la forêt voisine du Valdoie, et après avoir repoussé à coups de fusil les sentinelles et le petit poste, elle se trouva arrêtée par une barricade partant de la limite de la forêt du côté du Valdoie et allant jusqu'à la crête. La deuxième se porta sur les carrières d'Offemont, fit replier les sentinelles, mais trouva trop de résistance pour pénétrer dans le bois.

La reconnaissance sur Chèvremont partit des carrières du bois au sud de Pérouse et s'élança au pas de course sur le village. Aussitôt que les Prussiens aperçurent nos éclaireurs, ils quitèrent leurs postes avancés et se réfugièrent au nombre de deux cents environ dans les maisons du haut du village. Les nôtres se portèrent dans les premières maisons à deux cents mètres de la tranchée du petit bois près de Chèvremont. Ils échangèrent des coups de fusil avec l'ennemi pendant une demi-heure, après quoi ils se replièrent pour l'attirer.

Il sortit en effet et se mit à les poursuivre. Au bout de quelques minutes, les nôtres reprirent l'offensive, et les Prussiens s'enfuirent de nouveau. Les éclaireurs cessèrent leur poursuite en voyant arriver de Bessoncourt et de Vézelois des colonnes appelées au secours de Chèvremont.

La reconnaissance dirigée entre Essert et Bavilliers partit de la tranchée entre les Barres et Bellevue, et s'engagea jusqu'à trente mètres environ des batteries ennemies où elle fut reçue par une vive fusillade et par des coups de canon. Elle aperçut sur sa droite environ trois cents hommes descendant du Mont pour venir l'attaquer, et une colonne de cavalerie se dirigeant de Châlonvillars sur Essert et Bavilliers dans l'intention de la tourner ; elle dut alors se replier en combattant.

Quant à l'artillerie, elle joua le rôle qui lui était assigné, et au Château on doubla même la voix de *Catherine* par une pièce du bastion 14, tirant à blanc dans le but d'augmenter l'effet moral.

Les deux premières reconnaissances avaient été faites conformément aux ordres donnés; il n'en était pas de même de la troisième : une lenteur blâmable avait présidé à son exécution, et le commandant qui en était chargé n'avait pas été s'entendre avec le capitaine Thiers, commandant de Bellevue, comme il était nécessaire et comme il en avait reçu l'ordre ; aussi le gouverneur lui en fit-il un reproche sévère qu'il terminait par ces mots : « Quand on ne veut pas apporter plus de zèle à son service, dans les circonstances où nous sommes, on n'accepte pas de commandement. »

Ces trois reconnaissances avaient atteint leur but, et nous avaient montré que l'ennemi n'avait pas encore affaibli le cercle qui nous enserrait. Le moment n'était donc pas venu de faire en faveur de l'armée de secours une diversion profitable, elle était encore trop loin, nous devions attendre, écouter et veiller. Heureuses veilles en tout cas, le canon était distinct, il avançait, non plus sur un seul point, mais sur toute la ligne, nous en étions sûrs, et les échos se le redisaient entre eux de Giromagny à Châlonvillars et de Châlonvillars à Héricourt.

Dans cette journée du 15, l'armée de l'Est s'était beaucoup rapprochée de la place, tous les rapports de la journée l'annonçaient; afin de témoigner de notre existence, le gouverneur ordonna vers le soir à toutes les pièces qui ne lançaient pas de projectiles, de tirer cinq coups à blanc comme salve de réjouissance. Cette salve dura quelques minutes, attira l'attention générale et fut entendue jusqu'en Suisse.

Mais en même temps, comme l'ennemi pouvait être obligé d'abandonner une partie de la ligne d'investissement, le colonel Denfert crut devoir prémunir les commandants des postes avancés contre les ruses que l'ennemi aurait pu tirer de la proximité de l'armée française en se présentant comme ami; il se ménageait en même temps la possibilité de recevoir un envoyé du général en chef français. Il donna donc des ordres pour qu'on redoublât de vigilance pendant la nuit, et qu'on tirât sans crainte et hardiment sur toute colonne qui se présenterait. Si un cavalier ou un homme s'avançait, on devait le tenir à distance, ne le laisser approcher qu'après réunion du poste avancé sous les armes, et l'amener ensuite à la place ou au commandant supérieur.

Dès le matin du 16 la canonnade des armées en présence recommença. Au point du jour le ciel était très-pur, et l'observateur placé au sommet de la tour de la Miotte signala qu'il apercevait des batteries françaises semblant être en position sur le plateau à mi-côte du mont Vaudois [1], au-dessus du village de Brévilliers, et les batteries prussiennes opposées sur le plateau au delà du village de Banvillars; les batteries françaises paraissaient nombreuses. Tout ceci aurait donné à penser que l'armée française avait dû occuper la veille,

---

1. C'était une erreur, l'observateur voyait là deux lignes de batteries prussiennes; les nôtres étaient sur le versant opposé et plus en arrière.

vers la fin de la journée, la ville d'Héricourt; ce n'était malheureusement pas vrai.

En même temps qu'on entendait le canon plus rapproché dans la direction d'Héricourt, un son plus lointain se faisait entendre du côté de Montbéliard et des sons beaucoup plus distincts du côté de Châlonvillars. La canonnade partant dans la direction de Châlonvillars augmenta bientôt d'intensité, et il était évident qu'une portion de notre armée faisait de ce côté un vigoureux effort contre l'ennemi.

D'autre part, le bruit du combat engagé en avant d'Héricourt s'étant déplacé sensiblement vers la gauche, il devenait possible que l'ennemi fût rejeté sur la place, en partie du côté d'Essert, et en partie sur la rive gauche de la Savoureuse, pour reprendre sa ligne de retraite par la route de Sévenans, Meroux, Vézelois, Chèvremont.

Pour contrarier ces mouvements, gêner la retraite et aider à une destruction plus complète, le gouverneur chercha à appuyer les opérations de l'armée de secours, et ordonna en conséquence deux démonstration dont il indiqua le but et régla les détails généraux, tout en laissant aux commandants des colonnes le soin d'apprécier le moment opportun de les engager.

D'autres ordres indiquèrent aux autres chefs de service ce qu'ils devaient faire pendant ce temps, soit pour ne laisser aucun poste inoccupé, soit pour soutenir les combattants.

La première démonstration devait avoir lieu entre Essert et Bavilliers et être formée d'une puissante ligne de tirailleurs, soutenus par des réserves qu'on pouvait abriter dans les plis successifs qu'offre le terrain en remontant vers Essert; elle était confiée au commandant Chabaud, du 4e bataillon de la mobile de la Haute-Saône, pour être exécutée par son bataillon, et par trois compagnies du 3e bataillon de la mobile du Rhône.

Il disposa deux compagnies, l'une du 4e bataillon de la Haute-Saône, l'autre du 3e bataillon du Rhône, formant en tête une ligne de tirailleurs très-espacés. Le capitaine Dubois qui commandait cette ligne avait ordre de déborder la route d'Essert de cinquante mètres sur sa droite, tout en prenant cette route pour direction. Derrière cette ligne, le reste du détachement formait une autre ligne de tirailleurs plus serrée appuyant la première, et soutenue à ses deux extrémités par deux petits pelotons marchant à cent mètres de distance en arrière.

Les troupes de la première ligne s'avancèrent résolûment. M. le capitaine Dubois s'élança avec sa compagnie sur les carrières de la droite de la route d'Essert, où l'ennemi avait établi une batterie de canons de 24 contre le Château et le fort des Barres. — Sur la gauche, après avoir un instant marché résolûment, la compagnie du 3e bataillon du 16e régiment se replia tout à coup en désordre, à l'exception d'une quinzaine d'hommes qui continuèrent à marcher en avant. Cette panique était due à ce que le capitaine qui commandait venait d'être blessé mortellement, et à ce que le sous-lieutenant qui devait prendre le commandement, avait jugé tout naturel et tout simple d'accompagner le brancard sur lequel expirait son camarade.

Malgré cet incident fâcheux à la gauche, malgré le

peu d'entrain du centre, la droite continua son mouvement avec résolution. Se portant au-dessus des carrières, malgré la mitraille qu'on lui envoyait, elle
arriva jusqu'à quatre-vingts mètres des pièces de position de l'ennemi et se posta de manière à prendre
d'écharpe ces batteries et les tranchées qui les protégeaient. Les hommes mettant genou en terre, fusillè-
rent à cette distance, pendant plus d'une demi-heure,
les canonniers et la garde de tranchée, ce qui mit un
tel désordre dans la ligne ennemie, que le feu des
pièces fut suspendu pendant plus de trois heures.

Après une heure de fusillade lointaine, nos troupes
ne voyant poindre aucun détachement de l'armée de
secours, durent se retirer et le firent en assez bon
ordre, en entraînant la compagnie de M. Dubois qui,
n'ayant pas vu son premier élan soutenu, avait dû se
replier déjà à hauteur du centre. D'ailleurs des troupes
ennemies sortaient d'Essert, les unes pour garnir les
tranchées, les autres pour gagner le Mont et prendre de
là à revers nos deux lignes de tirailleurs; il était donc
prudent de revenir si nous ne voulions pas être tournés.

Les artilleries du Château, des Barres et de Bellevue
aidèrent de leurs feux ces différents mouvements en
canonnant les positions et les tranchées ennemis.
Catherine II [1], égueulée la veille, avait pu reprendre
son tir pour cette occasion grâce aux ouvriers de la
batterie qui avaient passé toute leur nuit à limer ses
bavures.

---

1. *Catherine I* avait dû, en effet, disparaître quelque temps
avant; elle était entièrement usée par suite d'un tir de près de
cinq mille coups, tous tirés sur la même plate-forme en fer,
avec crosse enfoncée de 65 centimètres.

La deuxième démonstration devait être dirigée sur Chèvremont et Bessoncourt par le 84e de ligne. Le commandant en était confié au commandant Chapelot qui ne devait agir que si la canonnade se rapprochait; les circonstances n'ayant pas été celles qui auraient motivé cette sortie, cet officier supérieur laissa les troupes à leurs travaux d'abris et de tranchées. Sa conduite reçut l'approbation du gouverneur.

Le soir encore, pour nous rendre compte des changements que les événements de la journée avaient pu déterminer dans les postes occupés par l'ennemi, trois reconnaissances furent ordonnées: la première vers Essert et vers le Mont, la seconde sur la route de Monbéliard et vers le bois de Bavilliers, la troisième entre Valdoie et Offemont dans la forêt d'Arsot.

Ces reconnaissances faites dans la nuit du 16 au 17 constatèrent que l'ennemi avait plutôt augmenté que diminué ses sentinelles et ses postes, sans doute dans la crainte de voir se renouveler les attaques de la veille.

Dans la journée du 17, le canon de l'armée de secours semble rester stationnaire; la neige tombe en flocons serrés et couvre bientôt le sol d'une couche épaisse qui doit paralyser tous les mouvements et nuire surtout à l'assaillant; tout fait donc supposer que les armées ont dû conserver leurs positions respectives. Mais notre insuccès sur Essert dans la journée du 16 nous défend de renouveler nos tentatives contre un ennemi partout en forces supérieures, prévenu et retranché; et quant à essayer une sortie considérable, nous ne le pouvons sans compromettre la place, vu l'éloignement du général Bourbaki, notre manque de renseignements et notre petit nombre d'hommes valides. Il faut forcément attendre que quelque chose se décide sur cette immense ligne de feux qui n'occupe pas moins de vingt kilomètres sur notre horizon perdu.

Pendant ce temps on travaillait partout, profitant avec ardeur du répit relatif que l'ennemi nous laissait la nuit; on réparait ce qui était bouleversé, on entreprenait de nouvelles défenses et on chargeait les abris. Notre modèle à tous pour le travail était, nous l'avons dit, la compagnie du génie du capitaine Quinivet; aussi le gouverneur, pour profiter encore davantage, si c'était possible, du bon esprit qui animait cette troupe, se décida à cette époque à en augmenter les cadres. En prévision aussi de l'arrivée prochaine de cette grande armée, ayant après la levée du siége à manœuvrer dans l'Est avec Belfort comme pivot, le colonel Denfert avait donné l'ordre de rétablir le raccordement des fils télégraphiques extérieurs avec le bureau central. Pendant tout le siége du reste il ne cessa de porter son attention sur le service télégraphique qui, moyennant cette surveillance constante, remplit très-bien sa mission. Ce réseau qui reliait tous nos forts, et mettait ainsi dans la main du gouverneur l'ensemble de la défense, exigeait de fréquentes réparations; il ne se passa pas de jour peut-être qu'il n'y en eût quelqu'une à faire, elles n'étaient pas sans danger, et les agents, malgré tout s'y prêtèrent, il faut le dire à leur louange, avec beaucoup de zèle sous la surveillance immédiate de leur directeur, M. Robert. Sur quelques points importants le colonel Denfert fit même doubler les fils pour parer aux inconvénients résultant des interruptions.

Mesures et événements divers.

C'est à cette époque que la caserne du Château reçut son premier choc grave ; son matelas de terre était enlevé sur bien des points, et un gros projectile Krupp arrivant raser un endroit découvert, brisa la chape et produisit une large fissure dans la voûte au-dessus des logements occupés par les officiers du fort.

Un autre gros projectile avait dans la matinée du 15 blessé grièvement aux deux jambes le capitaine de la Laurencie. Il fallut l'emporter ; mais il ne voulut pas descendre à l'hôpital, se fit soigner à son poste et conserva sur sa demande le commandement de ses deux batteries. Son lieutenant, M. Thirion, dans l'énergie duquel il avait pleine confiance conserva en sous-ordre la direction de l'artillerie haute du Château.

Le gouverneur régla le même jour l'emploi que l'on devait faire des projectiles venant de la fonderie de Belfort. Les premiers projectiles qu'on y avait fabriqués étaient parfaits en tous points, et l'on essaya de continuer sur les mêmes données ; malheureusement, malgré tout le soin et le zèle qu'y mettait M. Bornèque, quelques variations s'introduisirent dans les mélanges de fonte, et comme on n'avait pas eu le soin, avant l'entrée à l'Arsenal d'une coulée nouvelle, de faire des expériences sur cette coulée même, on travailla quelques jours dans de mauvaises conditions et sans en être prévenu. Le nombre de ces projectiles en fonte

aigre et cassante se trouva ainsi trop considérable
pour qu'on pût les rejeter en présence de notre pénurie, et le colonel Denfert donna l'ordre de les tirer
dans une vieille pièce de Bellevue, poste avancé, où
les éclats prématurés étaient sans risques pour nous et
formaient mitraille sur l'ennemi.

Plus tard M. Bornèque eut l'idée de les remplir de
plomb ou de fonte; on les lança alors comme projec-
tiies pleins à longue portée, et dans de très-bonnes
conditions, ce qui eut l'avantage sur l'emploi précédent d'économiser les fusées dont à la longue nous
aurions pu manquer. Averti du reste de ces coulées
défectueuses, M. Bornèque sut y remédier, et faire
taire une fois encore ces oppositions sourdes, ridicules
et jalouses, qu'il avait rencontrées sans s'y arrêter au
début de son entreprise.

Ici se place aussi une lettre du colonel Denfert qui
montre bien quelle idée il se faisait d'une défense de
place, et sur quel pied il entendait rester pendant
tout le siége vis-à-vis du général Treskow campé sous
Belfort.

M. le lieutenant-colonel des Garets, commandant à
la Gare, lui avait adressé, au nom des officiers de son
régiment, une lettre dans laquelle ces derniers préten-
daient savoir que M. Martin, lieutenant commandant
la compagnie des éclaireurs du 65ᵉ, avait été tué dans
l'affaire de Danjoutin et demandaient qu'il réclamât
son corps, auquel ils voulaient rendre les derniers
honneurs.

Le colonel rejeta cette demande par la lettre suivante :

« En réponse à votre lettre de ce jour, j'ai l'honneur de vous informer que je rejette d'une manière absolue la demande de MM. les officiers du 1er bataillon du 65e régiment, pour les raisons suivantes :

« 1° Il ne m'est pas prouvé que M. Martin soit mort, et je ne veux pas entrer en explications sur ce sujet ;

« 2° Si M. Martin était mort, son corps serait probablement difficile à retrouver sinon impossible ;

« 3° Enfin, quand même la chose serait très-simple, l'ennemi accompagne ces renvois de formalités funéraires de nature à démoraliser tous ceux qui en sont témoins, et je ne veux avoir, tant que je serai assiégé, aucune communication avec l'ennemi.

« J'ajouterai que je me suis assez nettement expliqué, au rapport des chefs de service, contre des demandes de cette nature, pour que vous vous dispensiez de me les transmettre. »

Langage bien fait pour inspirer une sainte haine de l'ennemi ; la guerre est une monstruosité, qu'on ne la déclare pas en se jouant et avec légèreté de cœur ; mais lorsqu'elle devient nécessaire, et surtout lorsqu'on la subit, qu'on la fasse terrible.

L'armée de l'Est s'éloigne de Belfort.

Le désarmement partiel que les Prussiens avaient effectué, pour fortifier par des pièces de siége leur ligne de circonvallation, ne s'était étendu qu'à la rive droite de la Savoureuse ; les batteries de la rive gauche avaient été plutôt fortifiées qu'amoindries pendant ces

quelques jours, aussi le bombardement continua-t-il
avec vigueur sur les Perches et le Château, accusant
de nouveau cette ténacité germanique qui fit la force
des Prussiens dans cette campagne. Le calme des pièces de la rive droite pouvait tenir à une autre cause
encore, à l'encombrement des routes de la rive droite
nécessité par les mouvements des troupes appelées à
faire face aux nôtres, mouvements que nous annonçaient dans tous leurs rapports les grand'gardes de la
place, et qui se traduisaient par ces roulements pro-
longés de voitures, si distincts dans le silence de la
nuit.

Malgré tout il devint clair pour tout le monde, dans
la journée du 18, que l'armée de secours s'éloignait,
et le 19 on n'entendait plus son canon, rien n'annonçait plus sa présence. Personne cependant n'en fut
découragé, et le gouverneur moins que tout autre ; il
ne désespéra jamais, ce fut là sa force. Voici d'ailleurs
ce qu'il écrivait à ce sujet au commandant Chapelot :

« Les Prussiens ont une telle ténacité que je ne serais
pas surpris, si notre armée nous débloque d'abord
entre Bellevue et les Barres, que vous receviez encore
pendant quelques temps des obus et des·bombes de
Chèvremont et du Bosmont. Mais heureusement la
ténacité allemande est accompagnée le plus souvent
d'un manque de souplesse dans l'esprit, et une fois
qu'ils sont engagés dans une voie, ils n'en démordent
pas. J'espère donc que notre général saura, par un
changement rapide d'opérations, tourner leurs lignes
de défense, et déjouer leurs calculs, s'il trouve trop de
résistance dans la voie primitive où il s'est engagé.

« Je continue donc à avoir confiance. . . . . .

« Mais surtout il ne faut pas que nos espérances de déblocus prochain nous fassent perdre de vue l'organisation sérieuse de la lutte, d'autant plus que le déblocus n'est pas la paix, et ne pourra avoir pour résultat immédiat que d'imprimer plus d'activité et d'énergie à l'ensemble de la défense. »

Cette confiance avait passé dans tous les cœurs, et la pensée de la résistance était l'unique pensée de beaucoup ; ces braves travailleurs du Rhône et de la Haute-Saône qui arrachaient des rails sous le feu de l'ennemi, et qui en avaient monté sur leurs épaules jusqu'à onze mille tout en haut du Château, ne disaient pas — « si nous sommes débloqués nous nous reposerons » — ils s'offraient au contraire en ce cas pour charger et perfectionner encore les abris de ces pièces, auxquelles ils s'étaient attachés et qu'ils considéraient comme leurs.

Nous allions évidemment entrer dans une nouvelle période du siége. L'ennemi, tranquille momentanément sur ses derrières, va essayer de tenter des actions plus décisives, en même temps que plus entreprenantes, pour se rendre maître rapidement, si faire se peut de cette place qui le retient si longtemps, épuise ses hommes, et enfin arrête la marche de son armée de l'Est sur Besançon et sur Lyon.

Les attaques reprennent leur vigueur.

Dès qu'il n'entend plus le canon du général Bourbaki l'ennemi se met à l'œuvre, renforce ses batteries, et

reprend son bombardement à outrance sur les Perches,
sur les bois, où notre garnison de Pérouse travaille à
se faire des abris, sur le village même de Pérouse et
enfin sur le Château, saluant en passant Bellevue et la
Justice. En même temps parvient en ville la nouvelle
de la défaite du général Bourbaki; nous sommes bien
décidément livrés à nos propres forces, éternisons la
résistance, et pour cela ménageons encore plus que jamais nos projectiles rayés.

On monte des canons de 16 lisses à l'enceinte intermédiaire, on en monte à la tour des Bourgeois, on en
monte même, et non sans peine, jusqu'aux Basses-Perches; avec ces boulets notre tir redouble, et si nous ne
faisons pas grand mal aux hommes, nous abattons au
moins les tranchées et faisons savoir que Belfort est encore debout. L'ennemi nous riposte par ses grosses
pièces Krupp qu'il vient de porter à Danjoutin, afin de
battre le Château moins obliquement; qu'importe, les
pièces sont toujours debout, les murailles sont blindées, le soir on remonte les terres, et plus tard on éva-
cuera la caserne, on logera les hommes dans les cui-
sines et les officiers d'artillerie dans un couloir de la
tour des Bourgeois.

Tous les abris du cavalier et de l'enceinte intérieure
étaient abandonnés depuis longtemps, aussi les obus
dans les voûtes effrayaient peu; malheureusement il
n'en était pas de même à l'enceinte intermédiaire. Le
20 janvier, dans la journée, pendant que les artilleurs
de la 4e batterie de la mobile du Haut-Rhin se repo-
saient dans l'abri du bastion 11, un projectile Krupp,
venant à frapper cet abri sur le flanc, en perça la
voûte, enflamma la poudre des tonneaux et mit le feu

aux projectiles qui s'y trouvaient. M. Simotel, depuis peu lieutenant à cette batterie en remplacement de M. Gérard, se trouvant près de là occupé à remplacer un affût brisé, et entendant cette épouvantable détonation, se précipite vers l'abri, lorsqu'un deuxième projectile ennemi lui brise la jambe droite et le couvre de blessures. On l'emporta de suite à l'hôpital, mais le soir il expirait, regretté de tous ses camarades et admiré de tous ceux qui l'avaient vu au feu.

On se mit alors à déblayer les ruines pour voir s'il n'y avait aucun secours utile à porter à tous les malheureux enfouis sous l'abri; on retira des premiers décombres quelques blessés qui expirèrent bientôt soit en route, soit à l'hôpital. Le travail fut continué la nuit, mais on ne retrouva de tous les autres que des membres épars ou des lambeaux de chair pris entre les assises des moellons disloqués.

Cet accident, un des plus déplorables que nous ait causés pendant tout le siége le tir de l'ennemi, nous coûta en somme un officier, un adjudant, deux sous-officiers, un brigadier et vingt-deux hommes.

Pour éviter le retour de semblable malheur, le gouverneur donna l'ordre aux batteries d'artillerie des enceintes basses du Château de ne plus garder dans leurs abris, près de leurs pièces, que quelques charges pour être à même de répondre de suite aux attaques de vive force. Ces munitions devaient être placées dans des coffres de caissons distribués à cet effet, placés dans l'angle le moins exposé de l'abri, et entourés de terre de manière qu'il n'y eût que le couvercle d'apparent. Les autres charges devaient être remises à la 1re batterie du 7e d'artillerie qui seule à l'avenir était appelée à pourvoir tout le Château ; elle avait établi son atelier sur le flanc droit du magasin à poudre de l'enceinte intérieure, mais elle avait dû bientôt abandonner cet abri lui-même après une dislocation de la voûte, et se retirer sur le flanc gauche moins exposé.

Cette centralisation gênait un peu le service des batteries basses, malgré l'activité du sous-chef artificier Carponcin [1] chargé de cette mission importante; aussi, plus tard, après l'épuisement d'un magasin à poudre de l'enceinte extérieure, remédia-t-on à cet état de choses, parce qu'on eut les moyens de le faire sans danger.

Assaut de Pérouse.

Pendant toute cette journée du 20, le tir de l'ennemi avait été acharné sur Pérouse et sur les bois qui s'étendent à gauche et à droite du village. A huit heures du soir, M. le commandant Chapelot fit savoir au gouverneur que, d'après le tir de l'ennemi pendant la journée, il se jugeait menacé d'une attaque et demandait qu'en conséquence la batterie de campagne lui fût envoyée pour le soutenir. Elle partit sur un ordre du colonel Denfert, et vint se mettre en batterie derrière un épaulement préparé à cet effet aux carrières situées en arrière et à gauche du village.

Conformément aux prévisions du commandant Chapelot, il fut attaqué ce soir-là même, et je ne puis mieux faire, pour rendre compte de cette action importante,

---

1. Ce brave sous-officier a été tué à Neuilly, au deuxième siége de Paris.

que de citer une partie du rapport de cet officier supérieur :

« L'ensemble de la position occupée par nos troupes comprenait, dit-il, Pérouse, les bois sur Merveaux et des Fourches au nord, et le bois en avant des Perches au sud-est de cette localité. Quatre routes ou chemins aboutissent à Pérouse, venant des villages de Vézelois, Chèvremont, Bessoncourt et Roppe. Une coupure avait été pratiquée sur chacune de ces quatre voies, quelques mouvements de terre et quelques abatis étaient disposés de distance en distance sur toute la lisière des deux bois désignés, et enfin plusieurs retranchements avaient été construits au-dessus des carrières situées au nord de Pérouse et en avant de ce village, du côté de Chèvremont et de Bessoncourt.

« Le 3ᵉ bataillon de la Haute-Saône, une compagnie du 84ᵉ et les éclaireurs du 45ᵉ étaient chargés de défendre le bois en avant des Perches, les francs-tireurs devant résister à la coupure de Chèvremont ; trois compagnies du 84ᵉ, trois compagnies du Rhône et les éclaireurs du 84ᵉ avaient pour mission la défense du bois des Fourches, du bois sur Merveaux, du retranchement des carrières et de la coupure de Bessoncourt ; la compagnie de Saône-et-Loire commandée par M. Thibaudet devait occuper les retranchements en avant du village ; enfin deux compagnies du 84ᵉ formaient réserve au centre.

« Vers minuit, alors qu'un vaste incendie allumé par les obus lancés dans le village éclairait au loin l'horizon, des cris formidables, et on peut presque dire inhumains, se firent entendre dans la direction du bois en avant des Perches. Ces immenses vociférations se rapprochèrent avec rapidité et me donnèrent à penser que cette partie de nos positions devait être tombée au pouvoir de l'ennemi, car après peu d'instants le silence succéda à cet ouragan, sans être même interrompu par le bruit de la mousqueterie.

« Cependant que s'était-il passé? Mes appréhensions n'étaient que réalité; bien qu'ils eussent été prévenus de la probabilité d'une attaque, surpris par la brusque irruption de l'ennemi, le bataillon de la Haute-Saône et les francs-tireurs d'Altkirch avaient abandonné leurs postes de défense, ils s'étaient repliés précipi-amment sur Pérouse, et nous avions perdu en entier le bois en avant des Perches. Le bataillon de la Haute-Saône était donc désuni; le rallier au milieu de l'obscurité pour lui faire reprendre les positions dont il avait été repoussé était impraticable, et d'un autre côté je ne pouvais dégarnir un autre point dans la crainte d'être tourné. Il fallut donc attendre.

« Cependant ce silence continuait et pouvait faire supposer que, satisfait de son facile succès, l'ennemi se contenterait du résultat qu'il venait d'obtenir, lorsque, du côté des retranchements qui couvraient Pérouse vers Bessoncourt et Chèvremont, et du côté également du bois sur Merveaux et du bois des Fourches, se firent entendre de nouveau les hourras et les vociérations des Prussiens.

« Évidemment nous étions attaqués maintenant sur notre flanc gauche et sur nos derrières, et il fallait cette fois repousser énergiquement l'assaillant, sous peine d'être enveloppés et de tomber entièrement ou en partie entre les mains de l'ennemi. Mais heureusement il n'en devait pas être ainsi une : vive fusillade l'accueille de tous côtés, pendant que notre artillerie ouvre dans sa direction le feu le mieux nourri. Il paraît porter ses efforts sur la coupure de Bessoncourt et sur les retranchements du village à droite ; mais pendant que les éclaireurs du capitaine Perrin accourent sur cette coupure, j'expédie, pour renforcer les retranchements de droite, une des deux compagnies du 84e qui constituaient la réserve, et l'ennemi est maintenu sur toute cet ligne.

« Après quelques instants passés dans ces conditions, une tentative encore plus sérieuse de l'assaillant se manifestait à l'endroit où le chemin de Roppe sépare le bois des Fourches du bois sur Merveaux ; une vive fusillade s'y faisait entendre, et peu après je fus averti que, s'étant emparé de la coupure du chemin de Roppe et ayant refoulé une compagnie du Rhône et une section du 84e qui gardaient ce passage, les Prussiens avaient pénétré dans le bois et menaçaient de se jeter sur nos derrières. Sur mon ordre, la dernière compagnie de réserve du 84e se porte au pas de course dans cette direction, et le capitaine Perrin, qui se multiplie, s'y précipite de son côté à la tête de ses éclaireurs. Un épisode du plus grand intérêt se produit alors en avant des carrières qui regardent le débouché du chemin de Roppe où se présentait l'ennemi. Trois compagnies du 84e s'y rangent sous le commandement du capitaine Perrin qui, vigoureusement secondé par le capitaine Aubert, fait face avec cette troupe à la ligne prussienne qui s'avance, exécute sur elle deux feux de peloton à cinquante mètres de distance et la refoule en désordre dans le bois qui retentit des cris des blessés et des injures que les Allemands nous adressent; le silence se rétablit et laisse croire à l'ennemi que les défenseurs de la carrière se sont retirés. Entraîné par ses chefs, il se montre de nouveau, est reçu de la même manière et, avec un constant acharnement, recommence ses tentatives pour avancer pendant plus de deux heures, et chaque fois donne lieu de notre côté aux mêmes feux de peloton aussi régulièrement exécutés que sur le terrain d'exercice et toujours suivis, du reste, du même résultat.

« Enfin notre inébranlable ténacité devait l'emporter, et après tant d'efforts infructueux reconnaissant son impuissance, l'assaillant se retira et renonça à se frayer le passage, auquel, à juste raison, il attachait une si grande importance. »

Il était alors quatre heures et demie du matin; le combat avait cessé sur tous les points, et nous restions en possession de tout le village de Pérouse; mais l'ennemi était maître de tout le bois en avant des Perches et de la lisière extérieure du bois sur Merveaux, et il était certain que, le jour venu, il nous accablerait de ses feux d'artillerie et de mousqueterie, nous mettrait dans l'impossibilité de conserver notre position, et dans ces conditions rendrait notre retraite excessivement périlleuse.

Le commandant Chapelot, d'accord en cela du reste avec le gouverneur, pensa qu'il était opportun de se retirer pendant que la nuit nous favorisait encore. Dans ce but il avait déjà fait rétrograder la batterie de campagne dont le lieutenant, manquant peut-être de sang-froid ou de présence d'esprit, abandonna sur place deux caissons qu'il fallut aller rechercher dans un deuxième voyage pendant que nous étions encore maîtres du village.

Les diverses troupes s'étant ralliées conformément aux ordres reçus, la retraite, protégée par une section du 84e, s'effectua en ordre par la grande route de Pérouse, et sans être inquiétée sur aucun point.

Dans ce combat qui dura plus de quatre heures, l'ennemi, très-nombreux, éprouva, d'après les renseignements recueillis plus tard de la bouche même des Allemands, des pertes énormes. Quant aux nôtres, elles se sont élevées au chiffre de cent et un tués, blessés ou disparus, dont cinq officiers.

L'honneur de cette belle défense appartient d'abord au commandant Chapelot, qui sut prévoir l'attaque et organiser la défense, puis ensuite au capitaine Perrin et aux soldats du 84e, qui firent leur métier en vieilles troupes et arrêtèrent l'élan de l'ennemi. Le bataillon de la Haute-Saône et les francs-tireurs d'Altkirch péchèrent par défaut de surveillance sur la lisière du bois en avant des Perches et à la coupure de Chèvrement qu'ils étaient chargés de défendre, et comme conséquence se replièrent sans avoir pu opposer aucune résistance. Leur excuse à cet égard est peut-être dans la noùveauté et l'impétuosité de l'attaque dont ils avaient été l'objet et qui, il faut en convenir, portait un caractère exceptionnel, bien fait pour surprendre une troupe inexpérimentée; il faut ajouter du reste que quelques fractions du bataillon de la Haute-Saône, envoyées ultérieurement à la défense des retranchements du village pour les renforcer, s'y étaient courageusement maintenues jusqu'au signal de la retraite.

La nouveauté dont nous parlons repose sur le stratagème suivant, employé par les Prussiens dans leur attaque sur Pérouse, et qui se reproduisit souvent dans leurs opérations. Ils se disposent sur deux lignes : la première s'avance en rampant jusqu'à cent mètres environ du point attaqué, et se couche pour rester inaperçue; la deuxième se tient à trois ou quatre cents mètres en arrière. A un signal convenu, la plus éloignée pousse des cris, des hourras, des vociférations pour effrayer les sentinelles ou du moins pour attirer sur elle leur attention. Pendant que, exclusivement occupées de cette ligne encore éloignée, les troupes appellent aux armes ou font feu, la ligne la plus rapprochée s'avance encore à la faveur de la nuit, et, s'exprimant en français, fait croire aux troupes, qui sortent des postes et qui se cherchent, que leurs compagnies viennent d'arriver à leur aide. « Allons, crient les Prussiens, à moi les mobiles, par ici la 1re compagnie, par ici la 6e; à moi, formez-vous. France à moi, à moi! » Les gardes mobiles se dirigent à la hâte et en toute confiance vers l'endroit où ils s'entendent ainsi appeler, et se trouvent là en présence des Prussiens qui les font prisonniers ; surprise qui du reste permet à la ligne la plus éloignée, et qui continue ses cris, de s'avancer à son tour sur le point privé de défenseurs, et de s'en rendre maîtresse.

Ces sections de troupes prussiennes parlant français sont même toutes formées et recrutées à l'avance parmi les descendants des réfugiés français qui, à la suite de la fatale révocation de l'édit de Nantes (1685), les mettant en demeure de se convertir au catholicisme sous peine de mort ou des galères, émigrèrent

en très-grand nombre, quittèrent la France et allèrent
se fixer en Allemagne où ils furent très-bien accueil-
lis par l'électeur de Brandebourg, ancêtre des rois de
Prusse.

Constituées isolément, ces colonies y conservèrent
jusqu'à nos jours l'usage de la langue française et la
parlent avec la même pureté que nous, sans aucune
trace d'accent germanique.

Toutes ces ruses furent signalées par la voie de l'ordre, afin de tenir tous les autres postes de la place en
garde contre les surprises qui pourraient en résulter.

Mesures causées par la perte de Pérouse. — Batteries de Danjoutin.

Le bataillon du 84e, devenu disponible par suite de
l'évacuation de Pérouse, fut cantonné au Fourneau et
chargé d'occuper le poste avancé du Moulin sur la
route de Danjoutin ; deux compagnies de ce bataillon
furent envoyées aux Basses-Perches pour en renforcer
la garnison, et le commandant Chapelot, résidant
au Fourneau, eut le commandement de la défense du
faubourg et de la route de Danjoutin. La compagnie
de Saône-et-Loire, commandée par M. Thibaudet, promu peu de temps après capitaine, fut envoyée au Château, dispensée des gardes, chargée des travaux du
Château et du camp retranché, assimilée enfin à une
véritable compagnie du génie. Les nombreuses réparations à exécuter sur tous les points de la place exi-
geaient cette création, et M. Thibaudet, chargé précédemment sous la direction du brave capitaine Degom-

bert des ouvrages concernant la défense de Pérouse, s'était acquitté de sa mission avec beaucoup d'habileté; la belle défense du village venait du reste de mettre ses travaux en relief. Un autre avantage en outre de cette organisation était de parer à une trop grande déperdition d'outils, en les localisant ainsi entre les mains d'une compagnie; car à la longue nous pouvions craindre d'en manquer. Les autres troupes venant de Pérouse furent réparties dans les différents forts dont elles servirent à augmenter la garnison, et la batterie de campagne eut l'ordre de rentrer en ville en attendant de jouer un nouveau rôle.

L'occupation de Pérouse par les Prussiens changeait l'état de notre défense; il devenait évident que tous les efforts de l'ennemi allaient être dirigés sur les Perches, devenues pour l'heure son plus immédiat objectif, et ils s'accroissaient des cinq batteries en construction entre Danjoutin et le chemin de fer, qui, le 21, ouvrirent le feu avec vingt pièces. Un grand espace, battu, il est vrai, mais traversé par la route de Belfort à Pérouse, restait ouvert aux Prussiens, entre la Justice et les Perches, et pouvait les mener facilement de nuit sur la gorge de nos deux redoutes avancées, dont l'une était fermée par une simple palanque, et l'autre par un petit épaulement.

Pour prévenir ces mouvements tournants, on coupa la route le plus près possible du village, et on y plaça un poste relevant d'une grand'garde établie dans les carrières, en arrière des Hautes-Perches; une autre grand'garde fut placée en avant de la Justice et chargée de fournir un poste au bord de l'escarpement, et un autre dans un ancien ouvrage de Lecourbe, sur la

pente en avant du glacis de la Justice, avec sentinelles
se reliant à la coupure de la route.

Mais ces mesures n'étaient que provisoires et pour
parer au plus pressé; une grande tranchée fut ordonnée pour couronner la hauteur: un premier tronçon
partait de l'angle de gorge des Hautes-Perches le plus
rapproché du bois, et se dirigeait vers le fort de la
Justice, sur une longueur de cinquante à soixante
mètres; un deuxième reliait les deux Perches, et un
troisième allait du flanc droit de gorge des Basses-
Perches jusqu'à l'escarpement, dans une direction passant un peu en arrière de Bellevue. Des troupes désignées d'avance étaient chargées de ce travail, qui
devait s'effectuer la nuit, et constituaient en même
temps la garde de tranchée, comme pour l'ouverture
d'une parallèle; ces troupes devaient se garder par
quelques sentinelles avancées, et, si elles étaient
assaillies, ne devaient dans aucun cas se retirer dans
les redoutes, mais se replier en arrière, tout en faisant
le coup de feu : c'est là du reste un principe général du
gouverneur, sur lequel il insiste et revient toutes les
fois qu'il en trouve l'occasion.

En même temps, des pièces de 16 lisses étaient montées à la Justice pour canonner Pérouse à douze cents
mètres avec des boulets pleins, et empêcher l'ennemi
d'y séjourner et de s'y masser. Mais le secours le plus
efficace des Perches leur venait encore de l'artillerie du
Château; dix pièces de gros calibre blindées et casema-
tées étaient toujours prêtes au cavalier; des fiches
limitant la course des affûts à droite et à gauche permettaient de retrouver toujours à coup sûr, le jour
comme la nuit, les points occupés par les nôtres, et le tir,

minutieusement repéré chaque soir, nous assurait, quoique à douze cents mètres en arrière, des feux aussi précis que si nous eussions été dans les ouvrages mêmes. Restait à nous prévenir d'une manière certaine de la direction de l'attaque ennemie, point qu'avait encore réglé à l'avance, dans le courant de novembre, le commandant supérieur, à l'aide de lanternes de trois couleurs correspondant aux attaques sur le flanc droit, sur le flanc gauche et en capitale, réservant les feux alternatifs pour le fort cerné.

Les travaux devaient être poussés avec beaucoup d'activité, d'autant plus que le temps très-rude et très-froid des premiers jours de janvier venait de s'adoucir; le dégel commençait, la terre pouvait déjà s'attaquer à la surface, et tout faisait craindre que ce radoucissement dans la température ne fût de courte durée. Partout on profita du temps pour recharger les abris, relever les épaulements, ouvrir de nouvelles embrasures; au Château on fit même sous les casemates un approvisionnement immense de terres qui, ainsi soustraites au rayonnement, ne purent plus se geler, et nous nous trouvâmes là avoir en réserve plusieurs milliers de sacs à terre, qui rendirent les plus grands services par la suite.

Chute d'un blindage.

Malheureusement, le dégel nous causa aussi un dégât considérable au blindage de *Catherine II*. L'ennemi avait tiré sur cette seule pièce des milliers de coups, et s'il ne put la démonter, il avait néanmoins obtenu un résultat sérieux par ses coups trop bas; le mur qui sou-

tenait le masque de terre avait été démoli pierre par
pierre, sur une largeur de dix mètres et une profondeur de deux mètres cinquante ; les terres, sous l'action de la gelée, s'étaient à peu près maintenues en
surplomb, mais avec le dégel elles descendirent dans la
batterie au-dessus de l'arsenal, à cinquante mètres plus
bas. La pièce se trouvait ainsi complétement à découvert sous le feu ennemi ; force fut de la descendre sur
sa plate-forme en lui enlevant ses roues, quitte à la remonter en quelques minutes pour les attaques de vive
force sur Bellevue et les Barres.

Première parallèle devant les Perches. — Tir.

Si nous profitions de la clémence du temps, l'ennemi
n'en profitait pas moins bien ; dans la nuit du 21 au 22
il avait ouvert, à sept cents mètres des Perches, une
parallèle bien dessinée, partant du passage à niveau
du chemin de fer, près de Danjoutin, suivant d'abord à
peu près la voie, puis s'en éloignant vers la droite des
Hautes-Perches. Peut-être n'a-t-il pas l'intention de
pousser ces travaux d'attaque régulièrement et n'en
veut-il faire qu'un lieu de rassemblement, pour de là
s'élancer à l'assaut de l'un ou l'autre des ouvrages ?
Nous le verrons bientôt. En attendant, fidèle plus que
jamais à son système favori d'attaque, il continue avec
ses batteries du Bosmont et de Danjoutin à canonner à
outrance le Château et les forts avancés. La garnison
souffre de ce tir continuel ; chaque corvée coûte plusieurs hommes, et de nombreux cas de désertion sont
à déplorer dans le bataillon du 45e, recruté nouvelle-

ment dans le Haut-Rhin. Cet état ne fit du reste qu'empirer par la suite ; en un seul jour, ving-trois hommes manquèrent à l'appel, et il fallut plus tard, pour remédier au mal, relever le bataillon que cette gangrène gagnait.

Le brave capitaine Mariage, de l'artillerie mobile de la Haute-Garonne, fut aussi relevé à cette époque de son commandement aux Hautes-Perches pour motifs de santé ; il n'y voyait plus : un projectile ennemi, éclatant à hauteur de sa figure, l'avait couvert de poudre et de petits éclats dont il eut le visage criblé.

Fausses nouvelles.

Le canon n'était pas le seul moyen de démoralisation mis en œuvre contre nous ; les Prussiens usaient aussi de ces alternatives de joie et de tristesse auxquelles on se laisse si facilement aller dans un siége, sur de simples on-dit venus du dehors. Une reconnaissance allant en corvée à Vétrigne, village abandonné ce jour-là par l'ennemi, en rapporta de très-belles nouvelles, trop belles, hélas! pour être vraies, mais contre lesquelles il nous était d'autant plus facile de nous tenir en garde qu'une lettre du général Véronique, chef du personnel du génie au ministère de la guerre, datée du 22 décembre, et qu'un émissaire était parvenu à nous apporter le même jour, ne relatait rien de semblable. Plus que jamais nous ne devions compter que sur nous pour la fin de cette lutte ; malheureusement nous manquions de projectiles, nous pouvions craindre de manquer un jour d'outils, et nous allions manquer d'un autre élément de guerre non moins utile : l'argent.

Nouveau papier-monnaie.

Déjà, quelque temps auparavant, le gouverneur avait dû pourvoir à la pénurie d'une monnaie que chacun des habitants cachait dès qu'il en devenait détenteur, par la création de coupures fiduciaires qui eurent cours forcé comme les billets dont elles dérivaient. Mais, malgré le soin que l'on avait eu de faire rentrer à la caisse générale ce que les caisses particulières des corps avaient en trop pour leurs premiers besoins, cette provision de billets, sur laquelle nous basions nos nouveaux bons obsidionaux, allait s'épuisant; il n'en restait plus que cinquante à découper; il fallait chercher d'autres ressources.

M. le préfet crut les trouver dans une vente de denrées à ceux des habitants de la ville qui avaient épuisé avant terme leurs ressources de quatre-vingt-onze jours, seules rendues obligatoires, puisque Belfort était réputé ne pouvoir tenir au delà de ce terme, que nous allions bientôt atteindre et que nous avions bien certainement l'intention de dépasser.

Le colonel rejeta cette proposition et exprima au préfet sa manière de voir de la façon suivante :

« J'ai pris connaissance de la proposition que vous me faites de céder, contre argent comptant, le vin, l'eau-de-vie, la farine, etc., que je jugerais inutiles aux besoins d'une défense calculée à un terme extrême, afin de trouver ainsi la somme nécessaire pour assurer la solde de la troupe au 31 janvier.

« Il m'est absolument impossible d'admettre cette proposition, d'abord parce que je n'ai aucun moyen d'apprécier la limite extrême de la défense que rien ne permet de préjuger, et qui peut n'être déterminée que par l'absorption complète de tous nos approvisionnements.

« En second lieu, lorsque les circonstances pourront m'obliger à admettre la population civile à la consommation de certaines denrées de notre approvisionnement, contre remboursement de la valeur de ces denrées, je ne pourrai le faire qu'en la rationnant comme le sont les militaires de la garnison.

« Mon devoir de commandant supérieur m'interdit donc absolument de disposer des approvisionnements de la place, dans un but de spéculation comme celui que vous m'indiquez.

« Je ne puis du reste croire, après tous les sacrifices que la population a déjà faits pour assurer le salut de la place, après les témoignages de sympathie qu'elle a reçus par contre et qu'elle reçoit tous les jours de la garnison, qu'il soit impossible de contracter l'emprunt qui nous est indispensable pour assurer la solde de la troupe. Je crois qu'un appel fait aux habitants à cet effet sera entendu comme il l'a été en 1814, à plusieurs reprises, alors que les ressources des habitants étaient bien moindres qu'elles ne le sont aujourd'hui.

« Je considère du reste qu'un emprunt forcé, à défaut d'un autre, est possible. Si les habitants ne veulent pas donner d'argent, on peut faire dans leurs domiciles une perquisition des objets précieux, les faire évaluer, en faire l'emprunt au nom de l'État, en les plaçant en dépôt en mains sûres, et sur ce dépôt, ainsi que sur les billets restant entre les mains du receveur particulier, émettre de nouveaux bons obsidionaux. Les billets de banque entre les mains des conseils d'administration des corps, qu'il est encore possible de faire rentrer au trésor, s'élèvent à cinquante mille francs environ, et peuvent faciliter l'opération que j'ai en vue.

« Je vous prie donc de vouloir bien prendre les dispositions nécessaires pour l'émission d'un emprunt forcé, en réglant la part contributive de chaque habitant, si vous ne pouvez obtenir cet emprunt par voie amiable.

« Cet emprunt serait contracté dans les limites nécessaires pour assurer la solde de la troupe au 31 janvier courant. »

On n'eut pas besoin d'user de ces moyens extrêmes; on parvint dans les premiers jours de février à réaliser un emprunt de quatre-vingt mille francs, sous forme de bons du trésor et au nom du gouvernement français. Ces bons, payables à trois mois, moyennant six pour cent d'intérêt annuel et trois pour cent de commission, furent signés du gouverneur, du préfet et du receveur particulier. Les sommes furent versées entre les mains du receveur particulier, en billets de banque de mille francs, et remplacées par des bons obsidionaux portant les mêmes signatures. Ces faibles ressources suffirent à solder la troupe, et quant aux employés civils et aux officiers, le payement de leur solde fut suspendu, conformément du reste au désir exprimé par plusieurs d'entre eux.

Assaut des Perches.

Mais ces questions importantes d'argent n'occupaient pas seules la pensée du gouverneur; il ne perdait pas de vue les travaux de l'ennemi dirigés sur les Perches; il cherchait chaque jour à perfectionner la défense de ces redoutes, et à se mettre à l'abri contre les attaques précipitées que l'ennemi pourrait tenter avec désespoir contre elles. Nos tranchées à droite et à gauche de ces ouvrages s'avançaient chaque nuit, et quant à celle qui devait les relier, elle fut remplacée par une série de tranchées en échelons, donnant des points d'arrêts successifs aux troupes de soutien. Pour mieux défendre encore la droite contre un mouvement tournant venant de Danjoutin, et préparé derrière la levée du chemin de fer de Mulhouse, la batterie de campagne eut l'ordre d'établir deux de ses pièces à la sortie du Fourneau, pour battre la croupe qui redescend vers la vallée de la Savoureuse.

La garde des tranchées était en outre réglée d'une façon définitive par les ordres suivants : « Les troupes de la garnison cantonnées aux faubourgs de la rive droite de la rivière (non compris celles du Fourneau) fourniront tous les jours deux compagnies pour faire le service de tranchée pendant la nuit, à droite et à gauche des deux forts des Perches. Ces compagnies partiront tous les soirs, jusqu'à nouvel ordre, à cinq heures, et quitteront la tranchée pour rentrer dans leurs cantonnements tous les matins à six heures et demie.

« Chaque compagnie sera divisée en deux sections, dont l'une occupera à la gorge du fort la tranchée de la droite, et l'autre la tranchée de la gauche.
Ces sections détacheront en avant d'elles, à une distance de soixante à quatre-vingts mètres, des sentinelles doubles, dont l'une veillera pendant que l'autre
se fera un petit épaulement pour s'abriter. Chaque
officier de section aura soin de faire faire ainsi, pour
les sentinelles, beaucoup plus de postes qu'il ne devra
placer de sentinelles pour la surveillance, afin de
tromper l'ennemi sur l'importance de la garde de
tranchée, et de dissimuler l'emplacement réel des factionnaires.

« Les sentinelles placées en avant de chaque section
devront être à quarante mètres environ de distance,
sur une ligne à peu près parallèle à la tranchée, afin
qu'on ne puisse passer entre elles.

« En cas d'attaque, les sentinelles feront feu en se
repliant sur la garde de tranchée qui soutiendra l'attaque de manière à empêcher l'ennemi d'arriver à la
gorge du fort. L'ordre donné précédemment, pour
faire appuyer au besoin la défense des deux Perches
par le 3e bataillon de marche, reste maintenu. »

En outre, la batterie qui desservait les forts devait
être relevée par l'autre batterie de la Haute-Garonne,
et occuper la position plus calme des faubourgs et des
Barres ; son long séjour aux Perches l'avait un peu
démoralisée, et le départ de son brave capitaine
l'avait presque laissée sans commandement et sans
direction.

Il était temps de prendre toutes ces précautions, car

le 26 au soir l'ennemi se décidait enfin à un assaut de vive force sur nos deux ouvrages avancés.

Les Prussiens avaient disposé pour l'assaut douze compagnies formant : une colonne contre les Basses-Perches sur leur gauche, une autre contre les Hautes-Perches sur leur droite, une troisième au centre. Trois bataillons étaient en réserve dans les tranchées.

Par suite de retards dans la réception du mot d'ordre et du mot de ralliement, les sentinelles extérieures des Basses-Perches étaient placées bien après la tombée du jour. Cette circonstance avait été remarquée de l'ennemi et ne pouvait manquer de l'être, puisque nos sentinelles et les leurs se voyaient à trois cents ou quatre cents mètres de distance. En outre, c'était vers le soir que se faisaient les corvées, et la garnison se trouvait alors affaiblie des vingt ou trente hommes qui descendaient en ville, ce dont l'ennemi avait été certainement informé par nos déserteurs, très-nombreux à cette époque.

Pour ce double motif, les Prussiens choisirent six heures et demie comme l'heure la plus favorable pour aborder les ouvrages.

La colonne, désignée pour l'opération sur les Basses-Perches, s'avança avec des outils et des engins d'assaut, portés par une compagnie du génie. Elle arriva en rampant après avoir gravi l'escarpement des Perches près du remblai du chemin de fer, ne rencontra pas de sentinelles extérieures, et ne fut aperçue que par les sentinelles intérieures qui donnèrent l'alarme en tirant des coups de fusil. Elle eut le temps de se jeter en partie dans le fossé, avant que nos défenseurs fussent arrivés sur les parapets.

Il était alors sept heures, et la descente avait pu s'opérer à l'abri, parce que la crête de l'ouvrage ne découvre pas le terrain à plus de cinquante ou soixante mètres en avant, et qu'au delà existe une aussi vaste étendue soustraite à ses vues.

En même temps que cette partie de la colonne ennemie se jetait ainsi dans le fossé, deux autres s'avançaient pour tourner la gorge et s'emparer des tranchées, que les travailleurs et les gardes évacuèrent presque sans tirer un coup de fusil.

Pendant que la colonne, qui avait descendu la contrescarpe, cherchait à gravir l'escarpe, sans pouvoir trouver un moyen d'y parvenir, les défenseurs de l'ouvrage avaient garni les parapets et la gorge, et dirigeaient une fusillade énergique contre les troupes ennemies qui se présentaient de loin pour soutenir l'attaque. On tirait en même temps du Château sur cette colonne éloignée des coups rapides qui la décidèrent à la retraite. Des coups de fusil, tirés des deux branches du fort, chassaient en même temps les Allemands des deux amorces de tranchée dont ils s'étaient emparés près de la gorge de l'ouvrage. Ils se retirèrent les uns par la pente des Perches et les autres par l'escarpement de la croupe.

Une partie des Prussiens sautés dans le fossé par le front de l'ouvrage, l'avait suivi le long des branches latérales et venait pendant ce temps, avec des torches incendiaires, essayer de mettre le feu aux abris blindés de la gorge, et d'en boucher les créneaux. Ils étaient refoulés et tués à bout portant par les défenseurs restés derrière.

A ce moment arrivait le troisième bataillon de

marche dont la présence acheva de décourager l'ennemi.

Le feu avait cessé, mais les Prussiens engagés dans les fossés ne pouvaient toujours ni escalader l'escarpe, ni se sauver en remontant la contrescarpe. Les défenseurs de l'intérieur du fort, qui ne les voyaient pas dans les angles où ils s'étaient réfugiés, mais qui les entendaient, montèrent sur les plongées, s'y rangèrent en ligne, et l'officier commandant, M. le capitaine Duplessis, les somma de déposer les armes et de se rendre sous la menace de feux de peloton. Ils jetèrent leurs armes et se rendirent à discrétion.

L'artillerie de la Haute-Garonne, de garde aux Basses-Perches, rendit pendant ce combat fort peu de services, et le capitaine Brunetot s'en plaignit vivement; elle puisait sans doute une excuse dans sa trop récente prise de possession de l'armement.

Avant que cet incident se fût terminé, une partie des Prussiens, qui s'étaient retirés par la croupe des Basses-Perches, vint se butter contre la tranchée du Moulin en avant du Fourneau, près du coude du chemin de Danjoutin, et fut reçue à coups de fusil par la 8ᵉ compagnie du 5ᵉ bataillon du Haut-Rhin, capitaine Meyer, qui était de garde à cet endroit. Cette compagnie fit seize prisonniers parmi lesquels sept blessés.

Du côté des Hautes-Perches, vers six heures et demie également, la colonne d'assaut, précédée également d'une compagnie de pionniers, débouchait du bois; mais les crêtes de cette redoute découvrant beaucoup mieux à de grandes distances tout le terrain en avant, le cri *Aux armes!* avait pu être poussé à temps et les défenseurs garnissaient les parapets du pourtour de

l'ouvrage avant que les troupes ennemies les plus avancées fussent arrivées jusqu'au bord du fossé.

Les Prussiens répondirent au *qui vive* des nôtres par :
France, France, ne tirez pas; mais sachant qu'aucun
Français ne pouvait venir de ce côté, le chef de bataillon Ménagé, commandant du fort, ordonna la fusillade, qui ne finit qu'à leur déroute complète, activée
encore par quelques coups à mitraille. Les pièces
étaient servies également par un détachement d'artillerie mobile de la Haute-Garonne; mais là se trouvait
le brave capitaiue Blot, commandant la batterie, et les
artilleurs firent courageusement leur devoir.

Pendant qu'une partie des colonnes ennemies marchait de front contre cet ouvrage, deux autres cher-
chaient à le tourner pour l'envelopper du côté de la
gorge. Ces dernières vinrent se heurter aux tranchées,
contre la garde, formée d'une compagnie du 3e bataillon de marche, et les travailleurs appartenant ce
jour-là au 2e régiment du génie et commandés par le
capitaine Journet. Au cri de : *Voilà les Prussiens !* poussé
par ses hommes, le capitaine Journet s'avance et crie
trois fois : *Qui vive !* — *France*, lui répond-on avec ac-
compagnement de hourras et hurlements germaniques.
M. Journet fait commencer le feu; malheureusement
les Prussiens n'étaient plus qu'à une quarantaine de
mètres des travailleurs, et la tranchée fut bientôt
tournée. M. Journet était déjà tombé frappé de trois
balles; quatre mineurs vont pour l'enlever, ils tombent
eux-mêmes; c'est alors que le sergent Plain, de la compagnie du génie de la mobile du Haut-Rhin, se précipita hors de la tranchée pour ne pas laisser son chef
aux mains de l'ennemi et le transporter à la gorge des

Hautes-Perches. Pendant ce temps les travailleurs et la garde de tranchée, placée en dehors derrière les tonneaux qui servaient de gabions, faisaient un feu à volonté sur les Prussiens qui s'étaient développés en tirailleurs entre la tranchée et le Château, pour prendre nos hommes à revers. Ils tirèrent ainsi jusqu'à leur dernière cartouche, et ils durent ensuite se retirer dans le fort des Hautes–Perches, laissant la tranchée à la disposition de l'ennemi.

A ce moment la section d'éclaireurs commandée par le sous-lieutenant Jobard, du 2e bataillon des mobiles de la Haute-Saône (compagnie du sous-lieutenant Cloux), se porta avec quelques hommes sur les tranchées pour appuyer la défense. Pour déguiser son petit nombre, le sous-lieutenant Jobard fit des commandements comme à un bataillon, ce qui fit croire à des renforts considérables, intimida les Prussiens et les détermina à la retraite. M. Jobard se trouvait du reste suivi de très-près par trois compagnies de marche, ce qui explique l'erreur de l'ennemi en entendant ces commandements, car la nuit était assez claire Un assez grand nombre de Prussiens furent tués ou blessés dans la défense et la reprise de ces tranchées, et quelques autres furent faits prisonniers.

Dès le moment où l'attaque s'était prononcée, les Hautes et Basses-Perches avaient fait aux forts de la Justice et du Château les signaux convenus, et ces forts avaient aussitôt dirigé sur le terrain à parcourir par l'ennemi, à droite et à gauche des deux Perches, et dans l'intervalle de ces deux forts, une canonnade très-nourrie qui avait dû faire le plus grand mal aux Prussiens, et atteindre certainement un grand nombre d'hommes de leurs réserves. Cette vive canonnade et ce tir, que le chef de bataillon Ménagé, commandant les Hautes-Perches, qualifiait de merveilleux dans son rapport du lendemain, ont été cause, sans nul doute, que les troupes ennemies chargées d'opérer au centre se sont à peine montrées.

La batterie de campagne avait du Fourneau pris part à l'action, en dirigeant sur la droite des Basses-Perches un tir nourri d'obus de 4 rayé de campagne.

A huit heures et demie, l'attaque était complétement repoussée sur toute la ligne avec pertes énormes pour l'ennemi, et les prisonniers ramenés directement des fossés en ville, sous la garde d'une compagnie prise en dehors de la garnison des forts. Les commandants ne voulurent pas, en effet, les laisser pénétrer chez eux, craignant, vu leur nombre, qu'en cas de reprise de l'attaque ils ne pussent faire équilibre à leurs garnisons mêmes.

Le nombre des prisonniers s'élevait à 225, dont 7 officiers (2 blessés), 13 sous-officiers, 195 soldats valides et 26 blessés.

Un des officiers prisonniers, en passant sous la porte de Brisach pour rentrer en ville, fut atteint par un projectile prussien ; il eut trois doigts de la main emportés et s'écria, dit-on, en sentant sa blessure : « Je connais maintenant l'effet de nos obus, » hommage sincère, mais un peu tardif, rendu aux procédés barbares de ses compatriotes.

Nous n'avions eu dans cette attaque que treize tués ou disparus et quarante et un blessés. C'était peu en comparaison des pertes des Prussiens; nous avions cependant à regretter M. Journet, officier d'une bravoure sans égale, dont la mort fut sensible à tous, et particulièrement au commandant de Bellevue, auquel il rendait les plus grands services.

Les prisonniers furent logés dans la prison de Belfort et traités comme nos soldats ; les officiers touchèrent, eux aussi, les vivres de campagne avec retenue sur le montant de leur solde de captivité. Mais, tout en agissant avec humanité vis-à-vis des prisonniers, le gouverneur n'entendait pas oublier, ni laisser oublier qu'ils étaient nos ennemis ; aussi, lorsqu'il apprit, quelques jours après, que l'officier français, M. Hild, du 4e bataillon de la Haute-Saône, chargé de leur administration, sortait avec les officiers prussiens et leur offrait à dîner à l'hôtel, il lui adressa des reproches sévères et le renvoya à sa compagnie. Il recommanda à son successeur, M. Pareyre, de n'oublier ni l'abominable guerre que nous faisait la Prusse, ni le bombardement de notre ville, et il lui prescrivit une tenue polie en même temps que réservée, et l'absence de toutes relations en dehors du service.

Au nombre des Prussiens tués sous les Perches et restés en notre pouvoir, se trouvait un M. Pfaunkuch, lieutenant en 2e au 4e régiment d'infanterie de Magdebourg (n° 67); on trouva sur lui son carnet de campagne, écrit au jour le jour, et portant prière sur la première page de le renvoyer à Mme Élise Pfaunkuch, à Cassel, Königstraze, n° 49. Il fut remis plus tard au général Treskow, mais on en prit connaissance pour voir s'il n'y avait rien qui pût intéresser la défense.

Dans ce journal, suivant une habitude très-commune en Allemagne, il raconte sa vie heure par heure, et accompagne chacune de ses narrations de réflexions qui lui sont sans doute communes avec tous ses autres camarades, et nous mettent bien au courant des impressions intimes qu'éprouvaient ces Allemands arrêtés sous Belfort.

Le 6 janvier, il dit qu'il a logé chez le maire d'Onans, qui est légitimiste, et lui a fait très-bon accueil.

Le 21, il vint à la parallèle sous les Perches, et il déclare qu'on n'y dort pas bien.

D'autres correspondances de simples soldats sont plus explicites encore; ils avouent à leurs familles que le siége est très-dur et qu'ils en souffrent beaucoup. Après notre sortie de Belfort, pendant notre marche sur Grenoble, les habitants des villages où nous campions nous redisaient aussi que les Prussiens, qu'ils avaient chez eux pendant la guerre, ne redoutaient rien tant que d'être envoyés sous Belfort, et que l'on se servait même d'une simple menace d'envoi comme d'une punition disciplinaire.

Outre les prisonniers et les blessés laissés dans nos mains, l'ennemi avait abandonné, contre ses habitudes, un nombre considérable de morts sur les glacis des Perches, et le capitaine Brunetot crut pouvoir conclure avec l'ennemi un armistice de quelques heures pour les enterrer. Il reçut à ce sujet une lettre du gouverneur, qui montre bien une fois encore quelle sévère idée il se faisait d'une défense de place; aussi croyons-nous devoir la citer presque en entier.

« Je vous félicite, écrit-il à cet officier, et je vous prie de féliciter les troupes du fort des Basses-Perches pour leur belle défense d'hier (mêmes félicitations

étaient à bon droit adressées au commandant Ménagé
et aux troupes des Hautes-Perches) ; seulement, sachez
bien que je ne veux pas d'armistice pour enterrer les
morts. Vous les enverrez chercher par deux corvées
ayant chacune un brancard, et composées de trois
hommes, dont l'un porteur d'un drapeau blanc. Si les
Prussiens tirent sur ces corvées, elles rentreront et lais-
seront les morts sur le terrain.

« Il faut surtout en ce moment s'occuper des vivants,
c'est-à-dire de la possibilité du renouvellement d'une
attaque qui, tout absurde et infructueuse qu'elle ait
été, pourrait être renouvelée par la témérité germanique. Il est indispensable que cette fois elle porte pour
l'ennemi des fruits plus amers encore que ceux de l'attaque d'hier. Placez vos sentinelles avancées de bonne
heure, afin que vos hommes aient le temps de se
porter sur les remparts ; augmentez surtout vos sentinelles de nuit qui devraient être au nombre de plus de
quatre.

« Enfin secouez votre artillerie pour qu'elle tire dans
la journée d'aujourd'hui contre l'ennemi, et qu'elle
sache bien ce qu'elle a à faire une autre fois en cas
d'attaque.

« Insistez surtout près des officiers et des hommes
sur ce que l'armée prussienne doit avoir des raisons
pour se hâter ainsi et pousser ces attaques dont l'audace a été rarement dépassée. Tous ces motifs doivent
nous donner toute espérance de l'arrivée prochaine de
l'armée de secours. Notre résistance opiniâtre, en rete-
nant devant nos murs beaucoup d'Allemands, donne
au général Bourbaki des facilités exceptionnelles pour
vaincre les corps prussiens qui tiennent la campagne,

et, ces derniers battus, notre délivrance sera assurée.

« Nous pouvons encore avoir quelques durs moments à passer; mais notre opiniâtreté aura son succès désiré : le déblocus. »

Il ajoutait dans une autre lettre du lendemain :

« Je défends formellement le transport des morts qui peut être quelquefois une opération dangereuse et qui est toujours d'un fâcheux effet. Ils doivent être enterrés à la gorge du fort ou un peu en dessous, aux points où l'on trouve une certaine épaisseur de terre. Je ne veux voir de demandes de voitures de réquisition que pour amener des blessés à l'hôpital. Que ce soit donc bien entendu une fois pour toutes. »

En même temps une amélioration notable était apportée dans l'organisation des troupes qui, éventuellement, étaient appelées à porter secours aux Perches; le commandement des faubourgs et celui du Fourneau étaient concentrés dans la même main, et le commandant Chapelot était désigné pour exercer ce commandement important. M. le lieutenant-colonel Marty était souffrant du reste, et M. le commandant Hermann venait, sur sa demande, d'être mis en non-activité pour infirmités temporaires.

Des instructions très-détaillées furent, à cet effet, données au commandant Chapelot pour le bien pénétrer de sa nouvelle mission; le commandant supérieur insistait encore sur la nécessité de ne jamais laisser replier les grand'gardes ou les gardes de tranchée dans l'intérieur de l'ouvrage attaqué, et de les obliger au contraire à se replier en bon ordre, et en faisant le coup de feu jusque sous les canons de la place.

Nous prenons en un mot toutes les précautions exigées contre les attaques de vive force, mais il ne semble pas que l'ennemi veuille, de quelque temps, renouveler sa tentative infructueuse du 26 janvier, car il est entré devant tous nos ouvrages dans la voie des attaques régulières par cheminements progressifs qui le conduiront plus lentement, mais aussi plus sûrement, au but qu'il poursuit.

Le gouverneur s'en réjouissait parce qu'il n'avait pas encore perdu sa confiance, et qu'il espérait que le temps gagné de la sorte permettrait au général Bourbaki de venir nous débloquer.

Travaux contre les Perches. — Bombardement.

Les travaux réguliers auxquels se remettait cet ennemi découragé des coups de vigueur, consistaient en une tranchée en avant des Hautes-Perches; c'est une deuxième parallèle tracée à 400 ou 500 mètres seulement de l'ouvrage, mais qui n'est pas encore reliée par des boyaux aux premières plus en arrière. Il ouvre en même temps un boyau formant place d'armes dirigé de manière à être défilé du bastion de droite des Basses-Perches.

Quant à son tir, il reprend sa régularité habituelle, c'est-à-dire qu'il s'élève à sa moyenne normale de dix à douze mille coups par jour. Les batteries de la droite d'Essert tirent peu, celles de gauche tirent davantage, et ce sont les batteries de Bavilliers, de Danjoutin et du

Bosmond qui soutiennent presque tout le feu. Les coups sont dirigés surtout sur les Perches et le Château, Bellevue souffre encore beaucoup, la Justice moins, les Barres presque plus et la Miotte pas encore. Le bombardement de la ville reprend la vigueur qu'il avait à la fin de décembre, les maisons sont très-rudement éprouvées, il n'en est presque pas qui n'aient été gravement atteintes, il n'en est aucune qui soit intacte ; on reçoit même sur la place de l'Hôtel-de-Ville des morceaux de rails longs de plusieurs mètres, mais ils ne viennent pas, comme le craignent les habitants, des pièces ennemies, ce sont les blindages du Château qui ont été entamés à la surface et dont les morceaux sont projetés par-dessus la caserne.

Une batterie de pièces de 6 de siége établie au Valdoie, en arrière de l'usine Page, tire quelques coups précipités sur le hameau de la Forge dans l'espoir de nous obliger à l'évacuer ; mais de la Miotte et de la tour des Bourgeois on les fait bien vite taire par trois ou quatre coups de 24.

Les feux croisés dirigés sur les deux Perches commencent à rendre le séjour de ces forts très-pénible et augmentent, dans de notables proportions les désertions des recrues du 45e; aussi le gouverneur juge-t-il prudent de relever les garnisons et de les remplacer par des compagnies fraîches du 3e bataillon de marche ; M. le capitaine Perrin, si brillant à Pérouse, et promu commandant en remplacement de M. Hermann, relève le commandant Ménagé au fort des Hautes-Perches, et le capitaine Brunetot conserve le commandement des Basses-Perches.

Des ordres très-précis furent donnés à ces diverses

troupes pour que le relèvement s'opérât avec ordre et sans souffrance pour la garde des positions.

Le 30 et le 31 le tir de l'ennemi fut encore plus vif sur la ville qu'il n'avait été jusque-là, mais il allait enfin comprendre que si le bombardement d'une ville énergique est une opération inefficace, cela devient en outre une maladresse lorsqu'on y compte de nombreux prisonniers.

Dans la matinée du 31, un projectile ennemi entra dans la prison au second étage où se trouvaient des prisonniers de guerre; c'était le premier projectile qui y pénétrait, car elle est assez bien abritée par l'escarpement même du Château. Il y produisit d'assez grands ravages, tua quatre prisonniers, en blessa seize assez grièvement, et causa parmi les autres un certain trouble qui fut bientôt calmé par l'officier français chargé de leur administration.

Le colonel Denfert donna immédiatement l'ordre de les faire descendre au rez-de-chaussée et au premier étage, et d'envoyer ceux qui n'y pourraient pas tenir dans des casemates du fort des Barres.

A cette époque l'ennemi continue dans la nuit ses tranchées d'attaque contre les Perches, et les relie à sa première parallèle; il est protégé dans ses travaux par sa nombreuse artillerie à laquelle nous ne pouvons répondre d'une façon continue que par des projectiles pleins tirés du Château et réglés par les Perches, et surtout par des projectiles de 4 tirés de Bellevue. Une pièce de ce fort, placée sur le flanc gauche, lui fait le plus grand mal et l'arrête souvent tout net, se sauvant elle-même des nombreux coups prussiens qu'elle provoque, par des déplacements continuels.

Bientôt l'ennemi se trouve assez avancé pour établir, un peu en arrière des travailleurs, une très-forte ligne de tirailleurs qui entretiennent pendant toute la journée et toute la nuit une fusillade très-nourrie, pour empêcher les nôtres de rester sur les banquettes des Basses-Perches. Aux Hautes-Perches, nos fusiliers mieux placés résistent bien et atteignent parfois l'ennemi, car on entend souvent des plaintes allemandes.

Quant à l'artillerie de ces deux ouvrages, sous les salves multipliées de bombes et d'obus à balles, elle ne tirait qu'à de rares intervalles, se trouvant vis-à-vis de l'ennemi dans une trop grande infériorité, et n'ayant plus que quelques pièces à peine suffisantes pour faire un feu soutenu en cas d'une nouvelle tentative d'assaut.

L'approvisionnement de ces redoutes ne s'opérait qu'avec les plus grandes difficultés, et pour diminuer le nombre des accidents résultant des corvées qui journellement descendaient en ville, les troupes cantonnées aux deux forts reçurent l'ordre de toucher les vivres et le bois pour quatre jours ; des voitures leur furent fournies pour le transport.

Les diverses prescriptions relatives aux attaques, comme feux de couleurs et gardes de tranchées, furent rappelées par écrit à M. Perrin, commandant des Hautes-Perches et au capitaine Aubert qui venait d'être appelé au commandement des Basses-Perches, en remplacement du capitaine Brunetot, autorisé à descendre quatre ou cinq jours en ville prendre un peu de repos et y puiser une nouvelle vigueur.

Bruits sur la capitulation de Paris.

Pendant ce temps, l'ennemi faisait répandre parmi nos soldats des petits billets écrits en français et au crayon, qui portaient la nouvelle suivante :

« Messieurs! J'ai l'honneur de vous annoncer que Paris a capitulé le 29 janvier, deux heures et quarante-neuf minutes après-midi.

« Tous les forts sont occupés par nos soldats.

« Les troupes de Paris, excepté la garde nationale, sont prisonnières de guerre. La garde nationale a le service de sécurité dans la ville. Les armées du Nord et de l'Ouest ont l'armistice de trois semaines pour préparer la paix. »

Le gouverneur n'attachait aucune importance à tous ces billets et à toutes les menaces dont l'ennemi nous inondait, dans l'espoir de décourager nos soldats et de les faire renoncer à leur devoir.

Personne ne croyait à ce bruit de capitulation de Paris; on pensait bien que la nouvelle ne pouvait en arriver au loin sans avoir été précédée de la nouvelle probante de quelque grande sortie, de quelque grand acte de courage exécuté par cette nombreuse garnison; on sentait surtout que cette héroïque population ne pouvait pas capituler, quels que fussent ses besoins, avant d'avoir tenté un grand coup de désespoir.

Malgré tout, sur quelques points nos sentinelles se

laissaient amollir par cette atmosphère pacifique que
l'on disait peser sur la France entière; et s'il était
vrai que l'Est fût exclu de cet armistice, que Belfort
fût seul à continuer la lutte, elles voulaient à leur
tour faire une paix tacite avec les sentinelles qu'on
leur opposait. Le poste ennemi de la Tuilerie et notre
poste avancé de Bellevue convenaient mentalement
ensemble de ne pas s'inquiéter, de ne plus tirer l'un
sur l'autre, et se faisaient même des signes de bonne
amitié : mais aussitôt que le capitaine Thiers en eut
connaissance, il fit cesser cet état fâcheux, ordonna de
reprendre la lutte, et en sa présence fit tirer sur les
Allemands qui s'étaient approchés.

Mesures contre le tir de l'ennemi.

Il n'y avait d'ailleurs aucun ralentissement dans le
bombardement des forts et de la ville, de très-nombreux projectiles tombaient chaque jour sur les maisons et sur les casernes, et comme on devait prévoir
le moment où presque toute notre garnison serait
forcée de s'enfermer dans le corps même de la place,
on songea à lui préparer des logements et des abris.
C'est dans ce but que le commandant du génie Chaplain organisa des chantiers pour renforcer les empou-
trages des rez-de-chaussée des casernes du pourtour
de la ville, et les charger ensuite d'une couche de
terre de un mètre d'épaisseur. Ces mesures paraissaient de nature à prolonger notablement notre résistance.

En même temps, et par crainte d'incendie, on songea

à utiliser de suite les ressources des magasins exposés ;
les draps de sous-officiers, garance et bleu, furent
livrés aux officiers à titre remboursable pour confectionner les effets qui leur étaient nécessaires et qu'ils
ne trouvaient plus dans le commerce de la place. Des
draps restant après cette livraison furent distribués à
raison d'un vêtement par homme à confectionner dès
que les circonstances le permettraient. Les ouvriers,
devenus inutiles par l'impossibilité où on était de leur
trouver un atelier abrité, reçurent l'ordre de rentrer
dans leurs corps, pour concourir à la défense d'une
manière effective. Les mesures précédentes étaient
bonnes, car l'ennemi venait d'allumer enfin son premier incendie dans la ville même ; ce fut le théâtre sa
première victime, encore le feu fut-il bientôt éteint par
le secours de tous et sans que personne fût atteint.

Progrès de l'attaque des Perches. Bombardement.

La lutte sérieuse entamée devant les Perches continue sans relâche. L'ennemi progresse rapidement
dans ses travaux de cheminement, il est très-difficile
de retarder sa marche, l'artillerie du fort ne pouvant
toujours tirer que très-peu. Nous manquons d'obus,
tandis que de nombreuses batteries de mortiers, installées par les Prussiens dans leurs parallèles, couvrent
d'une grêle de bombes les deux ouvrages.

Nous voyons approcher le moment où nous serons
obligés de quitter les redoutes.

Jusqu'alors nous avions poursuivi nos travaux de
tranchée entre les Perches, mais dès cette époque nous

nous trouvons dans la nécessité d'arrêter ces travaux, les progrès de l'ennemi, contre lesquels nous ne pouvons lutter avec succès sans de grands sacrifices de projectiles, nous interdisant tout espoir de repousser une attaque tentée par des forces considérables. Cependant, comme ces postes deviennent de plus en plus dangereux, le gouverneur juge utile d'y relever la batterie de la Haute-Garonne, et de la remplacer par la batterie mobile du Haut-Rhin, commandée par le capitaine Pallangier.

Les bombardements accessoires continuent aussi par intervalles irréguliers ; celui de la Forge est fait par des pièces volantes montées à 620 mètres d'altitude sur la croupe du Salbert, et celui du Fourneau par les batteries de Danjoutin. Ce dernier nous oblige à reculer notre poste du Moulin jusque dans les abris faits par la compagnie du Haut-Rhin, mais nous ne répondons pas aux pièces volantes qui sont trop loin et trop peu dangereuses pour mériter une riposte de la place.

Nous perdîmes, dans ces quelques jours, plusieurs officiers, le capitaine Guillet, du 2ᵉ bataillon du 57ᵉ ; le lieutenant Rinieri du 84ᵉ et le capitaine d'artillerie Roussel, commandant l'enceinte de la ville ; cette perte fut particulièrement regrettable, vu la pénurie où nous nous trouvions d'officiers instruits dans cette arme.

Envoi d'un officier français à Bâle.

Cette nouvelle à laquelle nous n'avions pas voulu croire dès l'abord, cette nouvelle d'une capitulation de Paris allait se confirmant chaque jour et portant le découragement parmi les soldats ; ils ne comprenaient pas qu'on les eût laissés seuls pour soutenir la lutte, et le jour où ils ne purent plus douter, le jour où leur moral ne fut plus soutenu par l'espoir de vaincre, leur ardeur faillit s'abattre. Le gouverneur avait beau leur montrer qu'une prolongation de lutte pouvait conserver Belfort, sauver peut-être l'Alsace, ils commençaient à murmurer entre eux ; ils sentaient qu'ils avaient plus fait pour la France que les autres armées, ils en avaient conscience, et croyaient alors être quittes envers elle, comme si l'on pouvait jamais être quitte envers sa patrie.

Cette première quinzaine de février fut certainement une des périodes du siége les plus pénibles pour les officiers; pour maintenir les soldats au feu, il fallut un mélange d'énergie et de douceur dont la juste mesure est plus difficile à garder qu'on ne peut le croire, lorsqu'on n'est pas passé par ces terribles moments.

Un jour, c'est un déserteur de la Pologne prussienne qui vient affirmer nos désastres, et on ne l'écoute pas.

Un autre jour ce sont cinq habitants de la Haute-Saône qui viennent de leur village, sur la foi de l'armistice affiché, ils veulent embrasser leurs enfants. Il faut les faire reconduire par la gendarmerie sans permettre l'entrevue. Nous accusons alors les Prussiens qui les laissent passer pour exciter le découragement du soldat; et nous voulons douter encore pour faire douter autour de nous.

Enfin deux dames de la ville, autorisées à franchir nos avant-postes pour aller à Offemont et Vétrigne, ont cherché à franchir ensuite les lignes prussiennes au delà de ce dernier village. Elles ont été arrêtées, conduites à l'officier chef de poste, puis chez un commandant, et enfin chez un général prussien résidant à Menoncourt. On leur fait espérer successivement que par un recours à une autorité plus élevée, elles obtiendront l'autorisation de sortir définitivement de la ville. Arrivées à Menoncourt, elles lisent dans des journaux, qu'on avait laissés exprès sur la table, les nouvelles les plus désastreuses pour notre pays : capitulation de Paris, armistice de trois semaines avec les armées du Nord et de l'Ouest pour arriver à la conclusion de la paix, et enfin anéantissement de l'armée de l'Est obligée de passer en grande partie sur le territoire suisse et d'y déposer les armes. Après avoir fait cette lecture, ces dames reçoivent l'avis définitif qu'elles ne peuvent sortir, et qu'il leur faut rentrer à Belfort.

Elles arrivent le matin, divulguent aussitôt ce qu'elles ont lu et agitent ainsi toute la ville.

La vérité terrible et sinistre nous vient de partout, nous n'en voulons pas, nous la repoussons à l'égal du mensonge, mais elle nous enveloppe et bientôt nous déborde.

Le gouverneur veut même faire un ordre du jour à la garnison et à la population pour démentir ces bruits, comme absurdes et invraisemblables. Mais il réfléchit, il hésite et craint que son ordre du jour soit impuissant contre la source dernière qui vient affirmer ces faits ; il a peur surtout que de nouveaux faits ne viennent lui donner brusquement un démenti à court délai et il préfère alors envoyer au général ennemi la lettre suivante :

« Dans l'intérêt de l'humanité, je désirerais connaître les événements qui se sont passés en France dans ces derniers jours. Je viens donc vous prier de vouloir bien autoriser un des officiers de mon état-major à traverser les lignes prussiennes pour se rendre à Bâle. Dans le cas où vous croiriez devoir accéder à ma demande, je vous prierais de vouloir bien envoyer un sauf-conduit au nom de M. Châtel, capitaine d'état-major, pour sortir de la place et pour y rentrer. »

Le colonel informe en même temps la garnison et la population de l'envoi de ce parlementaire au général Treskow, par un ordre général qui les tient au courant de ce qui a été demandé, suivant une fois encore ce principe général auquel il ne faillit jamais pendant tout le siége : Dire la vérité entière sur chaque fait, ne rien cacher de ce qu'il sait, pour avoir le droit d'exiger en retour une confiance absolue.

Le général allemand accéda à la demande du colonel Denfert. M. Châtel reçut un sauf-conduit pour aller et retour, et partit aussitôt porteur d'une lettre d'introduction pour M. Kœklin, consul de France à Bâle, et d'instructions détaillées relatives à sa mission.

L'octroi si bénévole du sauf-conduit demandé nous est une preuve évidente des désastres éprouvés par notre pays, mais enfin nous gagnons du temps. Le départ de M. Châtel est un aliment nouveau donné à l'émotion publique, on attendra son retour, pourvu qu'il ne soit pas trop long, et jusque-là chacun fera son devoir. On voit un terme certain et proche à cette lutte, on l'attendra courageusement : et quelque terribles que soient les jours à passer encore, on suppor-

tera tout maintenant, on attendra que le sort de la
place soit réglé, les lâches ne parleront plus de se
rendre, et, comme il arrive toujours en pareil cas, ce
sont les plus timides mêmes qui se montrent aujourd'hui les plus entreprenants, comme pour récla-
mer à l'avance une part dans la gloire de la défense.
Pour ceux que n'occupait point un pareil calcul, il
existe un plus noble motif pour soutenir leur courage;
ils voient tous dans la rage nouvelle déployée par l'ennemi l'assurance que, grâce à eux, Belfort doit rester
français de par les traités et de par la guerre.

Démarches des Prussiens prisonniers.

Les mesures prises quelques jours avant par le gouverneur pour abriter un peu mieux les prisonniers
prussiens, ne leur parurent pas suffisantes, car, émus
par de nouveaux projectiles qui, au milieu de ce bombardement régulier, vinrent atteindre quelques bâtiments voisins de la prison, ils firent écrire le 6 février
au capitaine Pareyre, chargé de leur administration,
la lettre suivante :

« Au noms des officiers prussiens internés ici, je me
crois obligé de vous présenter les lignes suivantes :

« La situation des officiers prussiens internés à Belfort est telle qu'ils sont exposés à être massacrés à tous
les moments; vous le savez, monsieur le capitaine, il
n'existe plus le moindre abri.

« Par conséquent nous devons vous prier, monsieur
le capitaine, de proposer à M. le commandant supérieur, en lui expliquant cette situation intenable, ou

de donner aux prisonniers de guerre un refuge à l'abri des bombes, ou de les rendre au général von Treskow.

« Comme vous le savez, monsieur le capitaine, le maréchal Bazaine, à la suite des batailles de Gravelotte, Courcelles, etc., avait entre ses mains des milliers de prisonniers allemands. Ne pouvant pas les nourrir, il s'est empressé de les rendre au prince Frédéric-Charles, son adversaire. Ici, mon capitaine, il ne s'agit pas de nourriture, mais d'une chose aussi importante, d'un logement pour de malheureux soldats prisonniers qui sont aujourd'hui complétement en dehors de la situation actuelle de la place.

« Je vous prie donc de vouloir bien porter ce fait à la connaissance de M. le commandant supérieur, et d'agréer...., etc. »

Elle était signée par le capitaine Heinsius, un des prisonniers.

Cette lettre fut remise au gouverneur par l'intermédiaire du commandant de place, et elle reçut la réponse suivante :

« *Au commandant de place,*

« M. Heinsius, capitaine prussien, prisonnier de guerre, demande que, ne pouvant mettre à l'abri les officiers et soldats prisonniers de guerre, je les rende au général de Treskow. Je vous prie d'informer ces officiers que M. le président de la Confédération suisse a, dans l'intérêt de l'humanité, demandé que les femmes, les enfants et les vieillards soient autorisés à sortir de la place. J'ai consenti à cette sortie malgré les inconvénients qu'elle pouvait avoir pour la défense de la forteresse. Mais M. le général de Treskow n'a donné aucune réponse aux ouvertures du président de la Confédération, et les femmes, enfants et vieillards ont dû rester en ville, exposés, comme le sont MM. les officiers et soldats prisonniers prussiens, au danger du bombardement qui dure depuis plus de soixante-cinq jours. Je suis prêt à ne conserver, comme prisonniers de guerre, que les officiers et soldats que je pourrai mettre à l'abri, si M. le général de Treskow veut autoriser la sortie de Belfort des femmes, enfants et vieillards comme elle lui a été demandée par M. le président de la Confédération suisse.

« Je suis prêt également à envoyer un parlementaire à M. le général de Treskow, porteur de la lettre adressée par M. le capitaine Heinsius à M. le capitaine Pareyre et de la présente réponse, si MM. les officiers prussiens me demandent par écrit de faire cette démarche. »

Cette lettre fut portée par M. le colonel commandant la place, qui la lut lui-même aux prisonniers et la leur remit en communication. Ils demandèrent à réfléchir et à se concerter sur ce qu'ils avaient à faire.

Le gouverneur recevait le lendemain la lettre suivante du capitaine Heinsius :

« Suivant la demande contenue dans votre honorée lettre du 6, adressée à M. le commandant de place, j'ai l'honneur, monsieur le commandant supérieur, de vous informer que j'accepte votre offre au nom des officiers prussiens internés à Belfort, en vous remerciant de vos soins. En même temps, j'espère que vous aurez l'obligeance d'expédier la lettre ci-jointe au général de Treskow. »

Instruit par les tristes événements de cette malheureuse guerre, et redoutant pour sa part la science approfondie que l'état-major prussien a faite de l'art militaire dans ses détails les plus minutieux, le gouverneur s'était imposé la loi de ne laisser sortir aucune lettre allemande, quelque insignifiante qu'elle pût paraître en apparence, émanant des prisonniers de guerre.

Il fit donc traduire la lettre de M. le capitaine Heinsius au général Treskow, et, après traduction, il en fit modifier la forme, de manière à en donner seulement le sens et à rendre impossible pour l'état-major prussien la reproduction du texte allemand ou d'un texte allemand voisin.

Le sens qui fut envoyé en français était le suivant :

« *A Son Excellence le général lieutenant de Treskow,*
commandant en chef de l'armée du siége,

« J'ai l'honneur de vous faire connaître respectueusement la situation des prisonniers de guerre prussiens à Belfort. Internés d'abord tous ensemble dans un local exposé au tir de l'assiégeant, ils ont eu plusieurs blessés et même des morts. A la suite de ces malheurs, une partie d'entre eux ont été placés dans une casemate, mais les autres, que l'on n'a pas pu abriter de même, restent entassés dans un corridor au rez-de-chaussée où les projectiles ont encore occasionné de nouvelles blessures. Les officiers habitent une chambre donnant sur ce corridor.

« J'ai cru devoir exposer ces faits au capitaine Pareyre, chargé de s'occuper des prisonniers prussiens, et j'ai reçu en réponse une lettre adressée par M. le colonel Denfert au commandant de place et dans laquelle il se déclare prêt à renvoyer, sous certaines conditions, ceux des prisonniers auxquels il ne peut donner un abri sûr; et à expédier par parlementaire une demande écrite que je ferais dans ce sens.

« Tel est l'objet de la présente lettre rédigée dans l'intérêt collectif des prisonniers et qui sera remise à Son Excellence avec les pièces de la correspondance qui l'a provoquée.

« *Signé :* HEINSIUS, capitaine. »

M. Krafft, capitaine du génie auxiliaire, porta ce dossier formé des quatre lettres précédentes et d'une lettre d'envoi du colonel Denfert, informant le général Treskow qu'il avait cru devoir conserver entre ses mains les originaux, et n'envoyer que le sens en français des dépêches.

M. Krafft rapporta la réponse suivante adressée au capitaine Heinsius, avec lettre d'expédition et remercîments au gouverneur.

« *Au capitaine royal prussien, M. Heinsius,*
à Belfort,

« En réponse à votre lettre qui m'a été communiquée en copie par le commandant de Belfort, je vous fais connaître qu'il m'est impossible de donner suite à la demande qu'elle renferme.

« Il dépendait de vous de vous rendre prisonnier ou

non. Ayant pris le premier parti, vous devez en supporter les conséquences.

« Vous voudrez bien communiquer ce qui précède aux autres officiers prisonniers. »

Les officiers furent très-vexés de la dureté de cette communication, et par le fait cette réponse du général Treskow était froide et injuste. Bien certainement, à l'attaque des Perches, ce furent les troupes les plus braves et les plus entreprenantes qui vinrent échouer dans le fossé, sans pouvoir ni en sortir ni le franchir ; la faute de cet échec remontait tout entière à celui qui avait ordonné l'opération, sans l'avoir fait précéder d'une reconnaissance suffisante des lieux. Les plans de Belfort, que les ennemis avaient en effet pris à la direction de Strasbourg, ne relevaient que la fortification permanente, et nos forts extérieurs construits depuis la guerre, véritables ouvrages de fortification passagère, n'y étaient pas portés. Pensant donc n'avoir affaire qu'à des ouvrages de cette nature, la première colonne ennemie se précipita courageusement dans le fossé où elle croyait trouver une contrescarpe et une escarpe en talus, mais heureusement ces fossés de trois mètres de profondeur sur six mètres de largeur, étaient taillés à pic dans un terrain rocailleux et solide, en sorte qu'une fois dedans, cette colonne n'en put sortir que prisonnière. Du reste le gouverneur consentit à leur donner une justification de leur conduite militaire, pour leur servir dans l'instruction qu'ils devaient subir à leur rentrée en Prusse, conformément à leurs règlements.

Les quatre lettres qui précèdent, et que nous avons tenu à reproduire en entier, répondent victorieuse-

ment et d'elles-mêmes à cette malveillante accusation
qui, nous ne savons pourquoi, tendait à présenter en
ville le colonel Denfert comme ne s'étant pas prêté à
la sortie des femmes, des enfants et des vieillards.

Le gouverneur avait encore un autre but en donnant suite à la lettre de M. Heinsius et en engageant
tous ces pourparlers, c'était de se procurer, si faire se
pouvait, par un de ses parlementaires, des renseignements précis sur les événements si grands qui se passaient en dehors de nous.

Afin que ces échanges de correspondances ne pussent inquiéter ni garnison, ni population, le colonel
Denfert eut bien soin de porter jour par jour à la connaissance de tous leur contenu, et il écrivit dans ce but
au maire, au préfet et aux commandants des différents
forts.

Accroissement du bombardement.

Ces pourparlers n'avaient en rien diminué la vigueur
des attaques de l'ennemi, au contraire, il semblait que,
nous croyant démoralisés, il espérait nous saisir par
une menace, par un dernier coup de vigueur, alors
que, sous le poids de l'effroi et de la terreur, on perd
souvent jusqu'à la notion du juste et de l'injuste, jusqu'à la notion du devoir. Il n'osait recommencer, pour
arriver à son but, un nouvel assaut sur les Perches, il
savait trop bien ce qu'il lui en avait coûté pour s'être
trop pressé; mais il avait à son service sa puissante
artillerie, toujours prête et toujours pourvue; il couvrit de ses feux le Château et les Perches sans leur lais-
ler un moment de répit, sans distinguer le jour de la

nuit, presque même sans prendre le temps de viser, sûr que tous ses coups étaient meurtriers dans ces enceintes accumulées.

Il est si près des Perches que ses épaulements semblent se confondre avec ceux de ces ouvrages, le Château ne peut plus tirer sans danger d'atteindre les nôtres, et quant aux feux des Perches, ils sont entièrement éteints par les bombes et la fusillade; seule la Justice jette encore sur lui des coups d'écharpe qui l'inquiètent sans lui nuire, et il fait aussitôt des batteries nouvelles tout exprès pour ce fort.

Deux batteries au bois sur Merveaux ouvrent, le 3 février, avec dix pièces, le feu sur la Justice, qui est bientôt obligée de se taire, tandis qu'une sixième, ajoutée aux cinq de Danjoutin, dirige quatre pièces nouvelles contre la ville et le Château.

L'ennemi n'a pour ainsi dire qu'à tendre la main, qu'à faire un pas, et il est dans les Perches. Il n'ose pas encore, tant la mémoire paralyse son courage.

Évacuation des Perches.

Mais nous ne pouvons demeurer plus longtemps, nous n'avons plus d'abris, les escarpes s'écroulent et l'ennemi est déjà, pour ainsi dire, au fossé.

Le 3 février le colonel Denfert donne l'ordre de commencer l'évacuation du matériel.

Le 4 il donne l'ordre d'ouvrir des passages à travers les gorges des ouvrages, pour permettre une retraite en bon ordre.

Le 5 on réduit la garde de tranchée à une seule section par fort.

Le 6 nous nous maintenons.

Le 7 on réduit la garde de chaque fort à une seule compagnie, et l'on réunit le commandement des deux forts dans la main du commandant Perrin, afin de mettre plus d'unité dans le mouvement de retraite lorsqu'il devra s'effectuer.

Ce commandant reçoit à ce sujet des instructions détaillées ; les compagnies restantes ne seront plus que des espèces de grand'gardes, qui fourniront un nombre maximum de sentinelles destinées à indiquer le moment précis où l'ennemi arrivera dans l'ouvrage. A ce moment les compagnies se formeront en ordre pour faire la fusillade, en se retirant par échelons, concurremment avec les gardes de tranchées voisines, et en faisant à l'ennemi le plus de mal possible.

Un fanal blanc devra être tenu dans la retraite par un tirailleur avancé, pour indiquer la tête de nos lignes et permettre à nos forts de tirer sans crainte en avant.

L'ennemi a assisté impassible à notre déménagement partiel, il a même vu partir nos dernières pièces sans prendre envie d'entrer, et il se contente d'élargir ses fouilles et de préparer de nouvelles et formidables batteries contre le Château.

L'ennemi entre aux Perches.

Enfin il a vu descendre la garnison des ouvrages, il sait qu'il n'a plus devant lui que quelques grand'gardes, et le 8 février il se décide à les aborder à la faveur d'un brouillard très-épais qui ne permet de voir qu'à petite distance.

L'attaque commence sur les Hautes-Perches vers midi. Les sentinelles avancées se laissèrent surprendre, l'ennemi se jeta dans le fossé en sortant de ses tranchées, et gravit l'escarpe effondrée, sans difficulté. En même temps il attaqua la tranchée de gauche du côté de Pérouse et la tranchée de droite, manœuvrant pour envelopper la garnison du fort. Celle-ci se retira alors précipitamment et avec une certaine confusion, sans faire un feu nourri.

Les Basses-Perches furent attaquées vers la même heure. L'alarme y fut donnée dès que l'ennemi sortit de sa tranchée.

La demi-section de garde au parapet fit aussitôt feu sur les colonnes ennemies, et le reste de la compagnie de grand'garde rallia son capitaine à la gorge du fort, et protégea la retraite de la section qui se trouvait sur le parapet. Cette dernière section se replia quand l'ennemi eut abordé l'escarpe, et le capitaine de la compagnie fit descendre à ses hommes les pentes de la colline en les disposant en tirailleurs et en prenant retraite vers le Château. La retraite s'opérait en bon ordre et en faisant feu contre l'ennemi, lorsque les Prussiens s'élancèrent dans le fort en poussant des hourras. Presque aussitôt la compagnie de grand'garde fut ralliée par les deux compagnies de piquet, sous les ordres du commandant Perrin, qui les dirigea sur le Fourneau et de là sur le fort des Barres.

La batterie de campagne, qui avait deux pièces au Fourneau et deux au Faubourg, rentra deux de ses pièces en ville et en conserva deux dans la cour du quartier de cavalerie, abritées des vues de l'ennemi et prêtes à se porter à tous les points menacés. En même temps la compagnie du Haut-Rhin se retira du poste du moulin et de la cave de dessous les Perches, et fut envoyée par le Fourneau au Château, où elle logea dans le magasin à poudre du fossé de l'enceinte intermédiaire, qui venait d'être entièrement vidé le matin même. Elle entra au Château en chantant, pensant y trouver un repos relatif; mais elle fut bientôt détrompée en entendant le feu terrible qui la saluait dans son fossé même; elle perdit cinq hommes rien qu'en prenant possession de son casernement.

Le Château n'avait pas été prévenu de l'occupation des Hautes-Perches, par la faute du sous-lieutenant qui y commandait, en sorte que l'on ne put ouvrir le feu sur la redoute que lorsque l'ennemi y eut presque fini son travail de bouleversement. Il ne put opérer son travail aux Basses-Perches avec la même facilité, et il y subit de nombreuses pertes. Il ne s'établit pas du reste dans ces redoutes, dont le séjour lui eût été trop coûteux et peu profitable, il resta abrité derrière les crêtes que couronnaient ces ouvrages.

Ainsi tombèrent les Perches, contre lesquelles on avait commencé le 21 janvier au soir des travaux d'approche, et livré un assaut infructueux et meurtrier le 26; nouvel et bien instructif exemple de l'utilité de ces défenses éloignées.

Ainsi, après quatre-vingt-dix-huit jours d'investissement dont soixante-huit de bombardement, l'ennemi se trouvait juste aussi avancé qu'il l'eût été au premier jour du siége, sans l'établissement de cette fortification passagère créée depuis la guerre, et sur une position dont le colonel Denfert avait réclamé dès 1865 l'occupation par deux forts permanents.

CHAPITRE VIII

QUATRIÈME PÉRIODE DU SIÈGE. — DEPUIS L'ABANDON DES PERCHES JUSQU'A LA SORTIE DE LA GARNISON.

———

Situation de l'attaque et de la défense.

L'ennemi venait de faire un pas sérieux dans son attaque ; il avait enfin conquis, par la puissance de son artillerie et la richesse de son approvisionnement, cette position dominante des Perches contre laquelle il cheminait depuis vingt jours ; nous allions entrer dans une nouvelle phase du siége.

Dès son établissement à Essert, l'artillerie prussienne avait attaqué le Château, et ses coups de revers nous avaient obligés à déloger les hommes et à déranger l'armement, qui ne tenait compte que d'une attaque directe ; de Bavilliers elle nous avait forcés par ses coups d'enfilade à retourner nos pièces ; de Danjoutin, par ses feux d'écharpe et surtout par la puissance de ses projectiles, elle nous avait contraints à vider nos abris ; elle allait aujourd'hui, contournant toujours cette position centrale, s'établir droit devant elle, elle allait lutter de face contre le Château, et non plus à trois mille mètres, mais à onze cents mètres. Les Perches dominent le cavalier, mais malgré tout on n'y craignait pas la lutte, les canonniers la voyaient même venir avec plaisir dans le simple espoir de mieux juger de leurs coups. Pour cette dernière période nous avions précieusement gardé douze mille projectiles rayés qui, répartis entre le Château au centre, Bellevue et les Barres à droite, la Miotte et la Justice à gauche, nous faisaient encore espérer, en cas de nouvelle attaque de vive force, une de ces canonnades énergiques rappelant celle de la soirée du 26 janvier.

Les murailles nues tombaient partout, mais les façades blindées résistaient encore, défiant les obus, et les pièces des casemates, qu'on avait bien soin de garer pendant les repos, restaient menaçantes derrière leurs piliers. L'homme n'avait plus d'abri, mais les pièces étaient intactes.

Redoublement du bombardement.

Cependant, comme s'il craignait d'entamer la lutte de suite et de se mesurer avec le Château, l'ennemi n'accroît pas le feu dès le 8 au soir; la nuit fut relativement calme, et ce n'est que le 9 au matin que commença cette pluie de fer qui pendant cinq jours s'abattit terrible sur la Justice, sur la ville et surtout sur le Château, canonnade sans trêve ni merci, qui fouillait les moindres recoins et les moindres passages, semant partout la ruine et la mort.

M. Choulette, ingénieur des mines et capitaine du génie auxiliaire, fut une des premières victimes de ce bombardement terrible. Sa mort fut un deuil pour tout le monde, et une perte sérieuse pour la place. Calme, modeste, plein de bravoure, d'une intelligence remarquable, il avait rendu de grands services à la défense ; il était propre à tout et avait mis la main à tout, ballons, lumière électrique, fours à coke pour la fonderie, il avait tout créé et presque sans les éléments naturels. Ce noble et cher camarade, en mourant, était heureux encore d'avoir été partie dans cette glorieuse défense.

Demande d'armistice.

Avant de laisser continuer cette lutte, qui devait faire évidemment tant d'autres victimes, le gouverneur voulut bien clairement mettre le bon droit de son côté, et surtout s'assurer l'appui moral de toute la garnison et de la population.

Le bruit courait en ville, porté par les malveillants et accepté par les timides, que si nous n'étions pas compris dans l'armistice général, la faute en était au colonel Denfert, à sa raideur vis-à-vis du général Treskow ; d'autres, mus par un sentiment moins louable encore, ajoutaient qu'il n'y avait dans cette exclusion qu'un pur motif d'amour-propre du commandant supérieur, et que s'il voulait se décider à une simple avance il épargnerait, sans le moindre déshonneur, tout le sang qui allait encore couler jusqu'à la paix définitive.

Il fallait en ces moments terribles compter avec l'opinion publique pour être mieux maître de chacun, c'est ce qui décida le gouverneur à céder, non dans le but probable d'obtenir un armistice, mais dans le but plus certain de se procurer un refus écrit qu'il pût rendre public.

M. Krafft, qui, dans toute cette fin du siége, remplit avec tant de zèle et d'intelligence la mission de parlementaire, mission difficile près d'un général allemand qui se croit presque vainqueur, avait rapporté de sa dernière course à Roppe une collection de journaux; nous y avions lu toute l'étendue de nos désastres et l'impossibilité de les réparer, nous y avions vu aussi que nous étions seuls à continuer la lutte, et qu'une assemblée devait être réunie le 12 à Bordeaux, pour décider de la paix ou de la guerre, enfin nous savions que l'armistice expirait le 19 février, que notre sort serait par suite, dès cette époque, réglé par l'Assemblée; ce pouvait être matière à une demande d'armistice sans faiblesse, et c'est aussi sur ces faits que le gouverneur basa la lettre suivante au général de Treskow :

« Général, j'ai appris par les journaux les événements de ces derniers jours, et je sais aujourd'hui, d'une manière positive, qu'un armistice général existe, et que nous sommes seuls à continuer les hostilités.

« Dans ces conditions, je crois devoir, au nom de l'humanité, vous demander la conclusion d'un armistice jusqu'au retour du capitaine Châtel, qui me rapportera sans doute des instructions du Gouvernement français.

« M. le capitaine du génie Krafft, porteur de la présente lettre, est autorisé à attendre votre réponse, et à régler les conditions de l'armistice éventuel sur la base

de la conservation réciproque de nos positions actuelles. »

Les positions militaires de la Place et de l'ennemi se
trouvaient en effet réciproquement définies, d'une manière claire et facile à préciser, depuis notre évacuation
des Perches.

Mais le gouverneur était si certain de la réponse,
qu'il envoyait en même temps aux commandants des
forts les diverses prescriptions relatives à une vigoureuse défense dans les nouvelles conditions qui nous
étaient faites par l'abandon de nos redoutes hautes.
Nous avions à pourvoir au logement de nouvelles
troupes ; il fit à cet effet pousser avec une nouvelle activité le blindage des rez-de-chaussée des casernes, et
achever l'évacuation du magasin à poudre du bastion 3
du fort des Barres, qui, ne contenant plus que quelques
munitions pour fusils à percussion, pouvait sans danger être vidé dans le magasin à poudre du bastion 2
du même fort.

Il divisa aussi la batterie de campagne en deux sections, dont une, placée sur le pont de la tranchée des
Barres, devait aider à la défense de la gare, et l'autre,
placée sur la rive droite de la Savoureuse, devait défendre le Fourneau, en prenant de flanc les assaillants.

Cette batterie, rentrée en ville depuis deux jours,
effectua sa sortie sans ordre et en faisant baisser quatre fois le pont-levis ; le gouverneur, qui n'aimait pas
les lenteurs dans le service, s'adressa immédiatement
à M. de la Laurencie, son commandant, retenu au lit
par ses blessures, afin qu'il pût sévir contre qui de
droit. Du reste, cette batterie méritait rarement des

reproches, et, ce même jour, le gouverneur fit un ordre du jour, on ne peut plus flatteur, pour faire connaître à tous la belle conduite des conducteurs, qui, dans le service pénible et dangereux des approvisionne-ments des redoutes avancées et de l'enlèvement du matériel, avaient fait preuve d'un grand courage et avaient pleinement réussi, malgré une pluie de bombes et d'obus, et malgré la mort de bien des chevaux.

Enfin, comme dernière précaution, le gouverneur écrivit aux divers commandants en leur donnant le résumé des journaux allemands, et les invitant à redoubler de vigilance et à se tenir prêts à repousser toutes les tentatives de l'ennemi. Il ajoutait que tout autorisait à croire que cette prolongation de résistance pouvait avoir les plus grandes conséquences pour conserver la place à la France, et pour empêcher la garnison d'être prisonnière de guerre. « Les jours de souffrance qui nous restent à passer sont comptés, l'armistice expire le 19, et avant cette époque une solution sera intervenue, si elle ne l'est pas sous très-peu de temps. »

M. le capitaine du génie Krafft revint de sa mission, porteur d'une réponse verbale qui lui avait été apportée par un capitaine de l'état-major du général de Treskow. D'après cette réponse, le général ne pouvait accorder l'armistice parce que la place avait été exceptée par la convention de Versailles du 28 janvier 1871.

— M. Krafft avait réclamé une réponse écrite, mais il paraît que son factum avait exigé un assez long délai, car elle ne parvint que le lendemain.

La voici, du reste, en entier :

CORPS DE SIÉGE.
   BELFORT.   Bourogne, le 9 février 1871.
   K. S. Nº 51.

Au commandant de Belfort, le colonel Denfert-Rochereau,
de haute naissance. — Belfort.

« En réponse à votre lettre d'hier, j'ai l'honneur de vous informer, comme du reste mon capitaine d'état-major de Schultzendorff l'a dit de vive voix au capitaine du génie Krafft, qu'à mon grand regret il m'est impossible de consentir à l'armistice proposé, attendu que j'ai pour mission de m'emparer de la forteresse le plus tôt possible, et qu'en conséquence il m'est interdit de perdre du temps.

« Je tiens pour superflu de soumettre votre demande à Sa Majesté l'Empereur, d'autant plus que l'armistice pour Belfort est formellement exclu de la convention.

« Veuillez.... etc.
                          « *Signé :* TRESKOW. »

Cette lettre démontrait avec quelle rigueur les généraux ennemis interprétaient la convention du 28 janvier 1871; le gouverneur la fit connaître à la place par un ordre du jour qui se terminait par ces mots :

« Nulle force militaire, quelque considérable qu'elle soit, n'est en mesure de briser avant un certain temps la résistance de la place. Que la population et la garnison soient prévenues également que leur sort dépend de la continuation de notre résistance jusqu'à la conclusion de la paix. Cette conclusion ne peut tarder, notre pays n'étant malheureusement pas en mesure de continuer la lutte, et l'Assemblée nationale se réunissant le 12 de ce mois à Bordeaux. Armons-nous donc de courage et de résignation, et continuons, pendant les quelques jours de souffrance qui nous restent à passer, à montrer l'attitude énergique et résolue qui nous a valu l'honneur insigne de rester debout, lorsque tous les autres avaient été obligés de céder à la puissance de l'ennemi. »

Et comme pour donner corps à ces nobles et patriotiques paroles, et vu les fatigues imposées en ces derniers jours à la garnison, il ordonna qu'une ration de vin et une ration d'eau-de-vie fussent distribuées à tous les soldats.

Le refus d'armistice était net et formel, et le prétexte dont l'enveloppait le général prussien était tel que chacun pouvait y lire la volonté bien arrêtée d'écraser la forteresse par son artillerie, ne fût-ce que pour lui enlever la gloire d'avoir résisté.

Chacun y vit aussi clairement son devoir : ceux qui avaient encore des feux continueraient là lutte, et les autres veilleraient, prêts à repousser toute folle attaque commandée par le désespoir de réussir en restant prudent. Tous devaient attendre patiemment le retour de M. Châtel, qui avait l'ordre de ne revenir de Bâle qu'avec des renseignements très-complets et des ordres très-nets de notre gouvernement.

Nature de la mission de M. Châtel à Bâle.

Le gouverneur avait donné à cet officier, intelligent
et dévoué, des instructions très-détaillées pour le guider dans sa mission ; il ne les lui avait données que de
vive voix pour éviter toute surprise de nos secrets au
passage des lignes prussiennes. Ces instructions portaient en substance :

Informer le gouvernement de la défense nationale
des principaux faits passés depuis le 10 décembre. —
Bois de Bavilliers, Bosmont et Froideval, 13 et 14 décembre. — Éclaireurs, 20 décembre. — Danjoutin,
8 janvier. — Pérouse, 21 janvier. — Perches, 26 janvier.

Expliquer la situation actuelle de la place, sa situation probable sous peu de temps, les éléments qu'elle
possède encore pour prolonger la résistance, l'impossibilité de soutenir un deuxième assaut aux Perches[1].
Demander des instructions. — Le commandant supérieur est prêt à accomplir son devoir dans toute son
étendue, et à faire tous ses efforts pour atteindre les
dernières limites de résistance. — Il appartient au gou-

---

1. La dépêche envoyée par M. Châtel, et destinée seulement
au ministre, a été mise sous les yeux du public par un article
du *Journal officiel*, qui semble dire que le gouverneur considère
la résistance comme désormais impossible, car la place ne pourrait soutenir un deuxième assaut. Il y a là erreur, car il s'agissait seulement d'un assaut aux Perches, position extérieure
avancée, qui nous a été en effet enlevée, comme le faisait pressentir la lettre, sans pour cela ruiner la défense. Cette lettre se
trouve à la fin du volume parmi les *Pièces justificatives*.

vernement de décider si, en présence de l'état de choses actuel, ces sacrifices doivent être faits et sont utiles au salut du pays. — Si le gouvernement juge inutile une prolongation de la résistance, alors nous lui demandons de tirer parti des éléments de résistance encore dans la place, pour obtenir des conditions exceptionnelles, l'autorisation pour la garnison de se retirer en armes sur le point le plus rapproché du territoire français occupé par nos troupes.

Informer le gouvernement des difficultés financières et des moyens employés pour les résoudre, de concert avec le préfet et le receveur particulier.

Précautions pour continuer la défense.

En attendant, le gouverneur augmente encore les précautions prises en vue d'une continuation de lutte. A partir de ce jour, sur la proposition du commandant Chapelot, le quart des troupes affectées à la défense des retranchements des faubourgs, y compris celui du Fourneau, sera toute la nuit sur les parapets, et sera relevé de deux heures en deux heures, afin d'opposer immédiatement une résistance considérable à une tentative d'attaque de vive force de l'ennemi. Les autres troupes seront tenues en réserve.

Le gouverneur ordonne aussi que, vu la proximité de l'ennemi, on redouble de surveillance.

Des instructions sont également données à l'artillerie des faubourgs et de la ville. Le commandant d'artillerie reçoit l'ordre de faire replacer le plus tôt possible, au front des faubourgs, les pièces qui consti-

tuaient primitivement son armement, et qui ont été
enlevées pour être employées ailleurs. Il doit prendre,
à cet effet, à Bellevue, les pièces de 12 rayées qui y
restent, en les remplaçant par du 4. Il doit maintenir
aussi au complet l'approvisionnement de munitions
des pièces d'une suite d'ouvrages dont l'énumération
est établie dans l'ordre qui lui est remis.

Les pièces qui peuvent être vues des Perches devront
être retirées et mises à l'abri. Le gouverneur les cite en
détail.

Vente de vivres à la population.

La durée du siége venait de dépasser, au commencement de février, la limite de quatre-vingt-onze jours
d'après laquelle on avait réglé les approvisionnements
des habitants, et la ville se trouvait manquer de certaines denrées qui étaient encore en abondance dans
les magasins militaires. Les événements extérieurs
marquaient maintenant une limite à la durée de notre
défense, et le commandant supérieur était moralement
obligé de subvenir, dans une mesure raisonnable, aux
besoins de la ville, sans cependant oublier que nos ressources financières étaient épuisées et n'allaient plus
pourvoir à la solde de la troupe et des officiers. Il revint donc sur une idée inopportunément émise autrefois, et invita, le 9 février, le sous-intendant militaire
à céder à la ville de Belfort, contre remboursement et
aux prix les plus favorables, des denrées en vin, eau-
de-vie, farine et sucre, dont le montant serait versé
entre les mains du receveur particulier.

Deux autres cessions furent également consenties, quelques jours après, aux mêmes conditions : l'une à la ville, l'autre à l'hôpital civil qui recevait et soignait dans ses salles bien aérées nos malades les plus intéressants.

Départ du préfet du Haut-Rhin pour Bordeaux.

Pendant ce temps, toutes les villes et tous les villages du Haut-Rhin étaient dans l'agitation électorale. Le département devait nommer ses représentants à cette assemblée qui se réunissait à Bordeaux pour y décider de la paix ou de la guerre. L'élan patriotique de l'Alsace, qu'on n'avait su ni employer ni soutenir au début de la guerre, s'était retrempé et maintenu au milieu des souffrances et des malheurs de l'invasion.

Le pays souffrait horriblement. Il voulait protester par le vote.

Les Alsaciens voulaient rester Français; ils voulaient l'accuser nettement, aussi jetaient-ils les yeux avec orgueil sur ce Belfort qui luttait toujours, dernier boulevard de la France chez eux, le seul qui n'eût pas subi la souillure de l'étranger. C'était parmi ses défenseurs qu'ils allaient choisir leurs députés.

Le choix n'était pas douteux. Il allait porter sur le gouverneur évidemment, et sur M. le préfet Grosjean qui, chassé de Colmar, était venu s'enfermer dans la place.

Profitant de cette assurance, que lui confirmaient encore quelques lettres particulières et de nombreux billets de vote, tous portant naturellement ces deux noms, le colonel Denfert songea à faire sortir de la place M. Grosjean, afin d'avoir un organe sûr et instruit de nos besoins près du gouvernement de Bordeaux. Il écrivit donc au général de Treskow la lettre suivante, demandant un laissez-passer pour le préfet nommé député. L'affirmation donnée le 9, à onze heures du matin, d'une élection faite le 8, intrigua beaucoup, paraît-il, le général prussien sur nos prétendus moyens d'information.

Le colonel Denfert écrivait :

« J'ai l'honneur, en vertu du paragraphe 3 de l'article 2 de la convention de Versailles du 28 janvier 1871, de vous prier de vouloir bien m'envoyer un sauf-conduit pour permettre à M. Grosjean, de Guebwiller, actuellement à Belfort, élu par le Haut-Rhin député à l'Assemblée nationale de Bordeaux, de se rendre à son poste en passant par Bâle (Suisse).

« L'Assemblée nationale devant se réunir à très-bref délai, M. Krafft, capitaine du génie, porteur de la présente lettre, a ordre d'attendre la remise du sauf-conduit. »

M. Grosjean était bien effectivement nommé député. Le soir même il reçut son sauf-conduit, et partit le lendemain matin, emportant avec lui des instructions et une liste des cinq officiers que le gouverneur jugeait avoir rendu le plus de services à la défense. Il les recommandait au gouvernement, et désirait qu'on s'occupât d'eux tout de suite.

Cette note seule est pour eux une si belle récompense, que c'est un devoir de citer ici leurs noms.

C'étaient :

MM. CHAPELOT, chef de bataillon d'infanterie ;

DE LA LAURENCIE, capitaine d'artillerie ;

THIERS, capitaine du génie ;

PERRIN, capitaine d'infanterie [1] ;

PORRET, capitaine des mobiles du Rhône.

Batteries ennemies aux Perches.

Nous trouvions pendant ce temps le tir de l'ennemi bien dur, surtout en présence de la situation presque passive qui nous était faite par l'état de nos approvisionnements.

Les Prussiens avaient à ce moment contre nous trente-quatre batteries armées de pièces de siége, sans compter ses pièces volantes du Salbert, et les deux batteries de position qui avaient servi à bombarder les simples villages de Danjoutin et de Pérouse. Cela représentait une force d'environ cent vingt bouches à feu, tirant une moyenne de quatre-vingts à cent coups, c'est-à-dire dix à douze mille projectiles par jour, tir effrayant si l'on considère le peu d'étendue de la place. Cependant ils ne se trouvent pas encore assez forts. Le 9 février, ils font trois nouvelles batteries pour douze pièces contre le Château, sur la gauche des Hautes-Perches, deux batteries contenant dix gros mortiers, cachées dans leurs parallèles des Perches et tirant sur la ville et le Château, et enfin une batterie de deux pièces,

---

1. M. Perrin était passé chef de bataillon au titre provisoire, en remplacement de M. Hermann, mis en non-activité sur sa demande, pendant le siège, pour infirmités temporaires.

destinée à Bellevue, assise à droite des Basses-Perches, sur la croupe de la colline, du côté de Danjoutin·

Elles ouvrent le feu avec une violence extrême, le 10 et le 11. Elles atteignent le Château avec une justesse étonnante, paralysent tout mouvement dans le fort, et défendent toute communication avec l'extérieur. La route qui relie les trois enceintes du Château et conduit de ce fort dans la ville n'est pas, en effet, abritée par une voûte continue, mais par une série de voûtes, ayant à peu près même axe, et dont les séparations sont complétement vues des Perches. Aussi à chacune correspondaient deux pièces ennemies qui, au moindre mouvement, lançaient une bordée sur le point visé d'avance.

Le troisième passage, en venant de la ville, est coupé par un profond ah! ah! (trou de quatre mètres de largeur), sur lequel était jeté un pont-levis, qui fut brisé et renversé dans le trou dès le premier jour. On le remplaça le lendemain, et il fut aussitôt démoli.

On pensa alors qu'un pont offrait sans doute trop de prise aux projectiles ennemis, et comme ce passage était d'une absolue nécessité, on donna l'ordre à M. Würgel, ingénieur civil faisant fonctions de lieutenant du génie, de le réparer dans la soirée du 12, à l'aide de trois poutres jointives jetées simplement d'un bord à l'autre et sur lesquelles ne pourraient plus passer que les piétons. M. Würgel prit, pour faire cette corvée, cinq hommes de la compagnie du génie auxiliaire de M. Thibaudet.

Il fait amener la première poutre, y attache un câble, en jette le bout libre de l'autre côté et le fait tendre. Un projectile le rompt aussitôt. On renoue la corde, la

première poutre passe, puis est enlevée par un nouveau
coup. La deuxième prend sa place, elle subit le même
sort. Enfin, la nuit arrivée, on parvient à établir la
troisième poutre qui tient toute la nuit et disparaît le
lendemain. Mais après ces cinq heures de travail,
M. Würgel ne rendit que deux hommes au capitaine
Thibaudet.

Il fallut alors renoncer à ce passage d'autant plus
qu'une seule poutre, à la nuit, constituait une route
un peu maigre, dans l'impossibilité où on était surtout
de montrer sans danger la moindre lumière.

On fit pour les corvées un chemin sur les revers de
la plongée dominant la ville, et on indiqua pour les
voitures une autre route dangereuse mais solide, contournant le fossé de l'enceinte intérieure et venant
aboutir dans le grand souterrain.

Bombardement de la Miotte et de la Justice.

La Miotte, pendant ces quatre derniers jours, reçut
un nombre de projectiles presque égal à celui que reçut
le Château ; les journées du 12 et du 13 février y furent
particulièrement pénibles, mais, grâce au zèle et à
l'intelligence du capitaine Sailly, le tir du fort n'en fut
pas ralenti. Deux de ses pièces notamment ripostèrent
avec la plus grande vigueur, et l'on peut dire que c'est
au feu de ces pièces, à la fusillade des artilleurs postés
au cavalier du Château, et au feu des Barres que fut
due en partie la lenteur des derniers travaux de l'ennemi sur la hauteur des Perches.

Le zèle du capitaine Jourdanet ne le céda en rien à

celui du capitaine Sailly, et ne faiblit nullement sous
le nombre très-considérable de projectiles tirés à cette
époque sur la Justice par les batteries prussiennes
du bois sur Merveaux, batteries, nous l'avons dit, établies tout exprès pour ce fort le 3 février.

Ce n'était qu'un bombardement sans attaque, évidemment; mais, sous ce feu nourri et nouveau, la garnison du fort de la Justice, composée presque exclusivement de mobiles, se plaignait et montrait peu
d'entrain dans son service.

Son commandant, M. Jourdanet, capitaine d'artillerie, s'émut de cette situation, et crut devoir écrire au
gouverneur qu'il désirait bien que sa garnison, dans
laquelle en cas d'attaque il n'avait que peu de confiance, fût remplacée par des compagnies du 84e.

Le colonel Denfert essaya de calmer ces craintes par
la lettre suivante, du 11 février :

« Je ne comprends pas très-bien les quelques mots
que vous m'avez écrits ce matin, pour me dire qu'en
cas d'attaque les mobiles de la Haute-Saône ne vous
inspireraient qu'une médiocre confiance. Je crois que
vous avez un moyen très-simple de leur donner cette
confiance. C'est de leur montrer comment sont les
escarpes et les contre-escarpes du fort, toutes en roc
de la base au sommet, et de leur demander comment
on pourrait s'y prendre pour les escalader. Vous leur
ferez voir ensuite qu'il n'y a, outre la porte du pont-
levis, qu'une autre poterne que vous avez bien soin de
tenir fermée et dont vous faites surveiller les abords;
et après cet examen, qui ne demande de la part de
vos auditeurs ni beaucoup de temps, ni beaucoup d'in-

telligence, vous n'hésiterez pas à leur dire qu'il n'y a que des insensés qui pourraient être capables de tenter en ce moment l'escalade du fort de la Justice. Que si cependant la chose se présentait, comme en envoyant des fantassins l'ennemi cesserait, par cela même, de canonner pour ne pas tirer sur les siens, ils n'auraient qu'à se placer sur les remparts et tirer en toute tranquillité sur les Prussiens qui seraient à patauger dans le fossé.

« Voilà les explications *de visu* qu'il faut donner aux officiers, sous-officiers et soldats de la mobile de la Haute-Saône, quand on est dans une position aussi avantageuse à la défense que l'est la vôtre. Ils ne peuvent pas ne pas les comprendre et ne pas en tirer confiance entière dans l'invulnérabilité de leur position, et leur confiance fera la vôtre.

« Vous pouvez ajouter à vos explications que, dans l'attaque du 26 janvier contre les Hautes-Perches, les troupes du 45e de ligne, en se portant sur le parapet et en tirant contre les colonnes ennemies, ont tué et blessé un nombre considérable d'hommes, sans avoir ni tué, ni blessé de leur côté.

« Les pertes seraient infiniment plus grandes devant le fort de la Justice, absolument impossible à escalader, sans les engins d'un transport difficile, même quand on ne défendrait pas le parapet. »

Germes de démoralisation dans la garnison.

L'esprit de mauvais vouloir, de mutinerie presque, que nous avions vu avec douleur poindre dans la place

quelques jours avant, alors que les soldats apprirent
qu'ils étaient seuls à se battre en France, commençait à renaître. Le départ de M. Châtel l'avait calmé
pour un temps, et comme son voyage semblait se prolonger, on en revenait à murmurer, à douter presque
que ce ne fût un leurre du gouverneur pour prolonger
la défense. Comme cette exaltation provenait en grande
partie de la vente exagérée que les cafés faisaient à tous,
du vin et de l'eau-de-vie cédés à la ville, le gouverneur fit d'abord consigner jusqu'à nouvel ordre les
cafés et les auberges. Il fit ensuite savoir aux officiers
des troupes accusées de mauvais vouloir qu'il ne comprenait pas qu'après toutes ses explications et le refus
insolent de l'ennemi d'accorder l'armistice demandé,
après les efforts qu'il avait faits, et qui avaient été cou-
ronnés de succès, pour que M. Grosjean, député élu
du Haut-Rhin, pût aller expliquer au gouvernement
l'état de choses et presser une solution, qu'un pareil
esprit existât parmi les troupes, sans qu'il y eût de la
part des officiers qui les commandaient ou une atonie
impardonnable, ou une tendance coupable à l'oubli de
leurs devoirs.

« Dans les circonstances comme celles où nous nous
trouvons, ajoutait-il, alors que la lutte nous a été imposée et que sa fin est imminente, j'entends que les
officiers sentent plus que jamais ce qu'ils se doivent à
eux-mêmes, ce qu'ils doivent au pays, et fassent tous
leurs efforts pour maintenir leurs hommes dans le sen-
tier du devoir.

« Que les officiers sachent que j'ai l'œil sur eux, sur
leur conduite, et que je serai impitoyable pour les

manquements qui me seront signalés, et pour ceux dont le bataillon ou la compagnie se signalera par un esprit de mutinerie ou de mauvais vouloir pour leur service, qui, dans ce moment et eu égard aux circonstances, est plus coupable que jamais. Notre situation, sans précédent dans l'histoire, nous impose des devoirs exceptionnels ; soyons-en dignes. »

Les coupables sentirent leur faute et, comprenant quelle importance pouvaient avoir de simples légèretés, ils firent amende honorable en promettant l'obéissance la plus absolue. Les officiers plus particulièrement inculpés firent remettre ces protestations au gouverneur, en affirmant leur entier dévouement à la patrie.

Toutes ces protestations étaient sincères; l'avenir fut suffisant pour le montrer, car en ces jours si pleins on vivait vite.

Nous ne tirons plus que des boulets sphériques.

Le bombardement continuait toujours, implacable et terrible ; mais on y était fait, et comme nous ne voulions pas encore entamer le reste de notre provision de projectiles rayés, nous ne répondions qu'avec les vieilles pièces de 16 lisses et les mortiers. Il y en avait un surtout au Château, du calibre de 22 centimètres, échappé à l'enterrement de la batterie du bastion 12, qui était servi par le maréchal des logis L'herrou du 7ᵉ d'artillerie, et qui toutes les nuits tirait de cent vingt à cent trente bombes. Il était placé au

milieu même de la cour ; on le mettait en batterie à
l'aide de câbles entrant dans les casemates, et le maréchal des logis restait seul dehors. Il fut dans une
même nuit blessé trois fois, sans vouloir abandonner
son rude service, ni quitter ce poste si périlleux.

La ville aussi était faite à ce dur bombardement ; il
n'y restait à peu près plus rien à détruire.

Cependant le 13 au matin un projectile incendiaire
trouva encore moyen de mettre le feu au bâtiment des
sœurs. Cet incendie prit très-vite des proportions considérables et le bâtiment fut consumé en entier, ainsi
qu'une partie peu importante de l'arsenal. On n'eut pas
de peine à isoler les flammes qui n'avaient presque que
des murs nus à lécher.

Sommation de rendre la place.

Le 13 au soir, le général de Treskow envoya au
gouverneur un officier de son état-major, M. le baron
de Fortsner, porteur d'une lettre prévenant le colonel
Denfert qu'il avait une pièce très-importante à lui remettre, mais si importante qu'elle ne pouvait être remise que contre reçu porté par un officier. La lettre
d'envoi n'était donc qu'une simple formalité.

M. Krafft, muni du reçu alla chercher la pièce annoncée. C'était la sommation suivante :

A monsieur le colonel Denfert-Rochereau, de haute naissance,
commandant la forteresse de Belfort.

« Suivant votre désir du 4 de ce mois, j'ai consenti

22

au voyage du capitaine Châtel à Bâle pour s'informer de l'état des choses en France.

« Je n'aurais pu donner suite à votre demande d'armistice du 8 jusqu'au retour de cet officier, sans perdre les fruits de ma prise de possession des Perches. Mais j'ai ralenti mon feu [1], dans l'attente du prochain retour du capitaine Châtel. Ce retour, tant qu'il est en ma connaissance, n'a pas encore eu lieu.

« Je ne puis attendre plus longtemps sans négliger la mission qui m'a été donnée. Je vais donc recommencer mon attaque de la façon la plus énergique. Je sais que mes nouveaux moyens d'attaque coûteront énormément de sang et que par suite beaucoup de personnes civiles seront atteintes. Je considère donc comme mon devoir, avant de recommencer mon attaque, et je vous prie de rechef de vouloir bien peser si maintenant le temps n'est pas venu où vous pourriez avec honneur me rendre la place.

« Je me suis établi sur les Perches, et je possède les moyens nécessaires pour détruire le Château. Il n'y a plus à compter aujourd'hui sur une levée du siége. Non-seulement suivant mon opinion, mais aussi suivant l'avis d'autorités françaises, comme selon le jugement qui a été porté le 10 mars 1869, sous la direction du général Frossard, par une commission réunie à cet effet, le Château ne pourra pas résister longtemps aux batteries établies sur les Perches, et, comme s'exprime la commission, la prise du Château terminera toute résistance.

« Il m'a été tracé un chemin que je suis forcé de

1. C'était faux, le feu n'avait fait que croître depuis le 4 février.

suivre. Belfort n'est plus à sauver pour la France.

« Il dépendra donc maintenant de vous seul d'éviter, par la conclusion d'une capitulation honorable, une plus longue effusion de sang, et je suis tout disposé, en considération de votre défense jusqu'ici si héroïque, à vous faire des conditions très-favorables. Je suis obligé de m'en rapporter à vous pour savoir s'il vous conviendra d'accepter ma proposition. Mais, d'un autre côté, ce sera aussi sur vous que retombera la responsabilité, dans le cas où vous m'y contraindriez, de réduire Belfort en un monceau de cendres et d'ensevelir les habitants sous les décombres.

« Je ne compte pas sur une réponse précise, mais j'attendrai douze heures avant de recommencer mon attaque renforcée. Si d'ici là je ne reçois pas de vous une proposition acceptable, je ne reculerai pas devant les mesures les plus extrêmes, sachant que ce seul chemin m'est tracé pour accomplir ma mission. »

Cette lettre était fausse en ce sens que le général de Treskow était dans l'impossibilité d'augmenter son feu des derniers jours. Ses pièces tiraient, en effet, à volonté, sans repos, jour et nuit. De plus, une pareille menace était gratuite et ne pouvait conduire à rien.

Le gouverneur, naturellement ne fit aucune réponse.

Il donna seulement avis de cette lettre au commandant du fort de Bellevue, qui se trouvait dans une position avancée, sous le coup direct de la menace, et qui, surtout, avait de nombreux travaux à faire pour parer aux coups venant des Perches.

Ses abris étaient tous orientés naturellement du côté de la ville; les portes étaient vues des positions prus-

siennes, et une batterie nouvelle, établie sur la croupe
même qui domine la Savoureuse, était, nous l'avons
dit, spécialement destinée à cette partie du bombardement.

M. Thiers avait prévu cette nouvelle direction du
feu, et, par des masques en terre contournant les portes
de ses abris, il était heureusement arrivé à les couvrir.
Tous ses hommes, sentant la nécessité de ce travail,
s'employaient avec vigueur à le perfectionner.

Reprise des travaux contre Bellevue.

Mais Bellevue n'avait pas seulement à craindre la canonnade de revers sur sa gauche; l'ennemi préparait
encore contre lui une attaque directe.

Les Prussiens avaient ouvert, dans la nuit du 12 au
13, une tranchée, partant de leur place d'armes de la
Tuilerie et se dirigeant à la gauche de la route de Belfort à Lyon, d'une longueur d'environ cent à cent vingt
mètres. C'était une attaque en règle de l'avant-poste
de Bellevue qu'ils entreprenaient ainsi; c'est-à-dire
qu'ils en étaient arrivés à ce degré de prudence que,
pour enlever l'avant-poste d'une simple redoute en
terre, il leur fallait des travaux d'approche réguliers.

Cependant ce travail était important. Il pouvait être
considéré comme une extension de la troisième parallèle contre Bellevue, et la perte du poste avancé créerait
un danger sérieux pour le fort, car il entraînerait celle
du trou de la maison Sibre.

Notre garde avancée tira beaucoup sur les travailleurs, mais sans pouvoir bien se rendre compte de l'im-

portance des travaux de l'ennemi, vu l'obscurité des nuits à cette époque.

M. Thiers, dès qu'il put juger de la nature ce ces travaux, demanda au gouverneur l'autorisation de lancer le soir des balles à feu, dont on avait enfin fabriqué quatre ou cinq à l'arsenal, pour éclairer les tranchées ennemies et les mitrailler du fort, pendant qu'on les fusillerait de l'avant-poste.

Le colonel approuva ce qui avait été fait et ce qui était proposé.

Il terminait sa lettre au capitaine Thiers par les mots suivants :

« Je viens de recevoir du général de Treskow une sommation insolente de rendre la place sous la menace d'un bombardement formidable dont nous n'avons eu aucune idée jusqu'ici, et qui commencera, si je n'ai pas répondu d'ici à douze heures par une proposition acceptable de capitulation.

« Naturellement, je ne répondrai rien.

« Vous pouvez donc vous attendre, ainsi que tout le monde et en particulier le Château, à un bombardement énergique demain matin et après, jusqu'au jour prochain où tout cessera, puisque l'Assemblée nationale est réunie depuis hier. »

M. Thiers, pour augmenter encore l'énergie des travailleurs, donna lecture de cette lettre du colonel Denfert à tous les officiers de son fort réunis autour de lui.

Situation de l'attaque et de la défense.

Le parti du gouverneur était bien pris, bien arrêté.
La menace d'ensevelissement était, selon une expression vulgaire, un coup d'épée dans l'eau. Nous l'avons
déjà dit, le tir des Prussiens ne pouvait pas être plus
intense qu'il n'avait été depuis le commencement de
février, du moins avec le matériel qu'ils avaient sous
la place, et quant à en faire venir d'autre d'Allemagne,
c'était une opération inadmissible, nécessitant des
frais énormes dont on ne se charge pas au moment où
l'on discute la paix, et demandant toujours un temps
considérable.

Quant à faire une attaque de vive force sur le Château et à essayer une escalade devant ses murs gigan-
tesques, et dont la base est taillée dans le roc, c'eût été
une folie si étrange que nous en étions vainement à
l'appeler de tous nos vœux.

La défense extérieure avait sauvé Belfort.

Il restait aux Allemands à continuer le siége régulier du Château, et à faire les travaux d'approche qui
devaient conduire au sommet du glacis, puis enfin au
Château, mais après plusieurs assauts successifs.

Outre que les cheminements sur le versant nord des
Perches ne peuvent se faire qu'en un terrain rocailleux, très-dur, ils sont très-difficiles encore à défiler
de la place, par suite de la pente très-roide du terrain,
et de la longueur de la ligne qui s'étend de la Justice
à Bellevue ou seulement même au Château.

L'ennemi, du reste, ne semblait pas entrer dans cette

voie si longue, et il n'avait rien commencé comme travaux d'approche sur le versant nord.

Pendant que nos pièces du cavalier étaient encore intactes, le gouverneur, loin de céder, avait même eu un instant le projet de répondre à l'insolente sommation ennemie par un feu à volonté, où nous dépenserions en deux ou trois jours les deux tiers des projectiles restants, ne conservant que l'approvisionnement des pièces de flanc, et combattant ensuite les cheminements par de simples fusillades très-nourries.

Ce genre de lutte, qui n'eût maintenu au feu qu'un nombre assez restreint de soldats, pendant que le reste de la garnison serait demeuré relativement en repos et à l'abri, nous permettait une résistance d'au moins six semaines au Château.

Autrefois, avec le moral qu'on avait su conserver à la garnison avant la nouvelle des malheurs de la France, et surtout avant la connaissance de la position exceptionnelle qui nous avait été faite par l'armistice du 28 janvier, nous pouvions prétendre, sans orgueil, lutter jusqu'aux premiers jours d'avril.

Dans l'état actuel des choses, et en présense de ce besoin de repos qui était né chez nos hommes de la nouvelle de l'armistice accordé aux autres corps d'armée, il eût fallu certainement un plus grand développement d'énergie et de patriotisme de la part des officiers pour maintenir chacun dans le devoir pendant plusieurs semaines. Mais la volonté de remplir son devoir jusqu'au bout, qui animait tout le monde, l'eût certainement rendu possible.

Ordre du gouvernement de rendre la place.

Il ne fut pas besoin de pousser la défense jusqu'à ces limites extrêmes.

Pendant que M. Krafft allait, le 13 au soir, chercher la pièce importante annoncée par M. de Fortsner, une dépêche de M. de Bismarck était parvenue au quartier général prussien, et M. de Schultzendorf, aide de camp du général de Treskow, la communiqua à notre parlementaire, après le départ de la sommation.

Cette dépêche de M. de Bismarck au général de Treskow était ainsi conçue :

Versailles pour Bourogne, 11 heures du matin, 13 février 1871.
Reçue à 4 heures 1/2 du soir.

« *Au général de Treskow, commandant les troupes devant Belfort.*

« Le gouvernement français à Paris m'envoie pour le commandant de Belfort le télégramme suivant, que je vous prie de lui faire parvenir par un parlementaire :

« Le commandant de Belfort est autorisé, vu les circonstances, à consentir à la reddition de la place. La garnison sortira avec les honneurs de la guerre et emportera les archives de la place. Elle ralliera le poste français le plus voisin.

« Pour le ministre des affaires étrangères,

Signé : PICARD.
Contre-signé : BISMARCK.

Cessation du feu. — Envoi d'un deuxième officier à Bâle.

Le gouverneur donna aussitôt à M. le capitaine du génie Krafft mission de régler une suspension d'armes avec M. le capitaine de Schultzendorf qui l'attendait à la porte du Vallon, et expédia l'ordre général de cesser le feu.

M. Krafft parti dans ces conditions. Il trouva M. de Schultzendorf voulant traiter immédiatement de la reddition.

Sans nul doute, le général de Treskow espérait que le gouverneur, sous le coup de la sommation et en présence du télégramme prussien, se montrerait disposé à conclure une capitulation immédiate, pure et simple.

Sur le refus de M. Krafft, qui déclara que le gouverneur ne voulait pas s'en rapporter à une dépêche ennemie, et après avoir menacé de reprendre le feu sans que cela produisît d'effet, l'officier prussien consentit à signer la suspension d'armes suivante :

« Entre les soussignés :

« MM. Krafft, ingénieur des ponts et chaussées et capitaine du génie auxiliaire, et de Schulzendorf, capitaine d'état-major de l'armée de siége, tous deux munis des pleins pouvoirs de M. le colonel Denfert-Rochereau, commandant de Belfort, et de Son Excellence M. le général lieutenant de Treskow, commandant le corps de siége,

« Il a été convenu ce qui suit :

« 1° Le général lieutenant de Treskow enverra une dépêche télégraphique à Versailles, pour faire con-

naître au chancelier de l'empire, M. le comte de Bismarck, que le colonel Denfert demande un avis direct
de son gouvernement au sujet de la reddition de la
place.

« 2° Le colonel Denfert enverra à Bâle un officier
chargé d'y attendre l'avis télégraphique du gouvernement français.

« 3° Jusqu'au retour de cet officier, il y aura, entre
l'assiégeant et l'assiégé, une suspension d'armes,
commençant le 13 février à onze heures du soir. Néanmoins, cette suspension d'armes pourra, à un moment
quelconque, être dénoncée douze heures avant l'époque
projetée pour la reprise des hostilités.

« 4° Pendant cette suspension d'armes, les deux
parties resteront dans leurs positions actuelles. Les
limites ainsi tracées ne pourront être franchies, et il
ne pourra pas davantage y avoir de communication de
la part des personnes civiles entre la forteresse et le
rayon extérieur.

« 5° Le colonel Denfert s'engage à faire connaître,
dans le plus bref délai possible, au général lieutenant
de Treskow, la résolution qu'il aura prise après réception des avis du gouvernement français.

« La présente convention a été faite en double original, dont l'un en allemand, et l'autre en français.

Le 13 février 1871.

« L'ingénieur des ponts et chaussées, capitaine du
génie auxiliaire,

« *Signé* : KRAFFT.

« Le capitaine d'état-major du corps de siége,

« *Signé* : DE SCHULTZENDORF. »

Ainsi fut probablement déjouée l'habileté avec laquelle M. de Bismarck, après être convenu le 13 février avec M. Picard de l'armistice étendue à l'est sous condition d'évacuation de Belfort, en fit cependant attendre le texte à notre ministre pendant toute la journée du 14, et ne la lui remit signée que le 15, date officielle de l'armistice de l'est, pensant que dans cet intervalle le général de Treskow aurait pu traiter directement de la reddition et qu'on pourrait profiter alors contre notre gouvernement d'un fait accompli.

Le gouverneur notifia aussitôt la conclusion de cet armistice aux commandants de tous les forts, par la dépêche suivante :

« L'armistice est conclu. Néanmoins ne suspendez pas les travaux et surveillez avec autant de vigilance que d'habitude. D'après l'armistice, l'ennemi doit rester dans ses positions, nous dans les nôtres. »

M. Krafft, désigné pour aller à Bâle, partit dans une voiture de louage entre onze heures et minuit, muni des instructions verbales du colonel Denfert.

Le feu était suspendu de part et d'autre et il ne devait plus reprendre. A huit heures trente-cinq minutes du soir le dernier coup de canon de cette épouvantable guerre de 1870-71 avait été tiré dans une pièce de 24 du Château, par le vieux maréchal des logis Huyghes, si dévoué pendant tout le siége.

La guerre était finie.

Cette nuit si calme, qu'aucun bruit sinistre n'était venu troubler, avait transmis à chacun, mieux que n'eût pu le faire la voix du crieur public, la nouvelle

de la suspension d'armes. Elle fut portée de bouche en
bouche et connue bientôt dans la plus humble cave.

Aussi dès l'aube du 14 février tout le monde est
dehors, chacun circule fiévreusement comme pour prendre une part de cet air pur dont on a manqué si longtemps. On veut en refaire une provision si l'armistice
ne doit durer qu'un jour.

A huit heures le soleil se lève splendide et magnifi-
que, comme pour consoler tous ces malheureux qui
ont été privés si longtemps de sa chaleur bienfaisante.
Chaque cave rend à l'air de pauvres enfants pâles et
souffreteux, des vieillards aux traits amaigris, aux
yeux caves et aux membres trop faibles pour les soutenir.

Mais le groupe le plus navrant était celui qui sortait
de dessous l'hôtel de ville et l'église, où les plus malheureux étaient venus chercher un asile dès le commencement du bombardement.

Les pauvres y étaient entassés les uns sur les autres
au milieu de l'humidité et de la pourriture. Ils n'en
sortaient jamais, vaquant côte à côte à tous les travaux
de la vie. Aussi la variole et le typhus faisaient-ils des
ravages épouvantables dans ces foules en haillons.
Les hôpitaux regorgeaient. Ils ne pouvaient plus recevoir les malades, les morts même étaient souvent oubliés, et leur nombre ne permettait pas de les enterrer
régulièrement. L'enfant venait au jour près de celui qui
le quittait, s'emparant aussitôt de son grabat moisi,
comme une conquête de la vie sur la mort.

On pense avec quelle joie tout ce pauvre peuple vit
arriver la cessation du feu. C'était la fin de ses misères,
il courait de tous côtés, semblant trouver le jour plus

beau qu'il ne l'avait jamais connu. On allait dans toutes les rues contempler les sinistres, chacun se consolant de sa ruine propre par la ruine des autres. Les plus heureux avaient encore un étage à peu près intact, d'autres une chambre, le plus grand nombre n'avait plus rien.

Les rues étaient pleines de débris, on n'y pouvait passer qu'avec précautions. L'église était à moitié démolie, l'hôtel de ville brûlé, la prison décapitée, les faubourgs consumés, et la foule des curieux cherchait encore un spectacle plus terrible.

Elle court en procession le demander au Château, point de mire de toutes les batteries. Là les murs sont renversés, les terres bouleversées. La cour n'est qu'un cloaque boueux où l'on enfonce et dont on ne peut sortir qu'en se heurtant contre une pierre de taille ou un obus Krupp qui n'a pas éclaté.

Malgré tout, les pièces des casemates sont encore debout et menaçantes; seules elles lèvent la tête au milieu de cet écrasement général, comme pour accuser bien haut les soins minutieux que les artilleurs ont mis à leur conservation. Leurs abris à eux se sont écroulés sous les projectiles, peu importe. Ils ont avant tout préservé les pièces, et tous les soirs, montés dans les embrasures, sous le feu ennemi, ils ont travaillé quatre heures, six heures s'il le fallait, pour garer les blindages et relever les terres. Puis au matin l'ennemi pouvait croire qu'il n'avait rien fait la veille.

Celles du haut vivaient également, les escaliers qui y conduisaient ayant été détruits pierre par pierre, on y montait avec des échelles et on les approvisionnait par une poulie.

On dit que ce qui frappa le plus les officiers prussiens à leur première visite au Château, fut de trouver encore au milieu de ces ruines tant de pièces sur roues.

Les Prussiens aussi désiraient contempler leur ouvrage. On les voyait en grand nombre aux Perches, dévorant des yeux cette ville qu'ils n'auraient le droit d'occuper qu'après le départ du dernier soldat français. Quelques-uns même viennent jusque sous les murs du Château pour fraterniser avec nos soldats, mais une consigne sévère les éloigne et leur fait rebrousser chemin.

Retour des officiers envoyés à Bâle.

Pendant ce temps M. Châtel était toujours à Bâle, cherchant à obtenir du gouvernement français des instructions précises sur la règle de conduite que devait suivre le gouverneur, dans les circonstances faites à la France par la convention de Versailles du 28 janvier 1871.

Il avait en vain télégraphié à Bordeaux, sans rien obtenir. Il n'avait également reçu aucune réponse à la dépêche qu'il avait écrite pour faire connaître en détails, au gouvernement, les principaux faits des mois de décembre 1870 et janvier 1871, et la situation de la place au moment où il l'avait quittée.

A l'arrivée de M. Krafft à Bâle, le 14 février, une nouvelle dépêche plus pressante fut envoyée à Bordeaux. Le même soir arriva de Paris à Bâle, au consul de France, un télégramme confirmant simplement la dépêche qui avait été communiquée au commandant supérieur par le général de Treskow.

MM. Châtel et Krafft se consultèrent pour savoir s'ils devaient ou non attendre un télégramme de Bordeaux ; mais ils se décidèrent pour la négative par la raison que, le gouvernement de fait résidant toujours à Paris, le télégramme qui arriverait de Bordeaux aurait passé en chemin par l'intermédiaire des autorités allemandes.

Le gouverneur regretta toutefois qu'ils aient pris ce parti, le gouvernement de Bordeaux se trouvant par sa situation même dans une position indépendante qui donnait un très-haut prix à sa décision, soit qu'il fallût remettre la place, soit qu'il fallût encore continuer la lutte.

MM. Châtel et Krafft rentrèrent à Belfort le 15 février, et le gouverneur, conformément à l'article 5 de la convention de l'armistice, informa aussitôt M. le général de Treskow, qu'il était prêt à lui rendre la place aux conditions indiquées dans le télégramme communiqué le 13.

Convention de reddition de la place.

Le commandant supérieur désigna MM. le commandant Chapelot du 84ᵉ de ligne, et le capitaine du génie Krafft pour arrêter les clauses de la convention de reddition. Avis en fut donné au général prussien.

Les plénipotentiaires se réunirent le soir même à huit heures, à Pérouse. Il fallut de longs débats pour faire insérer, en tête de la convention, que la place était rendue aux troupes allemandes en vertu des ordres du gouvernement français. Ce point était important pour bien spécifier la nature de la remise de la place. Le gouverneur avait donné à cet égard des ordres formels. Aussi les plénipotentiaires allemands durent-ils céder sur ce point.

Les bases posées dans le télégramme étaient assez vagues. Le terme, honneurs de la guerre, qui avait été employé, n'indiquait pas que la garnison dût conserver ses armes et emmener son matériel. Le colonel Denfert était cependant bien résolu sur ce point encore à ne pas céder. Il voulait sortir avec son corps d'armée tout organisé, tout approvisionné, et pouvoir, en droit et en fait, reprendre la lutte en rase campagne si l'armistice venait à être dénoncé après notre sortie, et si la France ne parvenait pas à faire la paix avec son implacable ennemi.

Cette situation fut nettement expliquée et acceptée par les commissaires allemands, qui spécifièrent que cette concession était faite à la garnison en raison de sa valeureuse défense.

Le même terme, honneurs de la guerre, semblait impliquer, d'après les usages reçus, un défilé devant l'armée prussienne. Le gouverneur n'en voulut à aucun prix, et il fut entendu, sans difficultés, que les troupes françaises quitteraient Belfort comme pour un changement de garnison.

Quant au matériel de guerre formant l'armement de la place, il nous était absolument impossible de le traîner à notre suite, force fut donc de l'abandonner sur les remparts.

On constitua une batterie volante de 6 pièces de 4 rayées de campagne que nous emmenâmes avec nous, ainsi que la mitrailleuse fabriquée à Belfort pendant le siége. Malheureusement notre pénurie d'attelages ne nous permit pas de sortir de la place une artillerie plus nombreuse, et encore bien des pièces ne conservèrent-elles pas leurs quatre chevaux pendant toute la route.

Les prisonniers de guerre ennemis furent naturellement remis à l'armée qui entrait dans la place, et ils furent gardés sous séquestré jusqu'à ce qu'un conseil de guerre prussien eût statué sur leur compte, et jugé leur conduite, suivant la coutume allemande.

Nos commissaires insistèrent vivement, suivant les ordres du gouverneur, pour faire stipuler qu'aucune charge militaire ne pèserait sur la population ; mais ils ne purent rien obtenir à ce sujet. Les commissaires prussiens, sans refuser absolument, se retranchèrent constamment derrière cet argument que le général de Treskow n'avait aucune mission pour traiter les questions autres que les questions militaires.

Force fut d'en rester là en présence de cette fin de non-recevoir ; car les instructions si courtes et si peu précises du télégramme de Paris ne donnaient nullement le droit de rompre les négociations pour ce simple motif.

Le colonel Denfert fut très-peiné de ne pouvoir rien obtenir à ce sujet. Malgré tout, à Belfort, les habitants lui en ont voulu et lui en veulent encore de n'avoir rien fait pour eux. On a même été jusqu'à l'accuser d'avoir commis, à l'égard de la population, un oubli impardonnable, accusation aussi fausse qu'injuste.

Puisse ce volume, écrit avec sincérité sur des pièces officielles qui resteront toujours pour lui servir de contrôle, rectifier les idées de ceux qui le liront avec bonne foi.

Relativement à la route à suivre par la garnison, il fut impossible de discuter. Nous ne pûmes connaître ni la ligne de démarcation, ni la position précise d'aucun poste français voisin de cette ligne. M. le général de Treskow déclarait les ignorer lui-même et avoir besoin d'en référer au général de Manteuffel, qui n'envoyait que des renseignements incomplets. C'est ce qui explique le peu de précision de l'annexe à la convention, sur la route à suivre par la garnison pour se rendre dans le département de Saône-et-Loire. En présence de cette situation, tous les efforts de nos commissaires eurent pour but d'éviter Besançon et Auxonne, que nous savions investis, et où nous craignions que les Prussiens ne nous enfermassent, comme garnison supplémentaire, pour nous immobiliser. Il fut entendu qu'aucune colonne de la garnison ne passerait par ces deux villes.

La convention de reddition fut signée le 16 février, à quatre heures après midi.

En voici le texte :

« Entre MM. Denfert-Rochereau, colonel du génie, commandant supérieur à Belfort,

« Et de Treskow], lieutenant général de S. M. le roi de Prusse, commandant en chef l'armée assiégeante de Belfort,

« Il a été convenu ce qui suit :

« 1° Le colonel Denfert, sur l'autorisation spéciale qui lui a été donnée, vu les circonstances, par le gouvernement français, remet au lieutenant général de Treskow la place avec ses forts.

« 2° La garnison, en raison de sa valeureuse défense, sortira librement avec les honneurs de la guerre, et elle emmènera les aigles, drapeaux, armes, chevaux, équipages et appareils de télégraphie militaire qui lui appartiennent spécialement, ainsi que les bagages des officiers et ceux des soldats, et enfin les archives de la place.

« La garnison comprend : les troupes de ligne, la garde nationale mobile et la garde nationale mobilisée, les douaniers et la gendarmerie.

« La garde nationale sédentaire restera à Belfort et remettra ses armes à la mairie, avant la remise de la place.

« 3° Tout le matériel de guerre, les vivres et munitions, en tant qu'ils ne sont pas, sans conteste, nécessaires à la garnison, et de plus les approvisionnements de toute nature de la place, et les propriétés de l'État en entier, seront remis dans l'état où ils se trouvent au moment de la signature de la présente convention.

« Cette remise sera effectuée par un commissaire à nommer par le commandant de la place. Elle aura lieu le 18 février à dix heures du matin.

« 4° Le 18 février, à dix heures du matin, des officiers allemands d'artillerie et du génie seront introduits dans les forts et le Château, pour prendre possession des magasins à poudre et des mines, en présence d'officiers français des mêmes armes.

« 5° La garnison française devra avoir terminé l'évacuation de la place le 18 à midi, heure à laquelle les troupes allemandes en prendront possession. L'ordre de marche sera réglé dans une pièce annexe.

« 6° Les blessés et les malades restant dans la place seront, dès leur rétablissement, menés par convois jusqu'à la ligne de démarcation la plus voisine ; ils emporteront leurs armes. Ceux qui seront impropres au service militaire seront renvoyés dans leurs foyers.

« 7° La garnison laissera dans la place les médecins et les infirmiers nécessaires au service des hôpitaux. Ce personnel sera traité suivant les conditions de la convention de Genève.

« 8° Les prisonniers allemands, soit blessés ou non, qui sont internés dans Belfort au nombre de sept officiers et deux cent quarante-trois hommes, seront remis aux troupes allemandes le 18 février, à dix heures du matin, dans leurs casernements actuels.

« 9° La propriété privée des officiers qui quittent la forteresse sera respectée au même titre que le reste des propriétés privées.

« 10° Le colonel Denfert fera remettre au lieutenant général de Treskow, aussitôt que possible, une situation d'effectif des troupes qui quittent la place, pour permettre le règlement de l'ordre de marche, et les commissaires chargés de la remise des malades des deux nations et des prisonniers devront être munis de situations semblables.

« 11° L'administration allemande favorisera de tout son pouvoir l'apport de vivres et de secours pour les habitants de la ville, ainsi que la visite de médecins du dehors.

« La présente convention a été rédigée et signée par les officiers dont les noms suivent :

« Du côté français :

« MM. Chapelot, chef de bataillon au 84ᵉ régiment d'infanterie de ligne, et Krafft, capitaine du génie auxiliaire.

« Du côté allemand :

« MM. de Laue, major et commandant de bataillon au 4ᵉ régiment d'infanterie de Magdebourg, nᵒ 67, et de Schultzendorf, capitaine d'état-major.

« Tous munis des pouvoirs réguliers de leurs chefs respectifs.

« Fait en double original dans chacune des deux langues :

« *Signé :* CHAPELOT,
        chef de bataillon au 84ᵉ de ligne.
« *Signé :* VON LAUE,
        chef de bataillon au 67ᵉ de ligne.
« *Signé :* KRAFFT,
        capitaine du génie auxiliaire.
« *Signé :* DE SCHULTZENDORF,
        capitaine d'état-major.

Annexe relative à la reddition de la place de Belfort.

« 1ᵒ Les postes et sentinelles de la place y resteront jusqu'à ce qu'ils aient été relevés par les troupes allemandes, ce qui aura lieu immédiatement après l'entrée de celles-ci, et sous la direction d'un officier supérieur de chacune des deux armées.

« Cela fait, ces troupes se masseront et suivront en corps la garnison.

« 2ᵒ La garnison française sera dirigée sur le département de Saône-et-Loire. Elle suivra deux routes et marchera sur chacune d'elles par colonnes de mille hommes, espacées de cinq kilomètres au moins l'une de l'autre.

« Le 17, il partira quatre de ces colonnes, dont deux marcheront sur Audincourt, Séloncourt, Exincourt, Étupes, et les deux autres sur Arcey, Héricourt.

« Chaque colonne sera accompagnée par un officier allemand.

« 3º La garnison emmènera ses vivres. Le lieutenant général de Treskow fournira les chariots nécessaires.

« 4º Pendant la marche à travers la région occupée par les troupes allemandes, la discipline intérieure reste l'affaire des officiers français. Tout délit commis en dehors des corps de troupes, sera puni d'après les lois allemandes.

« Ceux qui s'éloigneront de leurs corps ou de leurs quartiers de plus de quatre kilomètres, et ceux des soldats de la garnison qui seront trouvés dans la place plus de douze heures après le départ de la garnison, seront traités comme prisonniers de guerre.

« Fait en double en chacune des deux langues par les commissaires soussignés :

« *Signé :* CHAPELOT,   *Signé :* DE LAUE,
        KRAFFT,   DE SCHULTZENDORF. »

Telles étaient les conditions mises à notre sortie de la place. Elles avaient été presque imposées à l'ennemi par nos patriotiques commissaires, et elles furent approuvées par le gouverneur.

Lettre du ministre de la guerre.

Une lettre du général le Flô, ministre de la guerre, transmise à M. Kœklin, notre consul à Bâle, par M. de Chaudordy, représentant le ministre des affaires étrangères, fut remise au colonel Denfert par l'entremise du général de Treskow, le 17 février au soir.

Dans cette lettre, le ministre disait couvrir de sa responsabilité le parti suprême imposé au commandant supérieur par les événements de Paris, et les ordres que nous avions reçus, qui n'en étaient que la conséquence.

La lettre se terminait ainsi :

« Le gouvernement de Paris ne nous a rien fait connaître en dehors des termes mêmes du télégramme que vous avez reçu de M. Picard. C'est à vous, par conséquent, de traiter avec l'état-major allemand les conditions les plus favorables relativement au matériel de la place, canons et munitions, et, ce qui importe beaucoup plus, aux intérêts de la brave population de Belfort.

« Recevez, colonel, pour vous et vos braves soldats, l'expression de ma douloureuse et bien ardente sympathie, et soyez, auprès de la patriotique population de Belfort, l'interprète des sentiments de reconnaissance et d'admiration des membres du gouvernement et de la France entière. »

Suivaient les signatures.

CHAPITRE IX

DÉPART DE LA GARNISON. — ROUTE. — LICENCIEMENT DE LA GARNISON DE BELFORT.

Départ de la garnison.

Conformément à l'article 4 de la convention annexe, la garnison fut divisée en onze colonnes, et chaque colonne pourvue de vivres pour douze jours; la viande fraîche était fournie par les têtes de bétail restant de notre approvisionnement, et réparties entre les diverses colonnes.

Elles devaient marcher en deux groupes, l'un suivant la vallée du Doubs par la route d'Audincourt, et l'autre la route d'Héricourt à l'Isle-sur-le-Doubs, plus à l'ouest.

Les premiers départs eurent lieu dans la journée du 17, et les autres s'effectuèrent le lendemain.

Avant de quitter Belfort, le colonel avait adressé comme adieu à la ville et à la garnison la proclamation suivante :

« Citoyens et soldats,

« Le gouvernement de la défense nationale m'a donné, en vue des circonstances, l'ordre de rendre la place de Belfort. J'ai dû, en conséquence, traiter de cette reddition avec M. le général de Treskow, commandant en chef de l'armée assiégeante.

« Si les malheurs du pays n'ont pas permis que la résistance vigoureuse offerte par la garnison, la garde nationale et la généralité de la population reçût la récompense qu'elle méritait, nous avons pu du moins avoir la satisfaction de conserver à la France la garnison qui va rallier, avec armes et bagages, et libre de tout engagement, le poste français le plus voisin.

« Connaissant l'esprit qui anime les habitants de la ville au milieu desquels je demeure depuis plusieurs années, je comprends mieux que personne l'amertume de la situation qui leur est faite. Cette situation est d'autant plus pénible qu'on prétend nous faire craindre, qu'au mépris des principes et des idées modernes, le traité de paix que nous allons subir ne consacre, une fois de plus, le droit de la force, et n'impose à l'Alsace tout entière la domination étrangère.

« Mais je reste convaincu que la population de Belfort conservera toujours les sentiments français et républicains qu'elle vient de manifester avec tant d'énergie. En consultant, du reste, l'histoire même du siècle présent, elle y puisera la légitime confiance que la force ne saurait longtemps prévaloir contre le droit.

« *Vive la France, vive la République !*

« Le colonel Commandant supérieur,
« *Signé* : DENFERT-ROCHEREAU. »

La garde nationale mobilisée de Belfort, qui avait pris bonne part à la défense de la ville, et qui, aux termes de son organisation, était assimilée à l'armée active, fit partie d'une des premières colonnes. M. Stéhélin, délégué préfectoral, avait cru devoir prendre un arrêté licenciant cette troupe. Cet arrêté était irrégulier, car la garde nationale ne ressortissait plus des attributions du préfet, une fois mobilisée. En outre, la garnison, sortant libre de tout engagement, pouvait être appelée à reprendre la lutte si l'armistice était dénoncé. Le gouverneur cassa donc cet arrêté, ne voulant pas diminuer son effectif en pareil moment, et alors que la patrie pouvait encore avoir besoin de tous ses enfants.

La dernière colonne, conduite par le colonel Denfert en personne, et formée des troupes du génie et de l'artillerie de ligne, quitta Belfort le 18 février à midi, se dirigeant sur Sochaux, son premier gîte, en suivant la route de Montbéliard.

Le dernier soldat français allait quitter cette ville si française par les mœurs, par le caractère, et surtout par le cœur. Depuis deux cents ans et plus elle vivait de la vie de la France, partageant sa bonne et sa mauvaise fortune, toujours debout comme une sentinelle vigilante, et la première levée pour repousser toute invasion. Assiégée et non prise au commencement du siècle, assiégée et victorieuse en 1871, il lui fallait tomber quand même! Quelle douleur pour ces pauvres habitants qui, sans pleurs, sans faiblesse, sans plaintes, avaient assisté à la ruine de leurs maisons, à l'écroulement de leurs édifices, à la mort de leurs proches! Chaque boulet qui meurtrissait leur ville, loin de paralyser leur courage, semblait leur donner une nouvelle ardeur, cimenter leur union avec la France et river à jamais ensemble ces destinées sœurs depuis tant d'années !

Mais non, hélas ! le Prussien vaincu allait entrer en triomphateur dans ces murs victorieux, comme pour insulter à leurs nobles cicatrices. Il bénéficiait des victoires des autres Prussiens, et Belfort devait ajouter à ses désastres propres, sa part dans les malheurs de la patrie commune.

Les troupes étaient rassemblées en dehors de la porte de France. La foule silencieuse regardait, n'osant croire à son malheur. Le maire, M. Mény, allait au milieu des soldats, serrant la main à ceux qu'il avait connus, et auxquels cette défense si longue donnait presque le droit de cité. Il pleurait librement avec nous qui partions, mais cachait ses larmes à ceux qui restaient, car il avait maintenant mission de les consoler et de les défendre encore par son énergie et son calme.

Route.

La première portion de notre route fut triste ; nous perdions tous nos souvenirs de sept mois, nous partions avec peine, et jusqu'à Chatenois nous nous retournions souvent pour retrouver, à travers cette vallée si calme, le théâtre de cette tempête humaine dont nous avions été les acteurs. Nous cherchions sur l'horizon immense le profil de cette grande ossature déchiquetée, nous voulions la saluer encore, et, à Chatenois, nous la saluâmes pour la dernière fois.

Un nouveau spectacle nous y attendait, spectacle bien propre à calmer nos peines en nous rappelant ce qui devait être notre orgueil et notre joie. Nous restions Français et Français armés, c'est-à-dire libres de reprendre la lutte pour la patrie et de lui offrir nos bras et nos poitrines s'ils lui devenaient encore nécessaires.

A Chatenois, une ovation était préparée au colonel Denfert et à la garnison. Les banquets, les toasts et les discours firent trêve à nos tristesses. Nous sentions là toute cette puissance de vitalité qui fait la force de notre bien-aimé pays. La France écrasée se relevait déjà et les baïonnettes étrangères étaient impuissantes à arrêter l'élan de ces cœurs qui venaient à nous, impuissantes à repousser ces mains qui nous tendaient des couronnes pour nous remercier de ce que nous avions fait et nous dicter notre devoir dans l'avenir.

Fier et raffermi, le soldat reprit son sac et s'engagea d'un pas plus joyeux sur la route de Sochaux.

Nous y arrivâmes le soir sans laisser beaucoup de traînards en route; mais un assez grand nombre se firent porter malades. Les hommes étaient peu habitués à la marche, pesamment chargés et surtout fatigués du siége; de plus, un grand nombre de malades, présumant trop de leurs forces et ne voulant pas rester entre les mains des Prussiens, étaient sortis la veille des hôpitaux de Belfort, sans être entièrement remis, et s'étaient joints à cette dernière colonne. Nous n'avions que très-peu de voitures, force fut donc de les confier aux soins des ambulances voisines.

A Sochaux nous dûmes stationner deux jours par

suite de retards apportés par les Prussiens dans la
marche des colonnes qui nous précédaient, et de l'encombrement qui en résultait dans les villages en avant
de nous. Du reste, l'accueil si glorieux et si sympa-
thique que nous avions reçu à notre arrivée nous fit
accepter ce retard sans trop de peine. Les habitants
avaient logé nos ennemis jusqu'à notre passage, ils se
montraient tout heureux du changement dont nous
étions cause, et causaient avec nous de leurs malheurs,
de leurs espérances déçues et de leur avenir encore in-
certain. Nous recueillîmes là de précieux détails sur la
bataille livrée, par le général Bourbaki, à Montbéliard,
à deux kilomètres au Sud-Ouest.

Message du gouvernement français.

Pendant son séjour dans ce village le commandant
supérieur reçut, par un envoyé spécial du gouvernement français de Paris, la convention passée pour l'extension de l'armistice à la région de l'Est, convention
d'après laquelle la place de Belfort devait être rendue
à l'armée allemande, et précisément aux mêmes conditions que celles que nous avions obtenues après les
débats longs et difficiles relatés plus haut. Le gouverneur jugea la question assez importante pour la porter,
en détails, à la connaissance du ministre de la guerre,
par un rapport écrit à Pontarlier, et daté du 25 février.

Ce rapport se terminait par ces mots :

« Je crois pouvoir conclure de l'exposé qui précède,

qu'en même temps que M. de Bismarck discutait avec le gouvernement les conditions de reddition de la place de Belfort, il donnait au général de Treskow mission d'obtenir, par tous les moyens, des conditions de reddition différentes et moins avantageuses, en un mot, une capitulation directe. Il eût mieux valu, à mon avis, que le gouvernement de Paris convînt d'une suspension d'armes, en m'informant qu'il traitait de la reddition de la place et qu'il m'en ferait connaître les conditions par un envoyé spécial.

« On aurait évité de cette façon le risque d'avoir deux conventions contradictoires, risque qui, fort heureusement, ne s'est pas réalisé. »

La mauvaise foi de l'ennemi était d'autant plus manifeste que M. le général de Treskow, au moment même où il traitait avec nous, connaissait la convention d'armistice du 15 février 1871, dont nous ignorions la teneur.

Mesures de combat.

Après deux jours de séjour à Sochaux, les premières troupes ayant un peu débarrassé les routes, la dernière colonne, celle du colonel Denfert, se mit en chemin pour Pont-de-Roide, sur le Doubs, où nous reçûmes tous un accueil des plus sympathiques.

Le lendemain, la même colonne se remit en marche pour remonter la vallée du Doubs et gagner Maiche, Morteau, Pontarlier, Frasne, Champagnolles, ayant reçu dans tout ce parcours des ovations chaleureuses.

Toutes les autres colonnes, soit sur cette route, soit

sur la route d'Héricourt, l'Isle-sur-le-Doubs, Arbois, Salins et Champagnolles, avaient été fêtées de même par la population qui, partout, couvrait nos soldats de fleurs.

La lenteur calculée que les Prussiens avaient imposée aux premières colonnes, et que les commandants avaient acceptée trop facilement, avait arrêté souvent la colonne du commandant supérieur et l'avait obligée à de nombreux séjours. En arrivant à Champagnolles, le 27 février, nous apprîmes avec étonnement que les troupes qui nous avaient précédés étaient passées par ce point, et qu'elles avaient été dirigées sur Saint-Claude (Jura), au lieu de l'être sur le département de Saône-et-Loire. Les choses ainsi engagées, le commandant supérieur ne pouvait rien faire contre un fait de ce genre, bien qu'il y eût, de la part des Prussiens, violation manifeste de la convention annexe à celle de la reddition.

Tout ceci avait peut-être eu pour but, de la part de l'ennemi, de gagner du temps et de retarder notre arrivée aux lignes françaises jusqu'à la fin de l'armistice, afin de pouvoir nous envelopper dès notre sortie des lignes prussiennes, si l'armistice n'était pas prorogé au delà du 27 février.

Le gouverneur voulut aussitôt se mettre en garde contre une tentative de cette nature, et, comme nous n'étions plus qu'à très-peu de distance des lignes françaises, il résolut de prendre immédiatement une position défensive avec les colonnes qu'il avait sous la main, sacrifiant, si c'était nécessaire, les colonnes trop en retard, mais sauvant au moins le gros de l'armée.

Avant de pousser plus loin, il envoya de Champagnolle les ordres suivants, assignant à chaque commandant la position qu'il devait occuper pour barrer à l'ennemi toutes les routes du Jura conduisant de la vallée de l'Ain dans celle du Rhône, routes que les Prussiens, lancés à notre poursuite, seraient obligés de suivre derrière nous.

PREMIER ORDRE.

« M. le lieutenant-colonel Rochas, qui est à Saint-Claude, s'éclairera sur la route de Bourg, en allant au moins jusqu'à l'intersection de cette route et de celle de Clairvaux à Saint-Claude, et il aura en ce dernier point un poste qui sera relevé par le commandant Perrin, le 1er mars. En cas d'arrivée des Prussiens, il les repoussera par la force et il se maintiendra à tout prix sur les hauteurs qui dominent Saint-Claude au sud et sur la rive gauche de la Bienne.

« M. le commandant Duringe se mettra sous les ordres de M. le lieutenant-colonel Rochas, pour les mesures défensives à prendre. »

DEUXIÈME ORDRE.

« Demain, aussitôt son arrivée dans les lignes françaises, M. le commandant Chapelot, du 84e de ligne, partira avec son bataillon en avant de Saint-Laurent, sur la route de Clairvaux, et ira occuper les villages de la Chaumusse et de Saint-Pierre, pour garder, avec des postes avancés, les défilés de la route qui se trouvent à deux ou trois kilomètres plus loin, en deçà du village de la Chaux-du-Dombief.

« Il fera retraite, aussitôt le passage des colonnes commandées par le lieutenant-colonel Desgarest et le major Allié, dont il formera l'arrière-garde, et il se rendra à Saint-Claude avec la dernière de ces colonnes en prenant toujours une position défensive en arrière, pour le couvrir dans la ville de Saint-Claude.

« M. le commandant Ménagé ira demain sur la route de Château-des-Prés à Clairvaux, à Château-des-Prés et dans les communes voisines.

« Il transportera le lendemain une partie des troupes jusqu'à Prénouvel pour garder les défilés entre Prénouvel et les Piards. Au besoin il barricadera la route. Il fera retraite après le passage des dernières colonnes et formera, avec M. le commandant Chapelot et dans l'ordre de bataille, arrière-garde pour couvrir la marche de ces colonnes.

« Les commandants de ces deux bataillons devront se mettre en relation avec le major Allié pour être assurés du moment de son passage.

« M. le lieutenant-colonel Marty sera avec la colonne commandée par le commandant Ménagé.

« Le présent ordre sera tenu secret. »

TROISIÈME ORDRE.

« M. le commandant Perrin se portera demain à Saint-Claude, et le 1er mars il occupera le village de Chevry. De là il placera des postes sur les hauteurs pour pouvoir fusiller les troupes prussiennes qui voudraient s'avancer par les routes de Clairvaux, Orgelet, Lons-le-Saulnier à Saint-Claude.

« Il pourra faire établir, après la jonction des trois

routes, une barricade destinée à faciliter la défense. Il fera retraite sur mon ordre, après que les diverses colonnes auront quitté Saint-Claude, et formera arrière-garde, concurremment avec les bataillons de MM. les commandants Ménagé et Chapelot, pour couvrir la route sur Nantua.

« Il tiendra cet ordre absolument secret. »

QUATRIÈME ORDRE.

Concernant les deux colonnes encore dans les lignes prussiennes.

« M. le lieutenant-colonel Desgarets et le major Allié, une fois sortis des lignes prussiennes, devront se garder comme en temps de guerre. »

Ces dispositions, qu'il est bon de suivre en se reportant à une carte du Jura ou à une carte de France détaillée, eussent surpris les Prussiens qui devaient nous croire abattus par le siége, et qui certainement ne se fussent pas doutés que nous nous étions mis en mesure de repousser toute agression, après nous être massés pour couvrir Saint-Claude que nous devions avant tout occuper pour opérer une retraite défensive sur Lyon ou Grenoble.

Elles eussent certainement sauvé la garnison, sauf peut-être les deux dernières colonnes encore en pays occupé le 27 février, et dont la dernière n'en est sortie que le 2 mars.

Malheureusement nous n'avions de munitions que pour un jour. Nous n'aurions pu livrer qu'un seul

combat sérieux ; car aucune colonne française ne vint
à notre rencontre. On ne nous avait même pas préparé
d'approvisionnements à notre arrivée aux lignes amies,
personne n'était prévenu, et nous ne rencontrâmes les
grand'gardes françaises qu'à cent vingt kilomètres de
Champagnolles, à Châtillon-de-Michaille.

Le gouverneur en rendit compte au ministre de la
guerre en le prévenant qu'il se dirigeait sur Grenoble.

Du reste, le 28, en arrivant à Saint-Laurent-du-Jura,
il reçut communication d'une dépêche du gouvernement ordonnant de suspendre partout les hostilités, et
il contremanda aussitôt les dispositions défensives
précédentes qui étaient en voie d'exécution.

Toute crainte du côté d'un retour offensif des Prussiens étant passée, le colonel Denfert séjourna de sa
personne à Saint-Claude jusqu'au 5 mars au matin, afin
de donner aux diverses colonnes le temps de défiler et
de passer devant lui. Elles se dirigèrent toutes sur
Bellegarde, station du chemin de fer de Lyon à Genève, où elles devaient s'embarquer à tour de rôle pour
Grenoble ou les environs.

La réception la plus chaleureuse et la plus patriotique nous fut faite tout le long de la route, à Oyonnax,
Nantua, Châtillon-de-Michaille, Bellegarde, Aix-les-
Bains, Chambéry et Grenoble, où nous défilâmes devant le général commandant la division.

Dissolution de la garnison.

C'est à Grenoble que le corps d'armée sorti de Belfort fut dissous. Le matériel fut versé à l'arsenal, les

mobiles furent renvoyés dans leurs foyers et les troupes de ligne dirigées sur leurs dépôts.

L'opération dura du 9 au 24 mars, et avant de se séparer de ses troupes le gouverneur leur adressa divers ordres du jour, dont voici les principaux :

1° Aux gardes nationaux mobilisés du Haut-Rhin.

9 mars 1871.

« Vous allez rentrer dans vos foyers après avoir eu l'honneur de concourir à la défense de Belfort.

« M. le ministre de la guerre me charge de vous remercier de votre belle conduite pendant le siége. Votre concours et celui de la garde nationale sédentaire ont aidé la garnison à obtenir la conservation de la place à la France. Seuls en Alsace vous avez le privilége de ne pas subir la domination étrangère et vous vivrez désormais libres sous les lois de la République, alors que vos frères, après avoir subi pendant vingt ans le despotisme de l'empire, restent condamnés à subir le joug d'un empire étranger. Que cette pensée soit toujours présente à vos esprits jusqu'au jour où vous serez appelés à revendiquer avec eux et avec toute la France l'intégrité de notre patrie.

« *Vive la France ! Vive la République !* »

2° Aux mineurs et artilleurs de l'armée permanente.

14 mars 1871.

« Avant de quitter la compagnie de mineurs du 2ᵉ régiment du génie et les cinq demi-batteries d'artillerie de l'armée régulière qui ont pris part à la défense de Belfort, le commandant supérieur qui a dirigé cette défense tient à leur exprimer sa reconnaissance pour la manière dont elles ont satisfait à la rude tâche qui leur était assignée. C'est surtout à la fermeté dont ont fait preuve les artilleurs sous le feu de l'ennemi, à la vigueur avec laquelle ils ont répondu à ce feu, au talent déployé par les officiers d'artillerie pour couvrir ou masquer leurs pièces, qu'a été due la lenteur des progrès des attaques ennemies.

« C'est à l'énergie des sapeurs du 2ᵉ régiment, à l'exemple qu'ils ont donné au reste de la garnison, à la vigoureuse impulsion de leurs officiers que nous avons dû la construction relativement rapide des nombreux abris créés sur tous les points de la place, et qui, en réduisant nos pertes, ont permis, malgré la violence du bombardement, d'offrir une résistance que l'ennemi n'était pas encore en mesure de briser au moment de la reddition de la place, au bout de cent trois jours de siége.

« Malgré tous vos efforts, les malheurs de la patrie ont obligé la place de Belfort à subir la souillure de l'étranger ; mais du moins elle nous est conservée, et elle pourra dans l'avenir nous servir de boulevard contre de nouvelles attaques et nous aider à préparer la revendication de l'intégrité de notre territoire.

« En attendant ce moment, que votre cri de ralliement soit :

« *Vive la France* et *Vive la République !* »

3º *Au reste de la garnison.*

17 mars 1871.

« Avant de se séparer des officiers et des troupes de

la garnison de Belfort qui se trouvent encore réunis à Grenoble et aux environs (état-major des places, de l'artillerie et du génie, gendarmerie, infanterie de ligne, artillerie, génie, infanterie de la garde mobile, etc.), le commandant supérieur tient à les remercier du concours qu'ils lui ont donné pendant la durée du siége de Belfort. Tous ont été appelés, à tour de rôle, à faire preuve de dévouement au pays.

« C'est grâce à l'énergie déployée par les commandants des forts, par les troupes sous leurs ordres, que l'ennemi a dû renoncer en décembre à son attaque sur Bellevue et a été repoussé une première fois le 26 janvier aux Hautes et Basses-Perches.

« Les mobiles se sont trouvés pour la première fois engagés avec l'ennemi le 2 novembre, et par la fermeté qu'ils ont montrée dans la défense du village de Roppe, ils ont assuré la rentrée dans la place du détachement de Dannemarie et la destruction du viaduc du chemin de fer que l'ennemi n'a pu rétablir pendant le cours du siége.

« D'autres mobiles ont pris part aux attaques du 13 et 14 décembre contre le bois de Bavilliers, du 20 décembre contre les batteries d'Essert, et ont repoussé, dans le courant de décembre, plusieurs attaques contre les villages d'Andelnans, de Danjoutin et la ferme de Froideval.

« L'infanterie de l'armée régulière a pris une part glorieuse à l'attaque du bois de Bavilliers et à la défense des Hautes et Basses-Perches. Appuyée par des bataillons de mobiles, elle a vaillamment soutenu l'attaque dirigée contre Pérouse le 21 janvier, et infligé à l'ennemi des pertes considérables.

« Les batteries d'artillerie mobile ont combattu l'ennemi avec succès, soit au camp retranché, soit dans les forts extérieurs, et rivalisé en plusieurs circonstances avec les batteries de l'armée régulière.

« Les troupes ont également, à plusieurs reprises, aidé les pompiers de la ville à éteindre les incendies sous le feu violent de l'ennemi.

« Tous ces faits attestent l'énergie apportée par les diverses troupes de la garnison à la défense de Belfort, et ont contribué pour leur part à la longue résistance de la place, que cent trois jours de siége n'ont pu réduire et qui n'a été rendue à l'ennemi que sur l'ordre du gouvernement français.

« Vous allez déposer les armes et rentrer dans vos foyers. Ne perdez pas de vue les malheurs du pays, songez aux efforts que nous avons tous à faire pour sortir de la situation difficile où nous nous trouvons, et pour pouvoir revendiquer un jour avec succès l'intégrité de notre territoire.

« Que notre cri de ralliement soit toujours celui qui a présidé à notre défense :

« *Vive la France* et *Vive la République !* »

Le 29 mars, le gouverneur partait pour Versailles, rendre compte au ministre de la guerre des faits de son commandement.

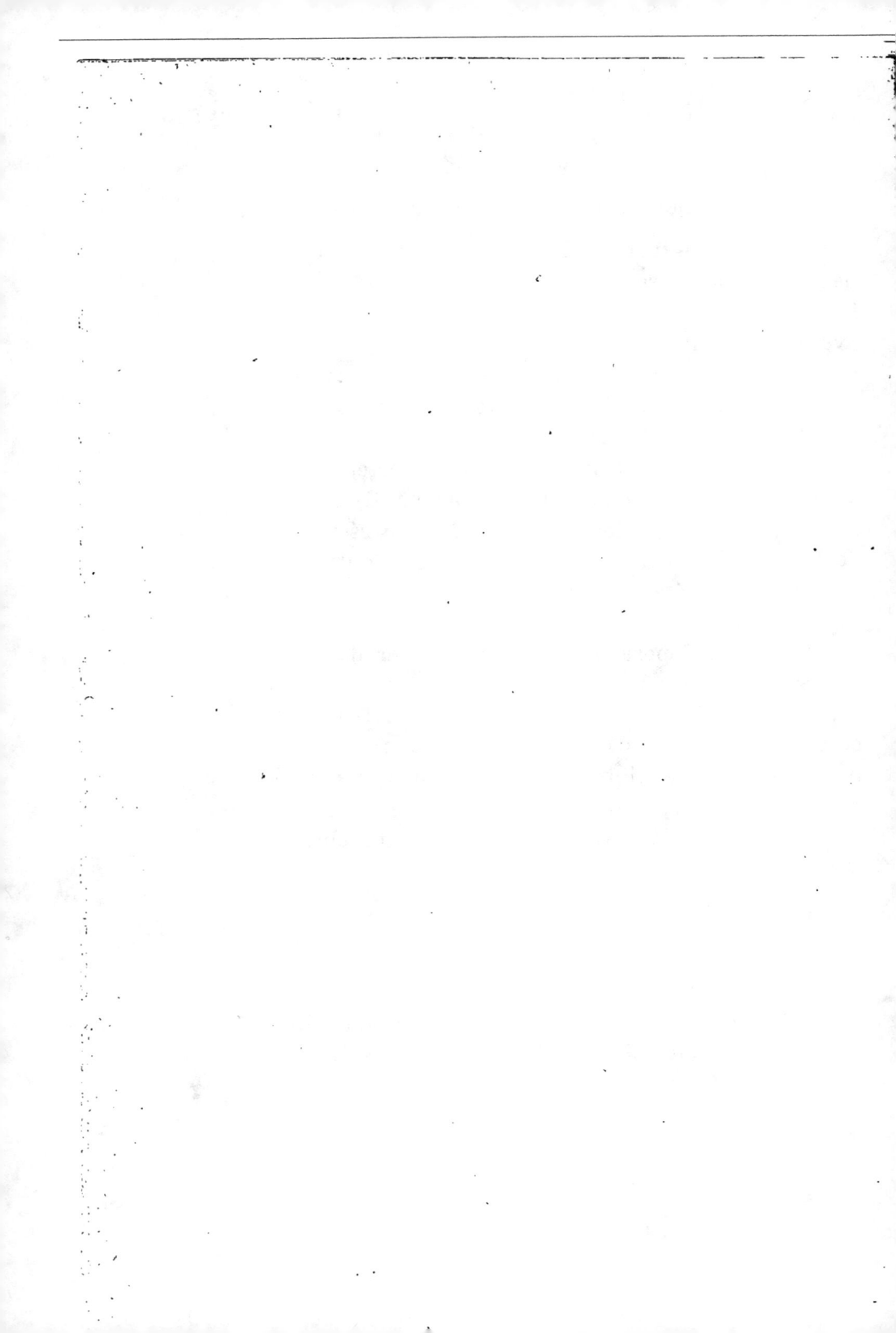

ÉPILOGUE

———

Après avoir suivi pas à pas le déroulement de la défense de Belfort, un coup d'œil d'ensemble, jeté rétrospectivement sur cette longue lutte, peut servir à mettre en lumière ses conséquences définitives, et les conséquences plus grandes encore qu'elle aurait pu avoir, si au lieu d'un désastre le général Bourbaki eût trouvé la victoire.

Investie dans les premiers jours de novembre, la place n'était pas prête à une lutte immédiate. Les ouvrages extérieurs inachevés, son armement encore imparfait, les villages des environs sans aucune défense, la menaçaient de la perte instantanée de ses abords.

Les troupes incohérentes qui composaient la garnison, où seul le bataillon du 84ᵉ, avec la compagnie du génie et les batteries d'artillerie de ligne, d'un effectif insuffisant, comptaient de véritables soldats, ces troupes incohérentes, disons-nous, semblaient nous rendre impossible de tenir la campagne. A peine ces hommes étaient-ils armés depuis quelques jours, à peine avaient-ils fait trois ou quatre séances d'exercice, la plupart n'ayant pas encore tiré un coup de feu à la cible, qu'ils se trouvaient en présence de l'ennemi, et de l'ennemi en nombre double du leur même.

Enfin qu'on se souvienne que nous n'avions pas à Belfort un seul canon à faire rouler avec ces soldats rassemblés d'hier, pour les envoyer affronter les Prussiens si bien pourvus de tout et si supérieurs en nombre.

Ces conditions difficiles avaient fait reculer, à l'avance, et lorsque le combat n'était pas encore imminent, les généraux qui s'étaient succédé dans le commandement de Belfort.

Appuyés par les décisions formelles de leurs conseils de défense, ils avaient déclaré impossible l'occupation des abords de la place, et impossible par suite aussi celle des ouvrages ébauchés, que l'ennemi, laissé maître du terrain d'alentour, bombarderait et enlèverait dès son apparition ; moins cependant les Perches, dont le général Crouzat avait accepté l'occupation dans les derniers jours de son commandement.

On se renfermait donc, dès le jour de l'investissement, dans les remparts mêmes de la forteresse, laissant l'ennemi commencer d'emblée l'attaque du dernier réduit de la défense, et resserrer tellement son cordon, qu'il se trouverait fort partout, avec un effectif total assez faible, et pourrait, comme déjà devant tant de places, mener les affaires avec un nombre d'hommes peu supérieur à celui de la garnison.

Pour éviter cela, le commandant supérieur, songeant

que le canon de la place était pour ses soldats, tant
qu'ils ne sortiraient pas de sa zone de portée, un formidable appui, résolut, malgré toutes les impossibi-
lités apparentes, de défendre mètre à mètre les abords
de sa forteresse, et, pour pouvoir les défendre plus au
loin, il s'occupa d'allonger la portée de ses pièces, res-
treinte par des affûts vicieux, dont il confia la modification aux officiers d'artillerie qui en voulurent prendre sous son contrôle l'initiative, quel que fût au reste
leur grade.

Dès que l'ennemi apparut, on marcha à lui pour
l'arrêter.

Victorieux à Gros-Magny, tenus en échec à Roppe,
les Prussiens perdirent en somme leur journée. Le détachement de Dannemarie brisa le viaduc et rentra,
pendant que l'ennemi perdait ainsi son temps.

Alors, dès le lendemain et tous les jours, notre tir à
grande portée, nos reconnaissances continuelles de
tous côtés, nos sorties, furent comme un effort permanent de la place, agissant partout et toujours sur
les lignes prussiennes comme pour les distendre, et
elles ne purent se resserrer.

Pourtant, si nos éclaireurs par petites poignées, faisant la guerre d'embuscades, étaient presque toujours
victorieux des sentinelles et des postes avancés de
l'ennemi, nos sorties en nombre étaient à peu près régulièrement battues. Mais toujours infructueuses en
apparence et toujours répétées, elles atteignaient leur
but.

Pour les battre, et ne pas périr sous leur action,
l'ennemi était obligé de rester en forces partout, puisqu'il était partout menacé. Il ne pouvait donc produire

nulle part de rassemblement, sous peine de se voir
forcé au point dégarni.

En somme, partout assez fort pour se défendre vic-
torieusement, il était partout trop faible pour attaquer, et se rapprocher de la place, se mettant par là
en prise à des feux plus redoutables, à des attaques
de la garnison plus faciles et plus nombreuses.

Force lui était donc de rester immobile ou de rassembler devant la forteresse de plus en plus de monde,
débarrassant d'autant les autres armées de la France.

Tant que son nombre n'augmenta pas, il eut assez à
faire à se fortifier dans ses lignes, sans rien pouvoir
contre cette garnison si faible en apparence, presque
toujours battue, mais si opiniâtre à recommencer le
combat, si impossible à rebuter par des échecs.

Cela dura vingt jours, pendant lesquels nos ouvrages
s'achevaient, nos positions se retranchaient, nos troupes s'aguerrissaient.

Enfin, au bout de ce temps, l'ennemi prit l'offensive,
et par deux jours de combat conquit sa première position. Mais il n'était point encore assez fort, et, s'é-
tant massé au Mont qu'il attaquait, faillit payer cher
sa diminution d'effectif au point opposé, à Sévenans,
où vint agir la garnison, une heure seulement après
sa défaite au Mont.

Pourtant, maîtres du Mont, les Prussiens pouvaient
installer leurs premières batteries. Ils le firent et commencèrent le 3 décembre, après un mois complet passé
devant la place, un de ces bombardements furieux que
l'histoire militaire ne connaissait pas avant eux, même
après le gigantesque siége de Sébastopol.

La nécessité d'approvisionner aussi largement leurs

batteries leur fit abandonner les hauteurs du Mont, dangereuses pour la place, et s'installer en avant d'Essert pour se trouver tout contre la route, comme ils le firent du reste toujours pendant la suite du siége.

Mais bombarder ainsi d'un seul point, n'est pas tout faire. Si' la petite place était traversée par les obus dans toute son étendue, elle était au dehors maîtresse de points qu'on ne pouvait atteindre, et, pour y poursuivre la garnison, il fallait répéter autre part l'imprudence commise au Mont. Les Prussiens n'étaient pas encore en nombre suffisant, et l'osaient d'autant moins qu'il s'agissait de villages retranchés maintenant, qu'il eût fallu emporter.

Notre, système de pression continuelle contre ses lignes lui créait donc encore dans son attaque la même immobilité que jadis dans son simple investissement. Il passait ses jours à un bombardement dont l'impuissance devait l'étonner, car on avait par de sages précautions enchaîné l'incendie, fléau des autres places.

Quand, las de ce jeu, il voulut ménager davantage la ville, du reste déjà en ruines, et accumuler presque tout le feu de ses canons contre les nôtres, il fut frappé de la même impuissance ; à cette distance, les pièces tirant sans voir ni être vues et les pièces sous blindages ne purent pas être réduites au silence.

Il essayait pendant ce temps, et pour rapprocher ses feux, l'attaque pied à pied contre Bellevue, point faible de la place, point dangereux contre les Perches et le Château. Mais là encore il échouait. La redoute achevait sous les obus sa construction, son armement, et marchant pour ainsi dire au-devant de lui, par les tranchées de sa contre-approche, éclairait les plis de

terrain cachés, et créait à l'ennemi tous les inconvénients, toutes les faiblesses de l'attaque rapprochée,
en prise aux fusillades de près, et cela avant qu'il fût
parvenu à détruire les feux d'artillerie, condition es-
sentielle du succès de ces sortes d'opérations.

Plus tard quand il eut renoncé à se débarrasser des
canons de Bellevue, soutenus par le Château, en les
écrasant de Bavilliers, il dut abandonner le fruit de
ses travaux et de son temps devant la redoute qui continuait à canonner ses cheminements. L'ennemi par
cet échec capital payait encore le prix de l'impuissance
à se rapprocher que lui créait notre action extérieure.

Batteries de Bavilliers, batteries d'Essert, tout cela
situé dans les mêmes parages déjà conquis sur nous,
ne créait pas des feux enveloppant, qui eux auraient
pu rester victorieux du petit fort en terre, en le forçant à disperser ses ressources en travail pour les réparations sur toutes les directions, qui toutes lui auraient amené des projectiles. Il aurait pu ainsi se
trouver partout insuffisant et succomber.

Les Prussiens échouaient devant Bellevue, non-seulement pour n'avoir pu nulle part faire taire les canons
de Belfort, mais aussi pour n'avoir pu prendre Danjoutin et étendre leurs attaques à notre gauche.

Renonçant à Bellevue, ils ne pouvaient pas davantage songer aux Perches, sans prendre Danjoutin. De
toute façon il leur fallait donc ou rester décidément
impuissants, ou avoir les forces nécessaires pour enlever ce village et agir offensivement en plusieurs points
à la fois, sans se dégarnir nulle part, pour n'y être pas
bousculés par nous.

En attendant qu'ils eussent reçu les nouveaux renforts indispensables pour cela, ils firent à ce simple village l'honneur d'un petit bombardement en règle, avec une véritable batterie de siége à Andelnans.

Ainsi la place attirait à elle, et nécessairement, un nombre toujours croissant d'Allemands, perdus pour les autres opérations de l'ennemi, qui, devenu plus fort, put enfin se rendre maître de Danjoutin, du premier village, après soixante-cinq jours de siége.

Nous en avions retiré pour l'usage de la place toutes les ressources.

Les Prussiens, possesseurs de cette position restée si longtemps comme un coin enfoncé au milieu des leurs, employèrent tout leur effort à éteindre les feux du Château, autour duquel tournaient les attaques, toujours en prise à son tir. C'est là l'usage principal des batteries de Danjoutin où furent transportés les canons Krupp de Bavilliers.

Peu de pièces étaient en position de répondre à ces batteries, qui pourtant ne purent pas rendre impuissants les canons sous casemates du cavalier, dont les embrasures étaient couvertes par un ciel de rails chargés de terre. Le Château conservait donc toujours des feux pour appuyer les Perches.

A cette époque l'armée de l'Est arrivait, et les Allemands, sans renoncer au siége, durent employer à fortifier leur ligne de circonvallation, contre cette armée, une partie de leurs ressources, ce qui les empêcha de retirer de suite tous les fruits de la prise de Danjoutin. Du reste, pour attaquer les Perches, Danjoutin ne suffit pas, il faut aussi Pérouse, à moins de courir chance de rencontrer la même impuissance que devant Bellevue.

Avec les préoccupations qui leur venaient de l'extérieur, qui peut-être leur faisaient envisager la levée du siége comme possible, les Prussiens ne se crurent pas en état de tenter l'enlèvement de cette position. Ils augmentèrent au contraire leurs travaux défensifs à Chèvremont et Vézelois, probablement dans le but d'arrêter plus facilement toute tentative de sortie en masse de la garnison par Pérouse.

Le danger était grand en effet pour l'armée de siége. Le général Bourbaki approchait avec des forces numériques incomparablement supérieures à celles des Allemands, et se dirigeait sur la trouée de Belfort.

En travers de cette trouée, on rencontre d'abord l'Oignon, rivière qui descend des Vosges et se jette dans la Saône, puis plus près de Belfort la Lusine, coulant du Nord au Sud pour se jeter à Montbéliard dans l'Allaine, affluent du Doubs, puis enfin la Savoureuse, parallèle à la Lusine, passant à Belfort même et se jetant aussi dans l'Allaine à Sochaux, un peu en avant de Montbéliard.

Les Prussiens firent mine de défendre le passage de l'Oignon à Villersexel et Lure. Repoussés, puis repoussés encore sur la route de Lure, à Ronchamps et à Clairgoutte, leur but était cependant atteint, ils n'avaient voulu que gagner du temps, pour l'organisation de leur véritable ligne de défense et l'arrivée de leurs renforts. L'armée de l'Est était maîtresse de toutes les routes qui, entre le Jura et les Vosges, mènent à Belfort et Montbéliard. Un autre corps venait de Besançon par les routes du Jura et la vallée du Doubs, menaçant aussi Montbéliard.

La ligne de défense de l'ennemi était la vallée de

la Lusine entre Montbéliard et Chagey, il couronnait toutes les hauteurs de la rive gauche de la Lusine et notamment le mont Vaudois. A Chagey, pour éviter d'avoir sa droite en l'air, il abandonnait la Lusine, pour se replier davantage vers Belfort, suivant la ligne de hautes collines qui va de Chagey à Châlonvillars, appuyant ainsi sa droite aux massifs montagneux du Salbert et de l'Arsot, qui rejoignent le pied des Vosges. A Montbéliard, sa gauche, se retournant brusquement le long de l'Allaine, gagnait par Delle la frontière suisse.

Les corps de l'armée de l'Est abordèrent cette ligne de défense à Montbéliard, à Héricourt et en avant de Châlonvillars à Frahier et Chénebier sur le cours supérieur de la Lusine. On se trouva alors en présence des batteries ennemies, couronnant les hauteurs et battant toutes les routes.

Le corps qui arriva dans la boucle du Doubs, à Audincourt, ne trouva plus de ponts. Nous les avions nous-mêmes brisés dans le mois d'octobre. L'ennemi avait défendu à Exincourt, en avant de l'Allaine, la route d'Audincourt à Sochaux en la battant par des tranchées placées sur les hauteurs d'Exincourt, et en embarrassant ses abords d'abatis d'arbres.

Les Français établirent leurs canons sur les hauteurs de la rive droite de la Lusine, et dans la boucle du Doubs sur les coteaux qui dominent Audincourt et Voujaucourt. A ces derniers feux, l'ennemi répondait par des batteries à Étupes dont, de Belfort, nous apercevions la flamme le 18 janvier au soir.

Si les lignes allemandes eussent été attaquées par le gros des masses françaises, sur la route de Lure, c'est-

à-dire à Frahier et Chénebier, puis ensuite à Châlonvillars, il est plus que probable que l'armée de l'Est eût
été facilement victorieuse. Sur cette partie de son front
de bataille, l'ennemi gêné par le voisinage de Belfort
se fût trouvé pris entre deux lignes de feux rapprochées, et mis dans l'impossibilité d'effectuer une rapide concentration de forces. Il ne pouvait amener de
renforts en ce point, que par de dangereuses marches
de flanc sur sa ligne de bataille, ou par des routes di-
vergentes et longues contournant la place au nord ou
au sud, hors de la portée de ses canons. Dans de pareilles conditions il n'est pas douteux que nos colonnes
se fussent ouvert le passage, forçant les Prussiens à
une retraite désastreuse en défilant devant la forteresse qui aurait causé leur destruction.

Malheureusement, les efforts de l'armée de l'Est ne
furent pas dirigés ainsi. Ils portèrent plutôt sur Montbéliard, et furent successifs sur les divers points de la
ligne de défense des Allemands.

Néanmoins nous avons touché la victoire et mis l'ennemi à deux doigts de sa perte.

Nos soldats, en effet, entrèrent à Montbéliard. Un
effort de plus pour passer, et toute la ligne de défense
des Prussiens, prise à revers, tombait. La victoire,
plus difficile ainsi qu'en attaquant avec le gros des
forces vers Châlonvillars, n'était pas moins complète.
Le gros de l'armée ennemie, poursuivie par l'effort des
nôtres sur Châlonvillars et Héricourt, n'avait plus de
salut possible. Il fallait mettre bas les armes ou se voir
acculer à un massacre sans exemple, sous la mitraille
de Belfort. Peut-être, seules, quelques troupes de la
droite eussent pu se sauver en gagnant précipitamment

les Vosges, et celles de la gauche, en se jetant vers la Suisse ou le duché de Bade. C'en était fait de cette armée ennemie, qui essuyait un désastre comparable au nôtre à Sedan, et perdait tout son matériel de siége.

L'armée de l'Est gagnait ensuite les Vosges, menaçant les communications de la grande armée prussienne, et provoquait sans coup férir le déblocus immédiat de Paris et la retraite des Prussiens, poursuivis par nos armées, jusqu'en Champagne et en Lorraine.

La France était probablement sauvée.

Il n'en fut pas ainsi. Le général Bourbaki, menacé lui-même au sud sur ses communications, fit par le Jura la désastreuse retraite dont nous trouvâmes, en quittant Belfort, les effroyables épaves tout le long du chemin. Le froid, la neige épaisse, le malencontreux armistice du 28 janvier, dont cette armée et Belfort étaient seuls exceptés, tout se conjura pour achever la débâcle. L'armée entière y périt sans sauver un débris.

Les Prussiens, en acceptant ces batailles et ne levant pas le siége de Belfort, avaient joué quitte ou double avec une incroyable audace, et avaient gagné.

Ces combats se passant loin de la portée extrême de nos canons, et nos reconnaissances trouvant du reste partout l'ennemi sur ses gardes et en force dans les positions d'investissement, il ne nous était pas permis de tenter, à de pareilles distances et pour apporter un secours presque nul à une grande armée, un effort qui eût pu, dans de semblables conditions, amener la chute rapide de la place, et aurait annihilé par là la victoire du général Bourbaki, si quelques jours lui étaient encore nécessaires pour l'atteindre.

Ces défaites de l'armée de l'Est enlevaient à Belfort l'espoir de jouer un rôle principal dans le salut du pays, en changeant, par sa seule présence, la retraite de l'ennemi en un désastre complet.

Vainqueur de l'armée de l'Est, l'ennemi pouvait disposer contre Belfort de 80 à 100,000 hommes, s'il le voulait.

Aussi, il n'hésita plus à nous prendre Pérouse, qu'il avait, comme jadis Danjoutin, bombardé à l'aide de batteries de siége spéciales, et qu'il occupa dès le 22, après un demi-succès sanglant et coûteux pour lui.

De tous côtés l'investissement s'était resserré autour de nous, excepté au nord-est, où nous conservions encore notre première zone d'action, et les Prussiens pouvaient entamer l'attaque définitive des Perches. Ils eussent dû, en ce moment, profiter de leur nombre pour reprendre en même temps celle abandonnée de Bellevue.

Mais ils étaient pressés d'en finir ; ils voulaient la chute de la place avant la cessation des hostilités en France, qu'ils sentaient proche. Ils voulaient donner à la prise de Belfort l'autorité d'un fait accompli et éviter, dans la signature des préliminaires de paix, toute discussion sur la cession de cette forteresse à l'Allemagne.

Cela les poussa, pour brusquer les choses, à tenter, dans la nuit du 26 au 27 janvier, deux jours avant la capitulation de Paris, le téméraire assaut qui leur coûta un si terrible échec.

Ils se décidèrent alors à laisser l'armistice se faire en France, et à profiter de l'exclusion qui nous frappait,

pour tâcher encore de vaincre notre résistance avant
la signature des préliminaires de paix.

Ils firent donc l'attaque pied à pied des Perches.
Nous manquions de projectiles, malgré notre petite
fabrication. Les ouvrages des Perches battaient médio-
crement leurs abords, et leur artillerie était presque
complétement démontée.

Tout cela permit aux travaux d'approche d'aller vite;
il devint nécessaire d'abandonner les Perches, que l'extrême rapprochement de l'ennemi mettait à peu près
à sa merci. Enfin il y entra le 8 février, au bout de
quatre-vingt-dix-sept jours de siége.

Les Prussiens occupaient alors seulement les positions qu'ils auraient eues dès le début même de l'investissement si nous avions abandonné les villages et
les redoutes inachevées, et renoncé à combattre constamment dans la campagne.

Les Allemands reprirent, après le 8 février, les attaques de Bellevue, qui rationnellement eussent dû avoir
leur dénoûment avant celles des Perches, et travaillè-
rent aux batteries nécessaires pour écraser le Château.

Mais, quels que fussent leurs efforts, c'était encore
la besogne de cinq à six semaines, car il fallait faire
brèche aux escarpes, cheminer vers cette brèche sur
les glacis de roc, et y donner l'assaut sous nos feux de
mousqueterie et la mitraille des pièces lisses.

L'ordre du gouvernement français de quitter la place
nous trouva dans cette situation. Au moment même
où il arrivait, et avant que nous le sussions, le général
ennemi essaya encore mais en vain de le rendre nul, en
amenant notre reddition par la menace d'une épouvantable recrudescence de son terrible bombardement.

Ainsi Belfort était encore debout après cent trois jours de siége, et alors que depuis seize jours la France entière était en armistice, et que notre canon seul troublait le silence de la patrie terrassée. Nous maintenions devant nous cinquante mille ennemis qui se faisaient encore renforcer par des troupes devenues libres après l'armistice.

Enfin nous sauvions à la France, ouverte maintenant de tous côtés, la porte du midi et son dernier boulevard en Alsace.

L'écho lointain du canon de Belfort rompant de sa voix le silence général déjà vieux de seize jours, appuyait l'éloquence de nos hommes d'État en lutte avec M. de Bismarck pour lui arracher cette concession, et la perspective de la prolongation du combat devant cette fabrique de cadavres, comme l'appelaient les soldats de l'armée de siége, fut probablement puissante à le faire céder.

Le siége de Belfort était par là terminé au bout de cent trois jours, dont soixante-treize d'un bombardement sans trêve, qui avait jeté sur la place de quatre à cinq cent mille projectiles, alors que Strasbourg, fameux par ses malheurs, n'en avait pas, sur une superficie bien plus grande, reçu plus de cent cinquante à deux cent mille, c'est-à-dire les deux cinquièmes.

La garnison en proie à ce feu, à un froid terrible qui gela les pieds à tant d'hommes, aux épidémies, était diminuée presque du quart de son effectif. Elle sortait avec douze mille hommes seulement, et grâce encore à ce que tous, pour peu qu'ils pussent se traîner, avaient fui les infirmeries pour nous suivre et ne pas rester avec les Prussiens. Enfin les blessures et les maladies en avaient fait passer dans les hôpitaux et les infirmeries, sans compter les morts sur le champ de bataille ou le rempart, plus de six mille durant le siége.

Ces chiffres donnent la mesure des souffrances et des fatigues endurées.

Mais tout cela n'était rien à côté du résultat obtenu : cent mille Prussiens paralysés, soit au corps de siége, soit à l'armée d'observation qui le couvrait, un nombre énorme mis hors de combat par le feu ou les maladies, Belfort conservé à la France, enfin un succès véritable au sein du naufrage de notre prestige militaire, puisque la reddition n'a eu lieu qu'à des conditions fixées par le gouvernement français.

FIN.

LETTRE

ADRESSÉE PAR

LE CAPITAINE D'ÉTAT-MAJOR AUXILIAIRE CHATEL

AU MINISTRE DE LA GUERRE

(Reçue le 7 février, par le gouvernement de la Défense nationale.)

Bâle, 6 février 1871.

Le bruit de la capitulation de Paris et de l'armistice conclu sur divers points du territoire français, ayant pénétré dans Belfort, le gouverneur m'a envoyé à Bâle, pour me renseigner sur la situation, et vous demander des ordres.

Hier, 5 février, l'ennemi ne s'était encore emparé d'aucun de nos forts avancés, mais, depuis le 26 janvier, jour où il a tenté un assaut infructueux contre les Perches, il a commencé et poursuivi très-activement des travaux d'approche devant ces ouvrages, dont il était éloigné, le 5 février, de 80 mètres environ.

Une nouvelle attaque est imminente, si elle n'a déjà eu lieu la nuit dernière. Le gouverneur la soutiendra, mais il ne compte pas pouvoir la repousser. Il faut donc admettre que, d'un jour à l'autre, l'ennemi sera maître des Perches, qu'il dominera ainsi le Château, et qu'il prendra à dos les forts des Barres et de Bellevue.

Le tir ennemi est formidable, tant par le nombre que par la nature et les dimensions des projectiles lancés. La place ne peut y répondre que faiblement et d'une manière peu efficace, par l'emploi de boulets pleins de 16, et de bombes, réservant les obus oblongs de 12 et de 24 qui lui restent (10,000 en tout environ) pour les jours d'attaque.

Les forts du Château, Justice, Miotte et Barres, notamment les premiers, ont souffert. Cependant, il n'y a brèche dans aucun d'eux. Les escarpes et les contrescarpes sont réparées activement, excepté aux Barres où un mur d'escarpe est écroulé.

Belfort peut donc résister encore, car il est pourvu de cartouches et de vivres.

Le commandant supérieur est bien décidé à faire son devoir jusqu'au bout, mais il ne peut pas fixer le terme de la résistance dont la place est susceptible, en présence surtout de l'impression produite, sur la garnison et la population, par les derniers événements.

Si, dans la situation actuelle, le gouvernement trouvait que de nouveaux sacrifices sont inutiles, et qu'il y a lieu de rendre la place, le gouverneur désirerait que le gouvernement débattît lui-même les conditions de cette reddition, en *ayant soin de stipuler que, vu les éléments de résistance que possède encore la place, les papiers et les archives, surtout ceux du génie, seront emportés et que la garnison sera autorisée à se rendre avec armes et bagages sur le point le plus rapproché, occupé par les troupes françaises.*

Le capitaine d'état-major,
Signé : CHATEL.

PIÈCES JUSTIFICATIVES

RELATIVES A L'AFFAIRE DE DANJOUTIN.

———

Après notre sortie de Belfort, le commandant Gély, d'une part, les mobiles de Saône-et-Loire et leurs parents, d'autre part, demandèrent au colonel Denfert de provoquer une enquête sur les faits qui avaient causé la perte de notre position de Danjoutin et la surprise de sa garnison. — Cette enquête était dans les intentions du colonel Denfert qui n'avait pu la faire durant le siège, par suite de la disparition des témoins faits prisonniers à Danjoutin. — Il la demanda donc au ministre de la guerre, qui n'y donna pas suite. Pour que le public puisse se fixer sur les causes de ce fâcheux événement, nous plaçons sous ses yeux, à la demande du colonel Denfert, les pièces relatives à cette affaire.

———

Lettre adressée au colonel Denfert par le père du capitaine de la Loyère, pris à Danjoutin.

La Loyère, 8 avril 1871.

Général [1],

Le 10 mars dernier, je suis allé à Grenoble porter quelque argent aux mobiles de l'arrondissement de Châlon, sortant de Belfort, comme j'étais allé, six semaines auparavant, en Alle-

[1]. M. de la Loyère croyait, par erreur, le colonel Denfert nommé général.

magne et dans les ambulances suisses et prussiennes, sous
Belfort, distribuer 17,000 francs aux prisonniers, et compter
les victimes du combat de Danjoutin.

Vous m'avez fait l'honneur de me recevoir quelques instants,
ce qui m'a permis de faire, auprès de vous, la démarche dont
j'étais chargé par la ville de Châlon et les familles de notre
bataillon.

Je vous ai demandé, en leur nom, de vouloir bien ordonner
une enquête sur ce qui s'est passé dans la nuit et la matinée du
8 janvier, dans ce village dont vous aviez confié la garde aux
enfants du Châlonais.

Vous étiez ignorant, m'avez-vous dit, des détails de cette
affaire, vous ne saviez, en effet, que ce qu'avaient pu raconter
ceux qui n'ont malheureusement pas fait tout leur devoir, et ce
qu'ont plus tard rapporté les officiers prussiens faits prisonniers à l'assaut de Belfort, et qui avaient pris part au combat
de Danjoutin. La garde de ces officiers devait être remise au
capitaine Perrin, si j'ai été bien informé. Vous saviez, enfin,
mieux que personne, les efforts tentés par la garnison pour
aller au secours de la petite troupe qui, réduite de moitié,
abandonnée de ses commandants, a si bien justifié la confiance
que vous aviez mise en elle en leur donnant en garde ce poste
important de votre plan de défense.

Vous avez bien voulu, général, nous promettre cette enquête
et m'autoriser à vous faire parvenir les renseignements que je
pouvais avoir entre les mains. Ces renseignements, j'ai toujours hésité à vous les envoyer, bien que personne, je le crois,
ne fût plus à même de les donner. Outre toutes les correspondances qui m'ont été communiquées, j'ai vu tous les prisonniers, tous les blessés, bien des gens de Danjoutin et des environs, pendant les journées du 2 et 3 février, passées dans tous les
villages sous Belfort, Delle, Bourogne, Grandvillars, Morvillars,
Châtenois, Moval, Meroux, Lachapelle, Dannemarie, etc., etc.
J'ai vu le commandant Gély, et j'ai pu apprécier sous l'empire
de quel sentiment il avait fait un rapport officiel dont j'ai eu
l'honneur de pouvoir vous remettre une copie. Puis, enfin, j'ai
vu, à leur arrivée à Grenoble, les hommes de la garnison de
Belfort, et parmi eux, notamment, les officiers d'artillerie de
la Haute-Garonne, *intéressés*, à ce qu'il paraît, à expliquer
le silence du canon des Perches, et disant, à qui voulait les
entendre, que le combat de Danjoutin avait duré vingt minutes, et que dans cette nuit où vous étiez sur pied et aviez

fait mettre la garnison sous les armes, personne n'avait entendu la fusillade ; nul, mieux que moi, n'était renseigné, et pourtant j'ai hésité jusqu'à ce jour, espérant toujours que le commandant Artaud remplirait au moins ce devoir de rendre justice aux hommes de son bataillon et ferait un rapport. Cette hésitation, général, avait un autre motif que vous avez compris : c'est mon fils qui a eu l'insigne honneur de commander à Danjoutin ces deux braves compagnies qui, pendant douze heures environ, ont tenu en échec plus de 3,000 Prussiens, et son éloge qui, avec celui de M. de la Genardière, est dans toutes les bouches, voire même dans celle de l'homme qui l'a desservi de son mieux près de vous, il m'était difficile de le faire. Mais aujourd'hui, ces mêmes parents qui m'avaient envoyé au-devant de vous à Grenoble, me chargent de venir vous rappeler la promesse que je leur ai rapportée de votre part, d'une enquête qui rende à chacun la part bien diverse qui lui appartient.

Dans ce combat dont vous entendiez, m'avez-vous dit, la fusillade jusqu'à dix heures et demie du matin, sans la disparition, expliquée peut-être, d'une compagnie dont je ne fais pas le procès, Dieu m'en garde ! sans la surprise de la 7e qui en a été la conséquence, cet avant-poste périlleux de Danjoutin, dont la garde lui avait été remise par vous, aurait été conservé à Belfort par ce bataillon de Saône-et-Loire, auquel, et avec raison, vous aviez donné une extrême preuve de confiance en le laissant, depuis plus de sept semaines, au poste d'honneur en avant-garde, soit à Pérouse, soit à Danjoutin, sans l'avoir jamais fait relever une seule journée pour le ramener dans l'enceinte de la ville.

Je ne dirai rien des commandants Artaud et Gély. A votre sortie de Belfort, je sais que vous avez questionné, à Châtenois, les blessés de Danjoutin. Vous avez appris de leur bouche quelle avait été leur conduite. Tous les témoins de la lutte sont unanimes à leur égard. Vous avez lu le rapport du commandant Gély dont les contradictions, les termes embarrassés, la dernière phrase surtout : *Pourquoi, mon Dieu, les balles m'ont-elles épargné!* justifient si bien ces paroles qu'il m'a répétées plusieurs fois de suite :

« *Dans cette affaire je n'ai qu'une chose à cœur, c'est de décharger ma responsabilité.* »

M'abstenant donc ici de toute appréciation de la conduite des deux commandants, et pour remplir mon devoir envers les habitants de l'arrondissement qui tiennent à l'honneur de leurs enfants, morts ou vivants, je vous demande seulement de vous soumettre, *en leur nom*, quelques observations[1] sur le rapport officiel du commandant Gély, et d'essayer de faire ressortir de ses termes confus et embarrassés, ce qui est la vérité, ce que l'enquête, promise et attendue impatiemment, établira facilement, c'est que la 1re et la 3e compagnies ont bravement fait leur devoir et que la lutte soutenue par elles, le 8 janvier, n'a pas été un des faits les moins honorables de la défense héroïque de Belfort, à laquelle votre nom, général, restera, en toute justice, à jamais attaché, et pour votre honneur et pour la gloire et la consolation de la France, si tristement humiliée partout, excepté là.

Je vous demande la permission de joindre à cette lettre et aux observations sur le rapport du commandant Gély une note que mon fils a cru devoir adresser au commandant Artaud qui, lui aussi, ne peut manquer de vous envoyer son rapport sur son bataillon. Toutes ces pièces auront leur place au dossier de l'enquête que nous attendons de votre promesse et de votre justice.

Veuillez, général, agréer l'assurance de ma haute considération et de mes sentiments les plus distingués.

Signé : V. A. DE LA LOYÈRE.

Lettre du capitaine de la Loyère à M. Artaud, chef de son bataillon.

25 mars.

Mon commandant,

Depuis que nous sommes revenus de captivité, j'attendais votre présence à Châlon, pour vous remettre un rapport sur l'affaire de Danjoutin, dans le but de vous faire connaître ceux qui, parmi les braves jeunes gens que j'ai eu l'honneur de commander, ont montré le plus de fermeté devant l'ennemi, et dont

1. Voir ces observations à la suite du rapport du commandant Gély.

l'attitude énergique, ayant servi d'exemple et d'encouragement à leurs camarades, mérite une mention particulière et pour plusieurs, selon moi, une récompense. J'aurai, en vous les signalant, en même temps que dégagé ma responsabilité envers eux, rempli mon devoir de chef de compagnie, en vous donnant la possibilité de leur faire rendre justice. Venant d'apprendre que vous n'étiez pas dans l'intention de revenir, et étant moi-même sur le point de partir, je me détermine à vous envoyer ces quelques lignes que j'eusse mieux aimé vous remettre en main propre.

Ce n'est pas sans difficulté, ni sans embarras que j'ai choisi les noms que je vous envoie, car tous, vous le savez, mon commandant, ont fait admirablement leur devoir, et ont dépassé ce que nous étions à même d'attendre de leur énergie et leur courage. Aussi faut-il que je vous demande la permission de retracer brièvement les faits qui ont eu lieu et qui ont donné à ceux dont je vais vous parler l'occasion de faire preuve d'une manière brillante de ce qu'on appelait jadis la valeur française.

Vous vous rappelez, mon commandant, que lorsque nous fûmes attaqués à Danjoutin, j'occupais les tranchées de la fabrique qui faisaient face à la route d'Andelnans. Il était onze heures du soir environ, quand on m'annonça que des colonnes ennemies s'avançaient vers le haut du village pour attaquer le poste occupé par la 5e compagnie placée au passage à niveau.

J'avais, à ce moment, la moitié de ma compagnie dans les tranchées, la seconde section se reposait; je la fis immédiatement réunir et la plaçai sur la gauche, sous les ordres de M. le lieutenant Druard, en face du Bosmont; en même temps je prescrivais à M. le sous-lieutenant Pierre de surveiller avec la première section la route d'Andelnans.

Ces dispositions prises, j'attendis le retour d'un sous-officier que je vous avais envoyé pour vous avertir de ce qui se passait et vous demander vos instructions. Peu d'instants après, nous entendions quelques coups de fusil du côté de la 7e compagnie et vers l'église, les cris de l'ennemi nous avertissaient qu'il était entré dans le village sans trouver de résistance; c'est alors que vous me fîtes dire de me placer en avant de la maison Millet, le long de petits murs à hauteur d'appui.

L'ennemi nous avait déjà cernés et nous dûmes, pour exécuter ce mouvement, nous faire jour à la baïonnette, ce qui nous réussit heureusement, grâce à l'énergie et à l'entrain de M. le lieutenant Druard, qui fit éprouver de grandes pertes à l'ennemi, et fut blessé; nous arrivâmes au poste désigné, amenant avec nous quelques prisonniers. M. de Lagenardière, sous-lieutenant à la 1re compagnie, remplaça M. Druard et fit preuve, pendant onze heures, du plus grand courage en se maintenant jusqu'à l'épuisement de ses munitions.

Pendant la nuit, je fis faire, tant bien que mal, deux barricades pour essayer de garantir un peu les hommes de la 1re et de la 3e compagnies, que l'ennemi, établi dans les maisons, tuait presque à bout portant. Plus que tout autre, par son attitude énergique, le sergent *Muthelet* contribua à la prompte construction de ces barricades improvisées. Malheureusement cela ne put empêcher que nous ne fissions des pertes sensibles. Nous étions entourés de toutes parts, et nous n'avions d'autre alternative que d'être tués ou pris; chacun le sentait et le comprenait. Pourtant, vous devez vous le rappeler, aucun homme n'hésita à se placer aux endroits les plus dangereux; bien plus, quelques-uns ont fait de véritables traits de bravoure, comme le sergent *Baysset* (Émile), qui, ayant reçu plusieurs blessures, est chaque fois revenu sur le lieu du combat, après s'être fait panser, jusqu'à ce qu'enfin, ses forces le trahissant, il ait dû abandonner la lutte.

Je vous ai déjà cité MM. de Lagenardière et Druard, dont vous avez pu apprécier comme moi l'intrépidité, en ayant été témoin. Voici maintenant les noms de quelques hommes de ma compagnie qui se sont le plus distingués :

Berthier (Louis), caporal;

Lacorne (Philibert), blessé au pied, amputé depuis;

Gravelon (Claude), qui, quoique blessé, est revenu plusieurs fois chercher des cartouches à l'ambulance;

Gambay (Léon), qui empêcha, avec l'aide de deux de ses camarades, *Loye* (Alfred) et *Malin* (François), l'ennemi de s'emparer de la maison la plus voisine de notre poste;

Moine (Jean-Louis), qui, après avoir montré beaucoup de courage, parvint à s'échapper de Châtillon et traversa toutes les lignes prussiennes sous un déguisement;

Gampion (Eugène), blessé;

Coissard (Alexandre), grièvement blessé;

Coulan (Charles), amputé;

Pagnier (Pierre), qui se tint tout le temps à l'extrémité de notre ligne et surveilla avec intelligence les mouvements de l'ennemi;

Guichard (Frédéric), grièvement blessé;

Henry (Philibert), qui fit deux prisonniers et fut blessé.

J'ai cru, mon commandant, remplir un devoir en signalant ces quelques noms de gens qui ont bravement exposé leur vie et consacré toutes leurs forces à la défense de la patrie et à l'honneur du département.

Je suis, avec respect, mon commandant, etc.

Signé : ARMAND DE LA LOYÈRE.

Rapport du commandant Gély sur l'affaire de Danjoutin.

Rastadt, 12 janvier 1871.

J'ai l'honneur de vous envoyer, par l'intermédiaire du général commandant à Lyon, mon rapport sur la malheureuse affaire de Danjoutin.

J'ai eu l'honneur de vous écrire, à la date du 5, que l'ennemi faisait, tant dans le bois de Bavilliers que dans celui du Bosmont, des travaux qui m'inquiétaient pour la sécurité du poste de Danjoutin. Je n'ai pas voulu alors vous demander l'évacuation de ce poste, pensant que vous aviez des raisons majeures pour le conserver; mais vous ne devez pas ignorer, mon colonel, que je vous avais dit à plusieurs reprises, et principalement le jour de l'attaque du bois de Bavilliers, que les troupes que j'avais sous mes ordres étaient d'une solidité fort douteuse, et qu'il était difficile avec de pareils soldats, d'affirmer la réussite d'une entreprise. Je ne pensais pourtant pas alors qu'ils eussent assez peu de cœur pour abandonner leur poste, du moins en partie, sans quoi je vous aurais demandé avec instance de me faire relever d'un commandement aussi difficile.

Le 6 au matin, l'ennemi a démasqué deux batteries : une de trois pièces, dans le Bosmont, et à 800 mètres de Danjoutin; l'autre de deux mortiers, dans le bois de Bavilliers. Ces pièces, jointes à celles d'Andelnans, ont tiré sur le village pendant toutes les journées du 6 et du 7. Vers huit heures du soir, le feu ayant à peu près cessé, j'ai supposé que nous pourrions être attaqués pendant la nuit; j'ai de suite donné l'ordre au commandant Artaud de prévenir les quatre compagnies de Saône-et-Loire de se tenir en éveil, d'avoir une section entière dans les tranchées et l'autre prête à marcher au premier signal d'attaque.

Sur la rive droite de la Savoureuse, le capitaine Kœklin, commandant une compagnie du Haut-Rhin, devait occuper les maisons situées en avant de la Maison-Rouge; les compagnies de francs-tireurs, les maisons situées en aval du pont et la compagnie d'éclaireurs devaient leur servir de soutien.

Prévoyant le cas où l'ennemi pourrait arriver en force par la tranchée du chemin de fer, j'avais prescrit au capitaine Meyer, commandant une compagnie du Haut-Rhin, résidant à la Forge, de se porter au premier signal d'attaque au secours de la compagnie placée au passage à niveau.

Ces précautions prises j'avais le droit d'attendre que chacun resterait à son poste et repousserait énergiquement une attaque de l'ennemi faite même avec des forces supérieures.

A minuit de grands cris sont partis du côté du Bosmont et du bois de Bavilliers, l'ennemi nous attaquait avec trois bataillons, sur la rive droite de la Savoureuse, le capitaine Kœklin perdait les maisons qui font face à la Maison-Rouge, mais il se maintenait avec les éclaireurs et les francs-tireurs des deux côtés du pont et empêchait l'ennemi de pousser plus avant. Le capitaine la Loyère (Saône-et-Loire), placé avec sa compagnie en face de la route d'Andelnans, a conservé sa position et fait éprouver de grandes pertes à l'ennemi.

Il n'en a malheureusement pas été de même au centre où se trouvait la 7ᵉ compagnie de Saône-et-Loire, commandée par le capitaine Jandard et le lieutenant Martinet. Ces deux officiers au lieu d'être à leur poste étaient dans une maison, les sous-officiers et soldats avaient successivement quitté les tranchées, et quand l'ennemi s'est présenté, quelques bons soldats ont pu lui répondre, mais il leur a été impossible de garder la position, la compagnie entière a été prise dans les maisons. A la gauche, la 6ᵉ compagnie, commandée par le capitaine Charrolais, ayant pour lieutenant M. Chardonnet et pour sous-lieutenant M. Carré, a lâchement abandonné son poste à la première attaque et a permis à l'ennemi de pénétrer en forces dans le village, soit par le chemin de fer, soit par la route de Méroux. J'ai l'honneur, mon colonel, de vous demander que les officiers de ces deux compagnies soient traduits devant une cour martiale et jugés conformément à nos lois militaires.

L'ennemi s'étant rendu maître de la partie est du village, il ne m'était plus possible de laisser la compagnie du capitaine la Loyère en face de la route d'Andelnans où elle n'aurait pas tardé à être cernée. J'ai fait poster cette compagnie derrière de petits murs placés au centre du village, de manière à arrêter la marche de l'ennemi. La première compagnie de Saône-et-Loire, capitaine Sicard, réunie à celle du capitaine la Loyère, ont pu pendant une partie de la nuit résister à l'ennemi et le maintenir dans les maisons dont il s'était déjà emparé. Prévoyant que de nouvelles forces ennemies ne tarderaient pas à être dirigées sur le village, j'ai eu un moment l'intention de l'évacuer, en faisant attaquer les maisons situées en face de la Maison-Rouge pour pouvoir gagner la gare. Avant de prendre une pareille résolution, j'ai dû consulter le commandant Artaud et les officiers qui étaient près de moi. Ils ont tous été d'avis qu'il ne pouvait pas manquer de nous arriver des secours de la ville au point du jour et que nous devions garder le poste que vous nous aviez confié. Ce n'est qu'à regret que je me suis rendu à leur avis. Vers le point du jour, une vive fusillade, engagée dans la direction de la route du Fourneau, m'a fait espérer qu'il nous arrivait des renforts sérieux qui nous permettraient de reprendre nos positions. Peu d'instants après, le feu cessait et je voyais avec douleur que nous étions réduits à nos propres forces. A ce moment, l'ennemi a jeté sur nous de nouvelles troupes, nos compagnies leur ont tenu tête pendant trois heures, mais non pas sans pertes sérieuses, le lieutenant Martin était tué, le capitaine Kœklin et un lieutenant de Saône-et-Loire blessés. Deux maisons étaient remplies de blessés et pour comble de malheur le docteur lui-même était sérieusement blessé.

J'ai voulu alors tenter une retraite par la route de Montbéliard, en faisant attaquer le poste de la Maison-Rouge et les maisons voisines, mais les hommes, complétement démoralisés, criaient qu'on ne pouvait plus se défendre et mettaient la crosse en l'air.

Peu d'instants après nous étions entièrement cernés.

Je ne vous dirai pas tout ce que j'ai souffert, quand j'ai vu qu'il n'y avait plus de résistance possible avec de pareils soldats, et qu'il ne nous restait plus qu'à nous rendre.

Vous le comprenez, vous, mon colonel, qui avez le cœur bien français.

Pourquoi, mon Dieu, les balles m'ont-elles épargné ?

J'ai l'honneur d'être, etc.

Observations sur ce rapport au nom des parents des mobiles de Châlon.

Châlon, 27 avril 1871.

Pourquoi, si les travaux prussiens étaient inquiétants pour la sécurité du poste de Danjoutin, à ce point que le commandant Gély a été prêt à en demander l'évacuation, pourquoi, pendant vingt-cinq jours passés dans ce poste, n'a-t-il fait exécuter aucun travail de défense? Les quatre compagnies de Saône-et-Loire n'ont pas été une seule journée employées à faire des tranchées sérieuses à la place de celles bien imparfaites qu'elles occupaient. Il n'y avait pas un seul outil, pas une pioche, pas une pelle à Danjoutin. Avec un peu de prévoyance, un chef intelligent et jaloux de son devoir, aurait, en exécutant des travaux convenables, donné de la solidité à celles de ses troupes qu'il jugeait si sévèrement et qui à leur tour ont droit de lui renvoyer l'insulte qu'il leur adresse dès la première phrase de son rapport. Cette insulte d'ailleurs est gratuite, car les compagnies de Saône-et-Loire, qui ont pris part à l'attaque de Bavilliers, la 6e entre autres, enlevèrent toutes les positions ennemies, et profitant du brouillard qui cachait leur petit nombre dépassèrent le but assigné.

Il est bien évident, en lisant ces pages embarrassées, que le commandant Gély, comme il disait naïvement en parlant de son rapport, n'a eu d'autre préoccupation en le rédigeant que de dégager sa responsabilité qu'il sait être bien grande et bien compromise.

. . . .

. . . .

A minuit, quand le commandant Gély entendit les cris des Prussiens, il y avait déjà un certain temps que la 7e compagnie, compromise par la disparition de la 6e et de ses propres escouades qui se trouvaient dans les tranchées, était malheureusement surprise et enlevée. Il est évidemment inexact que les Prussiens soient arrivés du Bosmont et de Bavilliers en poussant de grands cris pour tenter une attaque par surprise. Ils sont venus dans le plus profond silence, et c'est en silence encore, qu'après avoir surpris et enlevé la 7e compagnie, ils s'avançaient au milieu du village en trois compagnies pour surprendre la 1ʳᵉ et la 3ᵉ compagnies, mais celles-ci étaient sur leur garde et à la réponse « Garde mopile erste compagnie » qui fut faite à leur Qui-vive, elles firent une décharge nourrie qui tua un grand nombre d'assaillants et fit reculer les colonnes; c'est alors que le commandant Gély entendit les hourras des Prussiens revenant à la charge. C'est alors que de la maison Millet, où il se trouvait, messager sur messager furent envoyés à la 6ᵉ compagnie, en retraite depuis longtemps, pour la prévenir d'être sur ses gardes et de résister; aucun des messagers ne revint; ils furent faits prisonniers. Mais la perte des 6ᵉ et 7ᵉ compagnies réduisit de moitié le nombre des défenseurs du village et rendit bien difficile la position des deux compagnies restantes. Leur admirable conduite pendant cette nuit terrible n'a pu obtenir un éloge de la plume de M. le commandant Gély. Il lui est impossible cependant de ne pas mentionner la résistance énergique de la 3ᵉ compagnie qui, sur la route d'Andelnans, dit-il, infligea de grandes pertes à l'ennemi. Il faut bien aussi, quelque mal qu'il pense de pareils soldats, que le commandant Gély explique comment la 1ʳᵉ et la 2ᵉ compagnies, attaquées à onze heures du soir par trois mille hommes et plus, se battaient encore le lendemain à onze heures, c'est-à-dire douze heures après. C'est là un fait rigoureux, une vérité que ses appréciations, ses insinuations malveillantes ne sauraient modifier. Il faut bien trouver l'emploi de ces douze heures.

Mais d'ailleurs, sans cette résistance à outrance des 1ʳᵉ et 2ᵉ compagnies, c'est à onze heures et demie du soir, au lieu de onze heures et demie du matin, que les habitants de la maison Millet auraient été, pour la plupart, faits prisonniers dans leurs lits par les Prussiens.

Le commandant Gély est bien sévère pour les officiers de la 6ᵉ et de la 7ᵉ, mais il ne dit jamais ce qu'il a fait lui-même, ce qu'il a vu de ses yeux. Si, prévoyant, comme il l'affirme, une attaque pour cette nuit du 7 au 8 janvier, il avait, lui, fait son devoir, s'il avait été s'assurer de la vigilance de ses troupes, ce qui est arrivé aurait pu être évité; à lui donc une grande part de responsabilité dans la perte de ces deux compagnies. Il est certain qu'un des plus coupables c'est assurément lui.

Il lui était indiqué d'être plus indulgent, mais il avait, on ne saurait trop le répéter avec lui, il avait sa responsabilité à préserver et c'est à ce soin qu'il sacrifie sans aucune hésitation l'honneur des autres.

La compagnie la Loyère fut obligée pour remplir ses ordres de se faire jour à la baïonnette ; elle exécuta ce mouvement avec un entrain admirable, elle fit un certain nombre de prisonniers, le lieutenant Druard se fit en cette circonstance particulièrement remarquer. C'est alors que, secondé énergiquement par le brave sous-lieutenant de la Genardière, qui commandait de fait sous ses ordres la 1re compagnie et dont la conduite a été dans cette nuit au-dessus de tout éloge, le capitaine de la Loyère construisit, sous un feu terrible partant des maisons envahies, avec des meubles, des fagots, des futailles, une barricade derrière laquelle il abrita ses hommes et se défendit, non pas une partie de la nuit, comme le dit inconsidérément le rapport, mais bien la nuit tout entière. Cela du reste est établi par le commandant Gély, contradictoirement avec lui-même, quelques lignes plus bas. Au point du jour, c'est-à-dire à huit heures (heure du lever du soleil le 8 janvier), la garnison de Belfort vient au secours du village, la fusillade dure quelques instants, puis elle cesse, après quoi l'ennemi jette de nouvelles troupes auxquelles nos compagnies tiennent tête pendant trois heures. Il est donc établi par le rapport que Danjoutin n'a été pris qu'après onze heures bien passées. Au milieu de la nuit le commandant Gély propose, dit-il, d'abandonner le poste qui a été confié au bataillon de Saône-et-Loire, pour rentrer à Belfort ; mais voilà que les officiers de ces troupes, d'une solidité fort douteuse, s'y refusent tous énergiquement, il le constate. Il est seul d'avis de battre en retraite. *Ce n'est qu'à regret*, ajoute-t-il, qu'il *s'est rendu à cet avis*, avis donné par de pareils soldats. Tout espoir de secours de la place est évanoui. Eh bien, de pareils soldats, c'est-à-dire deux compagnies commandées par le capitaine de la Loyère et le sous-lieutenant de la Genardière (le brave lieutenant Druard a été emporté blessé), tiennent trois heures encore, tant qu'il y a des munitions. Elles ont déjà éprouvé des pertes sensibles, une partie importante de leur effectif est hors de combat, deux maisons sont pleines de blessés.

Et c'est alors, après ces trois heures, vers onze heures et demie, que le commandant Gély aurait songé à attaquer le poste de la Maison-Rouge, il aurait voulu lancer une poignée d'hommes sans cartouches contre trois à quatre cents Prussiens, enlever des maisons crénelées, mais cette affirmation n'est pas sérieuse. Il savait mieux que personne que dans cette maison Millet, son centre de commandement, qui regorgeait de blessés, ᶜ.

on était venu chercher toutes les cartouches emportées par eux
du combat. On avait fouillé les morts pour leur prendre les
leurs aussi. Il sait cela et il ose dire (il a ce courage) que les
hommes démoralisés mettaient la crosse en l'air.

. . . .

Cette prétendue intention de retraite eût été une folie, le commandant Gély le prouve lui-même. A peine cette pensée lui est-
elle venue à l'esprit, que ses hommes encore valides sont cernés
de toutes parts. Leur dernière cartouche est brûlée.

En résumé, des termes mêmes du commandant Gély, il résulte
donc aussi bien que du témoignage de tous ceux qui ont pris
part au combat de Danjoutin, que deux compagnies du bataillon
de Châlon, la 3ᵉ et la 1ʳᵉ, sous le commandement du capitaine
de la Loyère, secondé du sous-lieutenant de la Genardière,
seules contre trois bataillons prussiens renforcés de troupes
fraîches vers le matin, ont résisté douze heures durant, ont fait
supporter de grandes pertes à l'ennemi, n'ont pas voulu consentir à abandonner le poste qui leur avait été confié. Ces compagnies ont perdu beaucoup de monde, les efforts de la place
pour les dégager ont été impuissants, et ensuite elles ne se
sont rendues que fautes de munitions.

A la suite de ces faits bien constatés, est-ce un éloge qui se
trouve sous la plume du commandant Gély? Non : il répète
froidement à la fin comme en tête de son rapport cet outrage à
ces hommes qu'il n'a ni assistés, ni commandés, ni encouragés :
« comment résister avec de pareils soldats. »

. . . .

Enfin il termine par cette phrase qui serait grotesque si elle
n'était honteuse à lire : « Pourquoi, mon Dieu, les balles m'ont-
elles épargné! »

. . . .

Deux cents signatures seront mises, s'il est besoin, au bas de
ces observations, faites au nom des combattants de Danjoutin
et des habitants du Châlonais. L'enquête promise ne peut manquer d'être faite. Si la brave conduite des enfants de Châlon ne
mérite aucune récompense, la lâcheté du moins sera signalée et
punie et moitié de la justice sera rendue.

**Lettre de M. Gingembre, capitaine de francs-tireurs,
pris à Danjoutin, au capitaine Thiers.**

Versailles, 18 juillet 1871.

Mon cher capitaine,

Puisque vous écrivez la relation sérieuse du siége de Belfort, je crois de mon devoir de vous donner quelques explications sur l'affaire de Danjoutin, où près de sept cents hommes ont été pris, lâchement abandonnés par deux compagnies de Saône-et-Loire.

Ci-joint, l'ordre que vous connaissez, qui m'a été adressé le lendemain du jour où vous avez fait sauter le viaduc de Dannemarie en nous repliant. Cet ordre dit : « Si les compagnies étaient forcées de se replier, elles prendront position en arrière de l'épaulement formé par le talus du chemin de fer. »

Craignant, mon cher capitaine, de vous importuner par un trop long récit, je me bornerai à vous dire, que lorsque l'attaque du haut du village a été entendue, et que le commandant Gély est venu me voir de l'autre côté de la Savoureuse, où je me tenais avec ma compagnie, celle de Kœklin et les éclaireurs de Martin, le commandant Gély me demanda si j'apercevais l'ennemi du côté de Botans ou du côté de Bavilliers; sur ma réponse négative, il me recommanda de me tenir prêt à recevoir ses ordres et me dit qu'à tout prix il fallait garder la position que j'occupais.

A peine le commandant Gély était-il retourné à l'extrémité du pont, que du bois de Bavilliers déboucha une troupe formée en bataille, que j'évaluai environ à trois cent cinquante hommes; elle s'avança dans le pré, dans la direction de la maison Meyor (dite Maison-Rouge), incendiée dans la journée de la veille; elle fit alors une légère conversion à droite, occupant la route de front.

A deux cent cinquante mètres à peu près, le lieutenant Martin les reçut par un feu de barricade des mieux nourris, auquel ils ne répondirent pas et se replièrent en désordre.

Jusqu'au lendemain à neuf heures et demie, ils tentèrent ainsi quatre assauts qui tous furent repoussés de la même manière, mais nous y perdîmes plus de monde qu'à la première attaque.

Je vous signale là, comme mémoire, la conduite de M. Arcier, mon lieutenant, qui sur mon ordre, avec dix hommes, monta au-dessus des grottes et rampa jusqu'à cinquante mètres du Grand-Bois, d'où il ramena un Allemand prisonnier, qui avait l'audace de s'avancer jusqu'au dixième arbre fruitier où je venais de poser une sentinelle double.

Il n'était pas minuit que la portion du village occupée par les compagnies Charrollais et Jandard était occupée par les Prussiens. A ce moment, on amena cinq prisonniers allemands qui venaient d'être pris au milieu du village et qui nous avouèrent avoir pu entrer dans le village presque sans coup férir, nos soldats ayant déjà fui. (Ceci me fut confirmé par le capitaine qui s'est le premier élancé du Bosmont avec sa compagnie vers la tranchée qui venait d'être abandonnée par le capitaine Charrollais et sa compagnie.) C'est à cette heure que Greuzard (aide-major de Saône-et-Loire) tombait; deux de mes hommes se dévouant pour aller le chercher tombèrent sous le feu de l'ennemi, c'est un éclaireur de Martin qui malgré cela put le rapporter seul; il n'eut pas de chance, il fut tué vers neuf heures du matin.

Je dois signaler (toujours comme mémoire) la belle conduite du maître d'école de Danjoutin qui soigna environ soixante à quatre-vingts blessés entassés dans les granges et maisons Millet et Livrey. A partir de onze heures du soir nous étions complétement dépourvus de docteurs et d'infirmiers; presque tous, Prussiens et Français, moururent faute de soins.

Il résulte donc des principaux renseignements que je viens de vous donner, que lorsque le commandant Gély vint me demander quelques hommes dévoués (à minuit) pour aller à Belfort, la ligne de retraite ordonnée par le colonel Denfert par le talus du chemin de fer était prise et occupée formidablement par les Prussiens.

Aucun des cinq francs-tireurs ne revint, je pus en reconnaître deux tués le lendemain près du moulin et du cimetière, j'ai perdu les autres.

De mon côté, vers trois heures du matin, j'en envoyai un par la Gare, le long de la Savoureuse, le nommé Viry; il fut tué et a dû avaler le billet que je lui avais donné pour le colonel Desgarets : je lui avais recommandé, s'il était pris, de le manger.

Je me résume, et ma conviction est : Que le malheur qui est

arrivé à |Danjoutin, retombe entièrement sur la tête des deux compagnies qui nous ont lâchement abandonnés sans presque tirer un coup de fusil, et je vous affirme que j'attends avec impatience la tradition en conseil de guerre des coupables, afin de pouvoir éclairer la justice autant qu'il sera possible de le faire.

Signé : GINGEMBRE.

Extrait d'une lettre de M. Arcier, lieutenant de francs-tireurs, pris à Danjoutin, au capitaine Thiers.

Mulhouse, le 20 septembre 1871.

Le samedi, 7 janvier, les Prussiens canonnèrent Danjoutin, avec les batteries d'Andelnans, du bois de Bavilliers et du Bosmont. A onze heures et demie du soir, le feu cessa. A onze heures quarante-cinq minutes, d'après mon calcul, un bataillon prussien commença sa marche sur Danjoutin, soutenu par deux autres occupant, le premier le bas du Bosmont, le deuxième le bois de Bavilliers.

Le bataillon d'attaque, venu par derrière le remblai du chemin de fer, le trouvant libre, s'en empara ainsi que du pont qui, également, était abandonné; nous verrons tout à l'heure pourquoi.

Ce bataillon laissa des hommes pour empêcher les renforts de la place d'arriver, et, pendant que le bataillon du Bosmont faisait avancer deux compagnies, par les chemins de Meroux et de Vézelois, pour attaquer le nord-est du village, il s'avançait, lui, par les rues du village.

Alors la compagnie de M. Jandard, divisée en différents postes, fut prise entre deux feux. Elle essaya de résister, mais plia et se rendit.

Du reste, comme je l'indiquerai plus loin, nous succombâmes les uns après les autres, suite inévitable de ces surprises.

Une fois la compagnie Jandard prise, les Prussiens s'établirent dans les maisons et firent avancer trois compagnies qui attaquèrent par derrière les compagnies de M. de la Loyère et de M. Sicard qui occupaient les retranchements de la fabrique, devenus inutiles par ce mouvement tournant de l'ennemi.

A la même heure, le bataillon du bois de Bavilliers, renversant les quelques hommes du poste de la Maison-Rouge, essayait de s'emparer du pont de la Savoureuse. Mais un feu croisé des éclaireurs du Rhône, des mobiles du Haut-Rhin et des francs-tireurs le rejeta sur la Maison-Rouge, laissant ses morts et blessés sur la neige. Il revint plusieurs fois pour s'emparer de nous, mais inutilement ; nos retranchements étaient imprenables. Il ne fit que diminuer son effectif.

Les compagnies de MM. de la Loyère et Sicard, dans l'intérieur du village, succombèrent, après avoir opposé une vive résistance, et les troupes de Danjoutin se trouvèrent réduites à trois compagnies. . . . . . . Un parlementaire prussien se présenta au commandant Gély, pour l'inviter à se rendre. Il promit que nos soldats pourraient emporter tout ce qu'ils youdraient en fait de vivres, que les officiers conserveraient leurs armes, et que nos blessés recevraient tous les soins désirables. L'affaire fut conclue.

. . . .

M. le capitaine Charrollais fut en partie cause de la prise de Danjoutin. Les uns disent qu'à six heures du soir il avait battu en retraite sur le Fourneau, les autres disent à dix heures. Ce qu'il y a de certain c'est que lui seul le sait. Toujours est-il qu'à minuit moins un quart, quand M. Gobel, adjudant du bataillon de M. Artaud, envoyé par M. Gély, pour donner ordre à M. Charrollais de bien tenir à son poste, pour que, à un moment donné, les troupes du village puissent battre en retraite derrière le remblai du chemin de fer, il fut fait prisonnier par les Prussiens, croyant avoir à faire aux Français. . .

. . . .

Signé : H. ARCIER.

Le *Courrier de Saône-et-Loire*, dans ses numéros des 29 et 30 janvier 1872, a publié l'article suivant, que nous croyons devoir ajouter aux pièces précédentes :

Paris, 23 janvier 1872.

« M. de la Loyère père, ayant cru devoir prendre la défense de la 1re et de la 3e compagnies du 2e bataillon des mobiles de Saône-et-Loire, dont l'honneur lui paraissait attaqué par le rapport du commandant Gély à la suite de l'affaire de Danjoutin, et M. le commandant Gély ayant trouvé, de son côté, que le rapport, sous forme d'observations, adressé à M. le colonel Denfert, par M. de la Loyère père, présentait des côtés insultants pour son honneur, ces messieurs ont terminé le différend par les déclarations suivantes : »

Le commandant Gély à M. de la Loyère :

« Le commandant Gély a toujours loué la conduite des 1re et
« 3e compagnies de Saône-et-Loire, dans l'affaire de Danjoutin ;
« il l'a, du reste, prouvé en adressant, bien antérieurement à ces
« explications, des propositions de récompenses pour ces com-
« pagnies, au colonel Denfert. Ces propositions n'ont jamais
« été transmises par le colonel Denfert, à cause du rapport
« contradictoire qui lui avait été adressé par M. de la Loyère. »

M. de la Loyère au colonel Denfert :

« Je déclare retirer les observations que je vous ai adressées,
« en ce qui concerne le commandant Gély, pour tout ce qui

« peut porter atteinte à l'honneur de cet officier, et à la ma-
« nière dont il a commandé les troupes sous ses ordres. »

. . . .

Signé : Le commandant GÉLY, Vicomte de la LOYÈRE.
chef de bataillon au 3ᵉ de ligne.

FIN DES PIÈCES JUSTIFICATIVES.

TABLE

Imprimerie E. Heutte et Ce, à Saint-Germain.

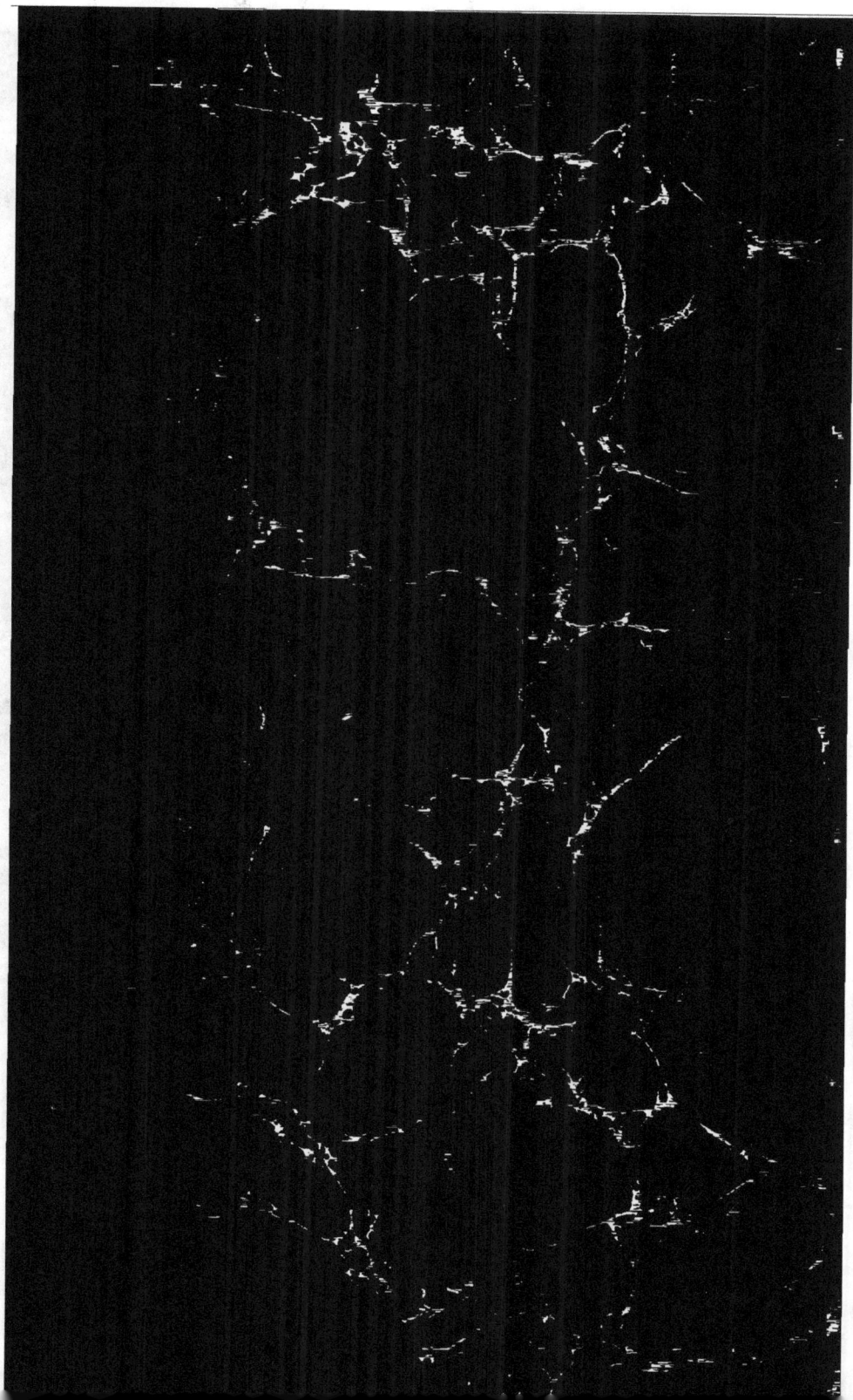